大夏书系 | 教育常识

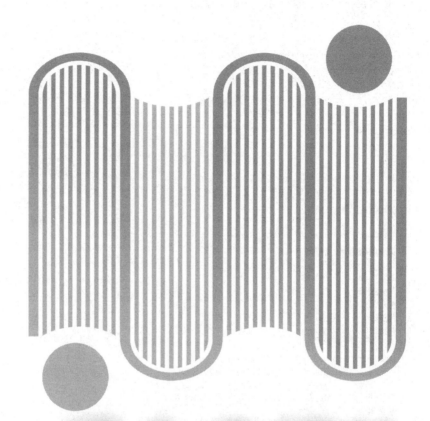

通向幸福的
教师成长

姚跃林 / 著

华东师范大学出版社
·上海·

图书在版编目（CIP）数据

通向幸福的教师成长 / 姚跃林著 . —上海：华东师范大学出版社，2024. —ISBN 978-7-5760-5685-3

I. G451.2

中国国家版本馆 CIP 数据核字第 2025WN4298 号

大夏书系 | 教育常识

通向幸福的教师成长

著　　者	姚跃林
策划编辑	朱永通
责任编辑	潘琼阁
责任校对	杨　坤
封面设计	淡晓库

出版发行	华东师范大学出版社
社　　址	上海市中山北路 3663 号　邮编 200062
网　　址	www.ecnupress.com.cn
电　　话	021-60821666　行政传真 021-62572105
客服电话	021-62865537
邮购电话	021-62869887
地　　址	上海市中山北路 3663 号华东师范大学校内先锋路口
网　　店	http://hdsdcbs.tmall.com/

印 刷 者	北京季蜂印刷有限公司
开　　本	700×1000　16 开
印　　张	14.5
字　　数	214 千字
版　　次	2025 年 3 月第一版
印　　次	2025 年 3 月第一次
印　　数	4 100
书　　号	ISBN 978-7-5760-5685-3
定　　价	65.00 元

出 版 人	王　焰

（如发现本版图书有印订质量问题，请寄回本社市场部调换或电话 021-62865537 联系）

目 录

1 | 序 我愿做一个幸福的信使

上编 | 幸福是一种修养：修炼幸福感

3 | 追梦的人应当是幸福的
13 | 快乐幸福源于专注
19 | 教师是为学生的明天播种幸福的
22 | 让学生感受到一点被等待的幸福
26 | 平凡：教师职业的本真
29 | 学校管理不求太精致
33 | 互信是照亮心灵的灿烂阳光
37 | 己所欲亦不可乱施于人
40 | 律己方能赢得尊重
46 | 素质就是不需要提醒
50 | 相信机遇，但不相信机会主义
53 | 以人为本不是以"我"为本
56 | 在莫测的生活中从容淡定地活着

中编 | 幸福是一种能力：营造好的关系

61 | 为什么"认真负责"的老师被学生"造反"
78 | 幸福源自良好的"关系"
93 | 师生关系天然就该美好
99 | 播种幸福：我们为什么会这样思考问题
109 | 努力不做明天后悔的事
114 | 教师素养是最稳定的校园文化因子之一
118 | 有话好好说：练好"嘴上功夫"
123 | 修炼好"人缘"
127 | 朋友何须遍天下
131 | "强"者何妨常示弱：我愿做"软柿子"
135 | 做一个明白人

下编 | 幸福是一种觉悟：自觉拥抱幸福

143 | 人生无大事
149 | 为了属于孩子的色彩和旋律
155 | 能进入你们的梦乡是我的幸福
159 | 长大后我就成了你
166 | "你永远都幸福是我最大的心愿"
175 | 幸福的回忆在流淌
189 | 最后的贡献

211 | 附录　学生给我写了几百封信

序　我愿做一个幸福的信使

2023年春节之后，朱永通先生向我约稿，他留言说："书名暂定为'通向幸福的教师成长'，从您的旧文中选取与教师专业成长相关的教育随笔（或可就此话题再写一些文章），结集出版。"我回复说："现在谈教师职业幸福真是没胆量。但我同时也认为教师的职业幸福感真的很重要，厦大附中的教师专业成长指导和很多管理方式也是从这方面考虑的。容我这两天想想再回复您。"其时，我与永通君相识八年，由他策划，我在大夏书系已经出版了六本专著，可以说，他对厦大附中和我的教育写作非常了解。为谁写，写什么，怎样写，写了什么，未来还会写什么，他如同我本人一样了解。所以，在他看来，完成这部书稿在我不是多难的事。他给我的时限是"上半年交稿即可"。事实上，直到整整一年后的2024年2月27日，我才提交了书稿。这是迄今我交给大夏书系的九部专著中交稿最缓慢的一部，说明并非成竹在胸。

了解厦大附中的朋友一定知道，"幸福"是厦大附中文化的核心词之一，"生命"是厦大附中文化的另一个核心词。连接"生命"和"幸福"的重要桥梁是"教育"。在厦大附中供职的16年里，我在全部51个开学典礼、毕业典礼上作了48次致辞。我的致辞或演讲，由内是理想的抒发，而外是现实的描绘。我不需要引经据典、旁征博引，只需要我手写我心，率性而为，自然流淌。这些演讲词收录在先后出版的《让教育更加尊重生命》《让生命因教育更幸福》两部我个人的演讲录里。为什么是《让教育更加尊重生命》？为什么是《让生命因教育更幸福》？因为我演讲的高频词是"生命""教育""幸福"。我认为，如果教育不尊重生命，如果教育不能让人更幸福，那么，所有的教育皆可废除！让教育更加尊重生命，让生命因教育更幸福，这既是我的教育理想，也是我 40 年教师生涯的全部实践。所以，关于"幸福"的理性思考，这里无需赘述。

得知我为这部书稿犯难的朋友，包括我的同事和学生，与永通君的想法一样，都认为我谈教师的幸福和幸福的教师最合适不过。他们说：您不就是幸福的老师吗？您写的校园故事乃至学术论文，哪一篇不关涉"幸福"？哪一个故事不令人感动？您不觉得幸福吗？您是怎样成为一位幸福的教师的？关于教师的职业幸福感，您有什么想法和体会？能够回答这个问题的经典故事有哪些？这部书不就是回答这些问题的吗？在永通君和大家的启发下，我也觉得自己没有理由完成不了这部书稿。

综观我的全部教育写作，可以认为，我不想系统反思中国教育，似乎有意回避纯粹学理探究。我没有这个兴趣，也认为没有这个责任和义务。我更不想动辄批评厦大附中尚待进步和完善的地方，因为这既于心不忍，也于附中发展无济于事。我只想歌颂美好、传递美好，因为我相信人心本性向善，相信"美好"天然富有向心力和号召力，美好可以共享，幸福可以分享，我愿做一个幸福的信使，传递幸福的使者，以传递幸福为自己的天职，以传递幸福为快乐幸福。

2023 年 10 月 12 日，我卸任厦大附中校长、党委书记，正式退休。同事、学生、家长和朋友们陆续知道我退休了，不少人通过各种渠道向我致以问候，多到难以计数。最长的一封信达 4400 多字，更多的是三言两语（见本书《最后的贡献——荣休记事》一篇）。11 月 30 日，厦大附中一年一度的篝火晚会在国际部草坪举办，同事们邀请我参加。我怕打搅大家，没有应邀去现场，晚上在家里电脑前观看。晚会快结束时，我接了个电话，再回到电脑前一看，满屏的"姚校辛苦了"，当时不知所以，后来才知道是艺术类几个社团的同学创作了歌曲《旅人》献给我，引来了满屏的弹幕。第二天看到他们发来的视频，我才知道演唱前，乐手、高二 6 班的陈泽鹏同学说的"我们这首歌要写给为附中工作 16 年的姚校长"引来了现场的喊叫和屏幕上如潮的弹幕。12月18日下午5:41，德旺基础教育研究院（福建省基础教育研究院）官方公众号"德旺论坛"发布《福建教育的"拓荒牛"》；12月27日，《闽南日报》公众号发表《姚跃林：依然会用自己的方式陪伴厦大附中》……

今年5月18日，我来厦门湾南岸筹建厦大附中之前的单位，也是我此前唯一工作并担任过副校长、校长11年的学校蚌埠铁路中学，一批退休老同事回校聚会，我的前任蚌埠铁路中学原校长黄德孚先生和一批老同志盛情邀请我参加。作为校长，我没能在蚌埠铁中坚持到底，中途当了"逃兵"，一直心怀愧疚，总觉得无颜面对老同事。我在此次回校的这批老同事当中年龄最小，刚刚退休，而这次参会最年长的同事已是92岁高龄。大家共聚一堂，其乐融融。听了我关于厦大附中的介绍，他们报以热烈掌声。在聚会的多个场合，他们给予了我真诚的鼓励和肯定。在得知我回蚌埠铁中的消息后，5月17日下午，我40年前刚上讲台时的第一批学生带着鲜花结伴到火车站迎接，在车站向我和太太献花，当晚又为我举办荣休宴会。之后，他们制作的短视频《40年前的班主任退休了》传播甚广，引来朋友们羡慕。一位原福建省教育厅领导在抖音上刷到这个视频后给我留言："好老师一辈子受人尊敬，值得！"

一位老师退休了，今天的学生为他创作了一首歌；40年前的学生向他献花，为他举办荣休宴会、制作纪念视频……他没有理由不感到幸福。我曾经说，一位老师职业生涯成败如何，一个重要的"试金石"就是你是否有胆量见自己带过的所有学生！很庆幸的是我有这个胆量，而且我有胆量见我所共事过的所有同事。

很多朋友看了我写的很多文章，特别是厦大附中创校以来的文字，都认为"温暖"和"幸福"是基调，是主题。我必须坦陈，我的人生和职业生涯并非一帆风顺，别人遇到的问题和困难我同样遇到过；厦大附中是中国五六十万所学校中的普通一所，别的学校存在的问题和困难我们同样会遇到。但我为厦大附中而写，主要负责传递美好，因为"美好"俯拾皆是，我可以信手拈来、下笔千言，而"不美好"我要吹毛求疵，写起来要装腔作势、搜肠刮肚、无病呻吟。回望 40 年职业生涯，我由衷地认为，于"事"不乏坎坷挫折，于"人"多是互爱友好，所以沉淀在我的记忆里的多是幸福、美好。是故，我坚定地认为，通向幸福的教师成长关键要把握好"人学"，要处理好围绕教师职业的各种关系，而其中最重要的是师生关系。

我在《"师生关系学"是教师的必修课》（发表于《中国教育报》2016 年 9 月 7 日）的开篇说："教师职业倦怠多半源自职业幸福感不高。幸福存在于和谐的关系中，在人与自然、人与社会和人与人的和谐关系中。所谓不幸福，其实就是没有处理好各种关系，主要是未处理好人际关系。我们要做一辈子教师，不深入研究和掌握师生间的'关系学'是不行的。于教师而言，我甚至认为，'师生观'就是'人生观'，也是'世界观'。也即，由教师的'师生观'可见其'世界观'。所以，这门学问是大学问。"在此文的结尾，我说："从师生关系中不能获得精神慰藉的教师人生是灰暗而失败的。故教师尤其是青年教师应该从基于终身从教的专业成长角度掌握好'师生关系学'。"今天，站在职业生涯的终点回望，我更加坚定自己的信念。

"幸福"是鲜花，是果实，所以是要播种的。我们追求幸福，但生活中并没有一种公认的可以让人感受到的具体目标叫"幸福"，我们往往无法直奔幸福而去，追求的不过是一个"常理"。当我们的追求、我们的所为被人们认可时，我们便获得了幸福。从这个角度来说，幸福其实也是需要播种的，幸福也是有种子的。幸福的"种子"是什么呢？和世间万物一样，幸福的"种子"也是多姿多彩、千奇百怪的，于教师而言，是好的师生关系，好的家校关系，好的人与专业关系……幸福的种子是何时播种的？不只是每个秋天的开学季，更是在教书育人的每一天，是在我们每位老师从教的每一天，甚至是我们每位老师人生的每一天。这粒种子播种在校园里，更播种在教师、学生、家长的心中。我们不需要刻意播种幸福的种子。当我们将学生放在学校的中央、放在教育的中央位置时，我们的工作往往就是播种幸福。不管年成如何，收获幸福就在不久的将来甚至直达永远，而更多的时候也在当下。播种即收获！由此可见，教师终生活在职业角色里。

正是基于这样的思考，本书分三个部分阐述"通向幸福的教师成长"：

"幸福是一种修养：修炼幸福感""幸福是一种能力：营造好的关系""幸福是一种觉悟：自觉拥抱幸福"。原稿还有第四部分："幸福是一种境界：幸福着你的幸福"，是在学生写给我的几百封信里挑选了十封有代表性的信组成的。后从全书篇幅和体例上考虑，还是删去了。我写了一文《学生给我写了几百封信》（发表于《班主任之友（中学版）》2024年第6期，见本书附录）。这篇文章有四个部分："被信任的幸福""被肯定的幸福""被惦记的幸福""分享幸福的幸福"。显然，这些信也给我带来了幸福。这样，我认为幸福是一种修养、一种能力、一种觉悟、一种境界的完整思路在书中得以窥见。我在文末写道："幸福是可以分享的，也只有彼此关心、彼此在乎的人才会分享，才会感受到彼此的幸福。"我带着真诚，向各位朋友分享我的职业幸福以及我对"通向幸福的教师成长"的不成熟思考，欢迎批评指正。

本书是2017年初至今八年来我在华东师范大学出版社大夏书系出版的第九部专著，我将本书视为收官之作，故而用力甚巨、用功甚多，有相当多的篇幅是这一年内撰写的。然而，写幸福的、写职业幸福的、写幸福教育与教育幸福的、写教师职业幸福的文字浩如烟海，而我很少关注这些文字，我不觉得"幸福"是个需要反复研究的课题，所以很难有与众不同的非凡之见。"幸福是人类生命的目的"，幸福就是人生。抒写人生就是抒写幸福。我的境界一般，总是认为天下兴亡我负不了责，我只对厦大附中负责，只为厦大附中而写。既然只为厦大附中而写，这些文字是否正式出版无关紧要，所以，当2016年秋季朱永通先生约写第一部命题书稿（《让教育带着温度落地》，华东师范大学出版社，2017年）并寄来出版合同时，我并未立即明确允诺。令我没有想到的是，到今年4月，该书已印刷11次，总印数35100册。回望这段时光，今天我真切地感到，因为大夏书系，我的职业生涯更为精彩、更有幸福感，厦大附中的文化也更有内涵、更有力量，我因此也成为与之前的自己不一样的校长，厦大附中也因此更为与众不同。感谢永通君！感谢大夏书系！

最后，我想用拙作《办一所学生喜欢的学校》（发表于《人民教育》2015年第7期）文末，同时也是拙著《让教育带着温度落地》封底的一段话结束此文，告别一段美好、幸福的历程："回望来路，我很庆幸自己在职业生涯的后半程，能有一件自己喜欢的事可做。虽然我深知办一所不一样的学校无比艰难，但与学校相守，与师生相伴，我的内心充满阳光。"

姚跃林
2024 年 8 月 26 日

上编

幸福是一种修养：

修炼幸福感

追梦的人应当是幸福的

我们无须刻意迎合谁,要"站"着办教育,办有尊严的教育,要有尊严地办教育,更要办"有爱"的教育。如果失去了信任,失去了学生,学校和老师还有存在的必要吗?为了一份信任和尊重,我们值得付出心血,应当毫不犹豫地付出,不要患得患失。

——题记

终于迎来高考。高考终于过去了。高考成绩终于揭晓了。

自 2007 年 9 月 3 日走马上任厦大附中创校校长五年来,我已别了四年高考。但其实一直不曾分别,因为五年来朝思暮想的正是这一天。厦大附中从五年前的山野起步,她要向遥远的未来走去,在漫漫征途上也许有数不清的未知经历,高考的经历则是早已预设好的。作为一所完中,她的目标可以高于高考,但她没有办法绕过高考。

2012 年是厦大附中的第一届高考,308 名高三学生参加高考,本一达线率 26.6%,本二达线率 90.26%,一举进入漳州市先进行列。从精确的统计角度看,目前我还无法知道这样的成绩能排在什么名次,因为没有公开的官方数据,但仅凭经验看,应当算不坏的成绩。在大多数地区,能够达到这样的达线率的学校不会超过十分之一。其实,漳州市教育局发布的《省质检成绩统计表》已在一定程度上作了印证,我校在模拟切线中,本科达线率已经进入全市 60 所高中校中的前三名。我们有理由为这样的成绩感到适度的骄傲和自豪,但没有必要无理智地激动。作为一所新学校,厦大附中取得这样的成绩已属不易。学校的办学思路、具体措施没有问题，老师和绝大多数学生尽了力，家长也花费了很大心思。没有足够的依据表明这样的成绩是超常或失常，我觉得一切正常。这样的成绩与我们的生源素质状况是相适应的，本科率超九成，说明平均质量较好，600分以上高分段人数只有9人，说明尖子生不多。综合各因素看，我们实现了普遍的进步。

三年前高中招生的情景犹在脑海。2009年是全市几大名校实行自主招生的最后一年，教育局为了扶持我们，同意我们实行自主招生，市教育局中教科杨传民科长帮助策划。2009年3月20日下午，市教育局林琦副局长、杨传民科长在漳浦一中主持召开自主招生协商会，漳州一中、漳浦一中、龙海一中、诏安一中的校长和我参加了会议。这个会本来是四大"寡头"的聚会，厦大附中刚准备试行招生，哪里有参加会议的资格，是杨科长硬性安排的。他本意是想让我们参与联招，后因个别学校校长认为"要参与的学校太多，但面不能撒得太广"，我只得识趣地作罢。我自然听得懂弦外之音，无非是不想带我们"玩儿"。当然，我也看到了联招对我们有潜在的不利的一面。杨科长退而求其次，要求其中某个学校在招满后将考生的信息发给我们，然后我们根据信息开展相应工作。后来因故都未能做到，甚至某个学校连对我们正常的招生宣传也不肯提供方便。当然，这些做法虽略显小气，但我们能理解，既然是生源"大战"，哪里还有怜悯对手的？在市教育局中教科的指导下，稍后我们也进行了自主招生。5月10日，402名学生到我校参加考试。没有参照，我们只有根据试卷的难度来判断考生的素质，心里完全没有底。原计划录取100人，其中有几个学生没有赶上统一考试，我们是安排专场考试的，也就考了一两门。由于开发区生源很少，而高中达标校当时要求有8个班，我们准备招300人，勉强应付一下。教育局很担心我们完不成招生计划，我们也没有底。因此，虽说100名以外生源状况并不理想，但我们还是决定调整计划，将自主招生的计划数调整为145人，后来招了147人，以确保最终完成招生计划。由于一部分学生参加了多个学校的自主招生考试，其中有一些学生选择放弃我校的录取，最终录取的学生成绩排名已到了200名开外，即参加自主招生招考的考生50%被录取，所以，这部分学生的成绩前后差距是比较大的。

　　自主招生扩大了学校的知名度，其后市教育局领导也在有关会议上帮我们宣传，杨科长甚至要求初中课题校推荐几名优秀学生上附中。中考录取时，我们将录取线定在 380 分（满分 450 分），后来也录了 35 个线下生，最低分到了 341 分。连同自主招生的，一共招了 320 人，编为 7 个班。高二文理分科时为满足学生的志愿选择，又扩为 8 个班，中途因各种原因转走几个，还有几个是借读生，最后参加高考的在籍学生 308 人。以中考平均分计算，我校中考录取的学生在各校排名中比较靠前，但由于几乎所有的县一中、达标校和民办校都进行了提前自主招生，而已在自主招生中被录取的学生都没有参加中考，所以，中考是一次没有尖子生参考的"游戏"。厦大附中没有自己的初中毕业生，没有自己的领地，所以，真正优质的生源比例是比较小的。但这些孩子的学风一直比较好，除极少数外，大家都比较刻苦。其中相当一部分学生来自几所民办学校，他们初中时就离开了县城或乡下的家，早已适应了寄宿生活。他们很向上，目标很明确，就是要考上大学。

　　要使这样的生源质量格局发生根本改变，需要等到"六年一贯制"的学生进入高中。一是其自身尖子生比例比较高；二是我校初中质量持续提高，能输送一些拔尖学生；三是高中对外招生的生源状况也在不断优化。2013 届、2014 届，我们有把握在本一达线率上实现重大突破，本二达线率也会有一定的提高。这两届要在高分段取得大面积突破仍有难度，但应该有信心取得若干"点"的突破。2013 届学生进校时，最高分排在全市 350 名左右，2014 届前 200 名我校有 2 人，因为附中已有了自己的初中毕业生。2010 年开始，高中招生取消了各校自主招生的做法，一律按中考成绩录取。虽然有一些完中通过直升等手段截留一部分优质生源，但影响要小得多。现在附中的高中整体生源质量是非常好的，这不仅体现在文化课学业成绩上，更表现在综合素养上，我们应当为我们的学生感到骄傲和自豪。所有的老师都希望得天下英才而教之，但所有的学生都有接受教育的权利，因此，各种类型的学校都有存在的理由。我们的目标是在现有的条件下做到最好。

　　科学评价一所学校的办学水平是一件复杂的事，即便准确评价一所学校的升学质量也不是一件简单的事，尤其是在高考成绩缺少权威发布的现在。如果能够利用准确的数据进行细致分析，一所学校的高考成绩和教学水平是可以得到比较科学的评价，也可以实现比较合理的、大致的排序的。而另一种评价是来自学生和家长，更直接，更贴切，因为他们最清楚高中三年获得了哪些进步，他们可以从比较中得出结论。当然，这种评价仍有其复杂的一面，因为学校很难让每一位学生和家长都满意，过程和结果两方面都如此。从一个角度看，每一位家长和学生的诉求常常是合理的，他们的评价多半也是准确的，但将不同的人的诉求和评价集中在一起，其绝对共同处基本是不存在的。譬如，我的孩子在你的学校上学，毕业后未能考入理想的高一级学校，你让我说你好实在难为我，我不骂你算我有涵养。至于孩子是什么基础，他自己是怎么学的，家长是怎么配合的，最终有多大进步，这些我都不管。这样的评价并不完全是错的，事实上也没有办法要求家长更公正。议论和评价是天赋的权利，学生有，家长有，社会有，学校自然也有，几方要达成绝对的共识是不太容易的。

去年7月12日，我们召开了一届一次的教代会。会议通过了《厦门大学附属实验中学五年发展规划（2011—2015）》（以下简称《规划》），确定了附中今后五年的奋斗目标："调动各方面的积极因素，力争在2015年前建成福建省一级达标高中，成为区域内直至福建省内具有一定影响力和知名度的品牌学校，实现跨越式发展，为'在2020年前建成全国有影响的学校'奠定坚实基础。"所谓"调动各方面的积极因素"，是因为某些政策障碍需要领导帮我们突破，否则就是具备了一级达标校的水平，也仍然成不了一级达标校。

《规划》在总目标中列了四条：（1）巩固和发扬创办三年来业已取得的优良成绩和形成的良好校风，外树形象，内强素质，培育师资队伍精良、教学质量优良、管理现代化、内涵丰富、特色鲜明、具有一定文化竞争力的学校品牌价值。（2）树立探索现代教育的历史使命感和社会责任感，增强改革传统教育弊病的理论勇气和实践魄力。以"六年一贯制"教学实验研究为契机，积极探索拔尖创新人才的选拔和培养机制，力争取得原创性的实验成果和特色经验。确立跨境教育和教育国际化的新思维,发展学校国际化、多元化的办学特色。(3)素质教育全面实施,高中教育教学质量综合考评进入全市前五名,高考一本达线率列前三名;初中力争按城市学校标准连续三年被评为教育教学质量先进校,进而获得教育教学质量"信得过"学校称号。力争2014年前创建成为省德育先进学校和省文明学校。(4)将服务开发区和建设一流学校两大任务有机统一起来,坚持发展速度适中、规模适中、班额适中,走精品化道路。到2015年秋季,国内部初中控制在28个班以内,高中控制在24个班以内,学生数控制在2300人以内;海峡部总规模控制在12个班360人以内。

我们将学生的发展目标确定为:具有民族情怀、国际视野、身心健康、知识广博、人格健全、气质高雅的现代化建设有用人才,并具有较强的可持续发展后劲。

我和同事们是一群"追梦者"。我们追的这个"梦"是个什么"梦"?仅就事业而言,我们的"梦"是要建一所"好"学校。怎样的学校才是"好"学校?与其要用一系列相互矛盾的语言来表述,还不如表述为建一所"让学生喜欢的学校"。"让学生喜欢的学校",不仅是一所美丽的学校,还应当是一所充满生机的学校、一所具有鲜活灵魂的学校、一所关注学生幸福的学校、一所为学生未来发展奠基的学校。我们提倡关注学生的现实快乐就是要帮学生在艰苦的学习过程中找到快乐。学生现实快乐的重要源头是学习轻松,而且主要是心理轻松。心理轻松源于学得会,喜欢学。关注学生的现实快乐,除了减少不必要的竞争,还要提高学生的学习质量。考试只是手段,其本身并不会剥夺学生的快乐,所以,学习是否成功并不一定需要通过考试来检验。学生在漫长的学习过程中,如果始终尝不到成功的甜头,他是快乐不起来的。哪怕平时没有一次考试,但每节课都听不懂,哪里来的现实快乐?少一点考试,少一点排名,少一点竞争,只是满足学生现实快乐的方法之一,甚至只是表面的方法,根本途径还是帮助学生在学习中获得成功。这是我们老师能做的,应该做的。釜底抽薪的办法是遵循学习规律和学生身心发展规律,减少学习内容,降低学习难度,尊重基础教育的独立价值,减少乃至剔除其选拔功能，适当分流，多元办学，让每个学生享受到适合的教育。这当然是全社会的事了。

一线教师如果能够通过自己的劳动使学生学会进而会学、乐学，我以为就到了最高境界。如果具体到一点，我认为最重要的是在立足未来、化繁为简的原则下，把现有知识给学生交代清楚，不管用什么方法，启发也好，灌输也好，学生的"现实快乐"和"此时幸福"最重要。一节课后，学生还要学、还愿学就是好课，学生再也不要学了，就不能算是好课。在一切方法中，我比较推崇那些能让学生"学得会"的方法。既然到了学校，就不得不面临考试，取得好的成绩倒并不意味着将来就怎么样，但至少现在是快乐幸福的。作为学生，孩子们应当明白人生是连贯的，但大体可以分为几个不同的阶段，每一个阶段都有每一个阶段的任务。哪个阶段形成哪种能力是有常规的，即存在最佳窗口期，有时可以突破常规，但对于大多数人来讲，多数时候还是遵守常规比较好。基础教育阶段，就是要打好知识基础，只会读书不好，不会读书也不好，读不会书更不好。

"考试"是个好东西，"应试"是个不坏的东西，"应试教育"确实不是个好东西，但"素质教育"能够根本抚慰我们的受伤心灵，解决我们面临的所有问题吗？应试教育源于实用主义，而实用主义，你我对它都有好感。素质教育不能得到切实实施，你我都有责任，甚至就是你我的责任。如果说老师没有责任，难道还能说是别的什么人的责任？真正理想的教育绝非想象中"美好"的教育，身临其境，我们未必能够承受。素质教育对教师提出的要求更高，需要我们更多的付出，甚至可以肯定地说，之于教师，素质教育不见得是一件"快活"的事。或许我们要做的事，简单看上去更是"没有什么用"。换一句话说，就现实基础而言，实施全面的、彻底的素质教育还有一段相当长的路要走。可以说，我们完全没有准备好。

应试也有高下之分，我以为我们努力工作的"意义"正在于在应试的环境下实现教育对人的起码尊重。退一步，消极一点说，我们可以实施"理性的、人道的应试教育"。我们不安分，我们在折腾，我们左冲右突，其实就是在寻找更"人道"的办法。要相信一线教师教育实践的意义。形式是物质存在的一极，"形式主义"是实践发生偏差后的必然结局。问题恰恰出在我们没有把握好形式和内容的关系，根子出在我们没有做好，是我们将"形式"做成了"形式主义"。所以，不必发牢骚，要相信我们将精力投放在教育教学任何环节的研究上都是有"意义"的。

我坚持认为一流的教育服务是教育质量的最高境界。强调"一流的服务水平和服务品质"与强调"一流的升学质量"有什么区别？最大的区别在于，前者是面向大多数的教育，即要让不同基础的学生在原有基础上都有不同的提高，不同的学生通过学校教育都能获得健康、全面而自由的发展。能上北大清华的不以为喜，只能上高职的不以为悲，都能在教育中得到幸福快乐。提倡追求一流的服务水平和服务品质在现阶段有什么特殊意义？可以使教育回归其本质属性，使所有的学校都有存在的价值，使所有教师的教育行为都有意义，使所有学生都能认识到接受教育的必要，获得教育的快乐幸福，身心在教育中得到健康成长。学校应当是快乐幸福的源泉，而非痛苦的渊薮。

今年4月份，我写过一篇博文《"信任"是一流教育服务的核心特征》，文中有如下的话：

经过家长、老师和同学们三年的努力，今年的高考我们有希望在本一达线率和本科达线率两个指标上进入全市60所高中的前茅。我相信我们的信任度会因此得到进一步提升。2010年以后，我们就成了招生热点校，更多的家长和学生开始信任我们。高中我们可以招到中考成绩前百分之六七的学生，初中"六年一贯制"影响更大。我们可以自豪地说，我们赢得了信任。但我们更要冷静地思考，为什么中考成绩前百分之二三的学生我们很少招到？不是他们不信任我们，而是我们缺乏更强大的吸引力，还没有足够的魅力。同时，他对身边的学校还没有失去信任，他家门口有好学校，他不必舍近求远。可见，只拥有一般的信任度远远不够，我们仍需要坚持不懈地努力。

教育不能失败，但什么样的教育才叫成功则很难定义。所以，办人民满意的学校是最基本的目标，也是最伟大的目标，甚至是很难实现的目标，因为"满意"缺乏公认的客观标准。学校的责任之重，不仅在传授知识，更在达成共同理解。没有"理解"则很难有信任。学校和老师不必耽于赞美，真理不见得美好，在"美好的真理"面前，我们追求的是"真理"而非"美好"。但假如我们的工作遭到普遍批评，我们还一意孤行，彻底地失去信任就是必然的后果。我们无须刻意迎合谁，要"站"着办教育，办有尊严的教育，要有尊严地办教育，更要办"有爱"的教育。如果失去了信任，失去了学生，学校和老师还有存在的必要吗？哪怕依然还能轻松地拥有一碗饭可吃，然而那碗饭能有味道吗？我们吃得能心安吗？为了一份信任和尊重，我们值得付出心血，应当毫不犹豫地付出，不要患得患失。没有人保证我们付出了就一定有收获，甚至不一定能够得到起码的理解，但教育不是经商，不是做投机生意，我们只能遵照教育特有的"理"。

……

人有梦想总不是坏事，有梦想就有希望，但真正能够坚守梦想的人并不是特别多，更多的人缺乏定力，朝令夕改，见异思迁。我们希望有玛丽莲·梦露和奥黛丽·赫本的美貌，有卡尔·刘易斯健美的身材，有爱因斯坦的智商等，然而这些"极致"是很难调和在一起的。作为老师，我们既希望学生有考零分还能真心微笑的心态，又希望他们有连走路都看书的刻苦；既希望他们拼命苦学，又希望他们笑容永驻；既希望他们轻松愉快，又希望他们考上名校；看到他们身体虚弱、愁眉苦脸时，我们宁可他们少学一点，而当他们考得一塌糊涂又兴高采烈、毫不在乎时，恨不能发50张试卷给他们；当他们轻松地考上大学时我们歌唱"减负"，当他们通过苦读考上名校时我们赞美"魔鬼式教育"，当他们不成功时我们就毫不客气地诅咒，不管是"素质教育"还是"应试教育"；……我们之所以是"变色龙"，因为我们更多的是关注眼前的利益。如果我们将眼前利益规定为考上北大、清华等一流名校，则99%的人从起点开始就注定是失败者。对一所学校最终的评价不是在学生毕业的时候，而是从学生毕业的时候才真正开始。作为中学校长，我的梦想就是建一所真正能为学生的未来奠基的学校，一所学生永远喜欢的学校。

我在《当我们走近理想》一文中说：

在接近"理想"的时候，我感到自己的理想模糊起来，渐渐觉得心目中的理想其实很难作理性描述，那种心满意足的状态也许永远无法实现。或许理想就是若即若离、忽远忽近的，好似远方的灯塔，远远看到它心里就踏实，完全靠近了反而会有摧毁它的危险。理想仿佛铁轨拐弯处的一棵树，我们坐在列车上，向窗外看去，在快要接近那棵树的时候，迅速擦肩而过，那棵树很快就跑到后面去了。这就是生活，这就是人生。其实，理想无所谓破灭不破灭，只要信念在，理想就在，只要不放弃，它就在实现中。理想即便破灭，生活还要继续，过日子总要有方向，方向就是理想，原来的方向失去了还可以确立新的方向。

《福建教育（中学版）》2012年第1、2期合刊上发表了我的一篇文章《当理想遥不可及时……》，最后两段是：

《列子》："子贡倦于学，告仲尼曰：'愿有所息。'仲尼曰：'生无所息！'"圣人如此，何况我辈。浮士德上天入地求索一生，在他自认为找到真理的时候，他说："你真美呀，请你留一下！"还没有来得及享受找到真理的快乐就溘然长逝。这个故事包含了歌德对生命的理解，对我们也很有启发。

刚到附中两个月时，有一位老同学来访，"学校"还在开山造地。他看到我激情地展望，说："你还没变，胆子真大，充满理想。希望你永远不要变，这样，想到你，我会觉得这个世界是有希望的。"我想，哪怕只是一个人在坚守，于这个世界也是有意义的。

从《当我们走近理想》到《当理想遥不可及时……》，单从文章的题目看，你一定能看到其中微妙的变化。

《福建教育（中学版）》2012年第5期发表了我的另一篇文章《没有谁能一举定乾坤——读〈千年暗室，一灯则明〉想到的》，其中有一段：

有社会就会有社会问题。教育从来就是有问题的,古代有,外国也有。没有一种教育是普遍叫好的,"理想"只存在于过去和未来,现实总是不美好的,但在不美好的现实里总是可以做一些相对美好的事来。我们的事业是伟大的,但这并不意味着我们做的每一件事都是伟大的,更不要期待每一个举动都有人唱赞歌。人类就是这样代代繁衍。想明白了,我们就生活着,工作着,快乐幸福着;想不明白,我们还得生活着,工作着,但并不怎么快乐幸福着。

追梦的人应该是幸福的。没有梦想的人生是难言幸福的。然而,幸福在心中,在未来,但不是所有人都明白。

(2012年7月3日)

快乐幸福源于专注

快乐幸福之源不可能是唯一的。对于专业人士来说，专注也许是最重要的快乐幸福之源。教师是专业人员，对专业的"专注"也许能够帮助我们感受到更多的快乐和幸福。审美有疲劳说，工作有倦怠说，我以为，究其根底，不够专注是重要原因之一。专注，可以帮我们深刻地感受到快乐幸福；专注，还可以帮我们免除太多的无谓的攀比之苦。能够持续专注，正是因为能够感觉到其中的快乐和幸福。一个无法专注于自己专业的人，一个成天在与别人的盲目比较中牢骚满腹的人，他是很难感受到生活的快乐和幸福的。表面看来，过于专注，兴趣太单一，肯定会产生疲劳感。但实际上，专注的人，在更容易自我满足的同时，更有能力挖掘快乐的源泉。心理学家研究表明，"专注力本身不会引起疲劳"。疲劳，恰恰是因为不够专注。

人在青少年时期，个性还未定型，兴趣是广泛而不稳定的，所以需要多方面尝试。从小个性鲜明，较早发现自己的兴趣所在并一直坚持，长大后又有机会不断发展自己的兴趣，从事的职业正是兴趣所在，然后一辈子专注于此，这种人是少之又少的。少年理想多是"梦"，梦总有醒的时候。很多"梦"只是梦而已。我们不能不做梦，但也不能太当真。你问三岁小孩将来做什么，他可能说"我要当国家主席"，过不了两年，他这个"梦想"就会改变。上小学一年级，他连班长都没有当上，于是他就发现"国家主席"实在是一个遥不可及的目标。所以，在青少年时期，可以专注地学习，但还谈不上专注于自己的专业或者未来的某个职业。当一个人身不由己地走进一个原本并不了解的专业领域，走进一种自己从未认真考虑过的职业时，理性地

"拥抱"不失为明智之举。人不是每件事都能做好，但也不是只能做好一件事。不是每一件事都能让人快乐，但也不是每一件事都让人不快乐。试一试再说，兴许陌生的专业恰是你的所爱。当孩子们问小平同志长征是怎么过来的，他说"跟着走"。"跟着走"，或许能正好走进自己喜欢的天地。

回想自己幼年时的"梦想"，我现在感觉非常模糊。或许就不曾有过梦想，又或许是有过太多的梦想，大概本来就没有认真想过。至今令我记忆犹新的是，少年时代我唯一明确不愿从事的职业就是教师。连不愿意做农民的话都没有说过。今天想来很是不可思议。那大概是初一的时候，也正是"白卷英雄"和"反潮流精神"横行的时代，我冲着父亲说的。父亲说"你能做个老师就不错了"，我说"谁稀罕"。按理说，当时大学毕业的正式教师的工资待遇并不低，能够做个老师确实不错。但为什么宁可做农民都不愿意当老师呢？我觉得一个重要原因是，在我读书的最初年月里，教师一直是被"嘲笑"的对象。我读初一的时候正是电影《决裂》公映的时候，"马尾巴的功能"这句台词成为社会上的时髦用语。我自己就曾经戴着祖父的老花眼镜，拿着本书，模仿着葛优爸爸葛存壮扮演的孙教授，给同学讲马尾巴的功能。其实，当时我们并不明白这个情节更深的内涵，以及在今天看来的荒诞之处。我们当时的想法就是，读书无用，大学教授的学问连农民都不如。教师是可笑的，包括他们的生活都是可笑的。在这样的社会背景下，教师怎么可能成为孩子的职业选择呢？

幸运的是，我赶上了恢复高考后的第四班车。在改革号角最激越、思想解放最彻底的 1980 年，我进了大学。高考结束后，我所在的全县临时尖子班的同学就星散了。我原来的学校，文科应届生只有我和另外一个同学达到了本科线。老师将分数条送到我家，告诉我填报志愿和体检的时间后他就休假了，再见到他就是几年以后了。高考的时候，我正患急性黄疸肝炎，高考期间一直发烧，高考结束一回到家就失去了知觉。高考成绩揭晓时，我每天还吊着几瓶水，上午、下午各肌肉注射一次板蓝根。我是自己抱病看着贴在教育局墙壁上的招生计划胡乱填的志愿，师范院校一个未填。几年后当我知道填报志愿是怎么一回事的时候，我终于明白我的那份志愿等于白填。因为填了"服从分配",我才被完全没听说过的阜阳师范学院录取了。我喜欢历史、地理,但录取的是中文。大学四年似乎没想过要不要当老师、老师好不好的事。反正上的是师范,差不多就是当老师。因为大二的时候父亲去世了,所以就想着赶快工作吧。毕业时虽有留校做大学老师的机会,也因自己的原因放弃了,就这样顺其自然地做了中学老师。当时并非没有想过到深圳去闯一闯,但事实上,我连一张火车票的钱都拿不出来,试不起,也错不起。工作的最初两年还在准备考研,当报考得不到批准后,我就死心塌地地做起了中学老师,从此再也没有动摇过。

我的个性长于做事,拙于教人。教师这个职业于我并非上佳,到今天我依然这样认为。我先做了八年初中班主任,又做了四年高中班主任,然后开始担任副校长。在工作最初的两年里,虽然不曾偷懒,但班级管理并不算很成功,确实有过苦恼。奇怪的是,30年后的今天,那批学生的稚嫩面庞还深深刻在我的脑海里。今年8月9日,他们举办相识30周年聚会,邀请我参加。我原本准备赴会,后来因为公差而未能成行。在机场候机时,我给他们发去了问候的短信。短信里,我根据回忆罗列了45位同学的姓名。我说我会记住他们的,他们很是感动。其实,前些年联系也不多。我年轻,他们更年轻,总觉得来日方长。如今他们大多已是四十三四岁的年纪,最大的已是46岁,有几位女生的孩子正在读高三。他们给我传来了聚会的照片,我承认,岁月确实是把杀猪刀。那些毕业后未曾见面的学生,乍见,我已很难认出。我已年过半百,再过几年,或许就记不清他们了。

孔子弟子三千,贤人七十二。单就数量来说,这在古代也是非常了不起的成绩。我从教30年,在班级授课制的情况下,直接教过的学生仍不足500人,是否有几个贤人现在还不可知。拜现代科技所赐,现在我能频繁地收到学生的问候。即便是现实世界,我也觉得在变小。暑假在合肥机场的休息区,居然也能偶遇一位学生。这是一年来我唯一一次出现在那里。她带儿子从海南旅游回来。她已毕业22年。她喊一声"姚老师",我立刻喊她"刘丽"。我说:"我要感谢你,让我戒掉了香烟。"她说:"您还记得这事?"我说:"这怎么能忘掉呢。"她也是一位老师。仔细想来,我的学生,从幼儿园老师到大学老师超过 20 人。桃李满天下是夸张，但如今确实有那么一点满足感、幸福感，觉得能看得到自己的劳动，至少可以算不完全是为自己活着。

能被学生惦记着其实是件很幸福的事，但教师更多的是需要一份宽容。不是所有的学生都会感激我们，甚至不见得能记住我们。这是正常的。有些事记在心里，未必会说在嘴上。也许是我们努力不够，也许是学生不懂感恩，而更主要的是现代教育模式使然。班级授课制使师生间的亲密程度远不如私塾时代。大学更是如此。我们做老师的，对自己的老师又能怎么样呢？著名作家贾平凹写了一篇《我的启蒙老师》，平淡中饱含深情。文章结尾写道：小学三年级后，"我再也没有见到我的那位老师，在寺庙里读了 4 年书，后来又到离家 15 里外的中学读了 3 年，就彻底毕业了，但我的启蒙老师一直没有下落。如今，老师还在世没有，我仍不知道，每每想起来，心里就充满一种深深的惆怅"。这篇文章也勾起了我对老师的思念。

我的中学老师当中，有三位对我影响很大。一位是我的初中班主任、数学老师李洪伦。我初中毕业后给他写过信，上大学以后仍然给他写过信，但从未接到他的复信，后来才知道他调离了。实际上，自毕业后，我们就没了联系。另一位是我初三时的语文老师彭近侃。我的语文水平特别是写作能力的提高完全赖于他的鼓励。他在我的作文《放学之后》批了一首诗，全是赞赏和鼓励的句子。这给了我很大的激励。遗憾的是，我一直在外读书，刚工作时又觉得自己毫无建树，愧对老师，等到我下定决心要见老师的时候，他已经驾鹤西去。还有一位是我高中的班主任、化学老师张忠。我初中的化学成绩并不好，但一上高中他就让我当班长，我从此有了自信心。一到大学，我就给他写了一封信，但不知道他是否收到。他家在合肥，经常回家，收不到信也是可能的。我毕业后不久他就调走了，据说调到合肥八中去了。连这三位对我影响很大的老师，毕业后也都没了联系，何况其他老师？其实，老师大多是默默地付出，特别是那些小学科的老师，一次带五六个班，学生年年变，一辈子教出的学生成千上万，学生也许能记得老师，老师哪里能记住学生呢？这样的师生关系，彼此间联系不可能太多。为师不必急于图报，甚至老师的付出是不求回报的。他们的专注也正体现在这种无私付出上。我付出，我快乐。如果一直惦记着世俗意义上的回报，就专注不了，也就快乐幸福不了。

从放弃一份稳定、体面的工作，创建一所新学校这件事来看，很多人认为我骨子里是个"不安分"的人。实际上，我向来安于现状，觉得怎么都可以过，内心并无宏大的理想。我看得很透。譬如，著名作家王蒙，前文化部部长，年高八十，健在，出版全集45卷，约1600万字。我算是读书的，但只看了《青春万岁》等少数几种，不会超过50万字。我就想，干吗那么忙呢？1600万字，自己以外谁全看了？类似的事给了我很大启发：不要和别人比，做自己能做的、喜欢做的事最好。别企求千古流芳，人死了，归根结底还是"朽"了。不如在校园里安心育人，虽不免也要看看围墙外的景色，但最好还是多看看那些该看的。不该看的看多了，心就乱了；心一乱，快乐就没了，幸福也就离自己而去。现在几乎可以肯定，我这一辈子只能做一件事，就是教书育人。在一个很小的范围内，亲自教了几百个学生，可以数得过来的。但我自觉很满足。

当然，政府和社会应当创造更好的条件和环境，让教师能够专注地工作。现在还有差距，客观条件和治理能力都存在差距。《道德经》曰："不尚贤，使民不争；不贵难得之货，使民不为盗；不见可欲，使民心不乱。"这些话并非一点道理没有。我评高级职称的时候，不需要普通话等级证书，不需要计算机等级证书，不需要支教，不需要综合荣誉，不需要指导青年教师证明，不需要上考评课，不需要继续教育课时，似乎论文的要求也不高，这些都不是必要条件，要的是你在本校出类拔萃。20多位青年教师符合条件，就评了我一个，在一线能够脱颖而出就是最过硬的条件。现在居然又整出几个花样来，用一系列的条条框框将人"管住"。评个职称，累个半死，生怕老师有点闲暇，总是将老师折腾得不得安生。

专注是自觉的，逼着人专注是达不到目的的。现在，连教师节都成了"教育"节，是专门教育老师的日子。教师节设置的初衷何在？只有幸福的老师才能培养出幸福的学生。老师惶惶不可终日，焦躁不安，培养出来的学生，心理能是健康的吗？看中央电视台《中国汉字听写大会》后台的某些老师急得快跳楼的样子，我们就知道老师们"病"得不轻，需要"静"养！心理学家研究表明，父母的匮乏感将影响孩子的一生。也就是说，不是贫富而是父母对金钱的态度直接决定孩子未来对金钱及物质的态度。我想，教师的专注力下降进而引发普遍的群体焦虑，不仅让今天的教师不快乐、不幸福，也会降低今天的孩子和未来社会大众的快乐感、幸福感。

（2014年9月11日）

教师是为学生的明天播种幸福的

盖棺似可论定,因为斯人已去,一段历史告一段落,好像可以做终极评价了。然而,还有一句话,"要禁得起历史考验",而历史的起点很遥远,终点则不知道在更遥远的何处。所以,什么时候结束考验是个未知数。因此,越是著名的人物,"棺材板"越是盖不稳。盖上又打开了,好不容易又盖上了,说不准哪天又打开了。

按目前的教育评价方式,学生毕业了,考上大学了,对学校、对老师的评价似乎就可以"论定"了。升学率高,有状元,还能不是好学校?老师还能不是好老师?实际情况远非如此。学校、老师在带给学生积极影响的同时,极有可能带给学生很多消极的影响,只是这种影响暂时还看不出来,或者说暂时还没有觉察到。我在不久前的一次教师大会上说,下个学期,我们要开展一次讨论,请所有自己孩子正在学校读书的老师,站在家长的角度,谈谈自己心目中最理想的老师应该是怎样的。这对我们做好工作很有帮助,因为我们希望自己孩子的老师是什么样的,我们就努力做什么样的老师就可以了。一辈子从教,我愈来愈觉得教师的职业是确乎神圣的。其"神圣"不在于教师一言可兴邦,而在于教师不经意的言行会影响孩子的一生。这种影响自然不会随时随地针对所有学生,但很多时候会在未来成功或失败的学生心目中早早种下一粒种子,一粒幸福的或者不幸福的种子。大千世界未必有严格对应的因果报应,但因果一定是可以相互印证的。所谓幸福的童年可以治愈一辈子,而不幸福的童年要用一辈子来治愈。

在我看来,我儿子读书从幼儿园到研究生一路是比较顺利的。后来和他聊天，不免要聊到他过去的老师，我才知道他在小学和初中时也曾受到过"伤害"。早在上高中时他就对我说过，小学某数学老师当面对他说："你完了，你爸妈都是语文老师，数学你肯定学不好！"他的一位初中老师直截了当地说："你不可能是尖子！"他的老师都是我的熟人或同事。我的孩子尚且有如此遭遇，何况他人？他说到这件事仍不免要生气。我开导他说："老师也是为你好，怕你骄傲，激励你，是激将法。你的数学成绩不是不错吗？中考成绩在全校七八百名毕业生中排第三名、男生第一名，你不是尖子谁是？"他说："你要知道，老师的一句话让我一直怀疑自己弱智。不错，我的数学成绩是挺好，但如果不是他的一句话，我会学得更好。数学对我的学业发展非常重要。如果将来我在自己喜欢的学科上不能走得更远，有可能还是数学学得不够好。"事实上，他高考的数学成绩也是非常出色的。他的老师以为这个胖胖的"校长公子"一定是个不求上进的调皮孩子，其实他是一个胆小且特别守规矩的孩子。所以，当他的老师说"你要不好好学，我会让你的脸比现在更肿"时，恐惧从此便注入了他的心底，数学课上的注意力在某种程度上被瓦解了。从这个角度说，那位老师不恰当的教育方法确实对孩子产生了不良影响，也许是终身影响。直到今天，他依然无法在心里与这两位老师和解。儿子不止一次很郑重地对我说："你一定要跟你们老师说，老师太重要了，老师的讲话太重要了。不能随便讲，不会讲话不如别讲。"让我更有感触的是，这两位老师都是有一点儿"名气"的老师，这使我对老师优秀与否有了更深一层的理解。怎样才是"好"老师？看来需要等到比较"遥远"的未来才会有比较准确的评价。

教育是关于人的工作，因此是一项充满智慧的复杂工作。假如你经过缜密研究，确认语文老师的孩子学不好数学，那也没有必要将这种未经普遍印证的"理论"直接告诉孩子。其实，你的任务就是要将语文老师孩子的数学教好，而不是以此推卸自己的责任。仔细想一想，我真的觉得不少老师将教育工作简单化了，其中有一些人甚至可以说在"育人"方面尚未入门，只能算是"能做几个题的人"，而这几个题还是年复一年老掉牙的"陈题"。学高为师，身正为范，身正要重于学高，而"学"远不只是具体的"知识"。那位说我儿子"不可能是尖子"的老师,是位"家教"老手,他会时不时将考试或小测验的试题提前透漏给他的"家教"班学生。我儿子当时就很奇怪,那些一问三不知的同学,小测成绩往往并不比他差。当他知道事情的原委后,他很鄙视老师的这种行为。何况,孩子总是要长大的。

我是个悲观主义者,即使在我们学校高考本一达线率超过85%、本科达线率近100%的情况下,还是为考得不理想的一部分学生感到惋惜。从教几十年,今天学校里的考试尖子生和明天国之栋梁之间的关系我太清楚了,我不可能短视到只看"今天"。我从心底并不唯一看重升学率,我心目中的一流学校永远是"具有一流教育服务品质的学校"。我的立论基础是:教师都希望得天下英才而教之,这没有错;但孩子都有接受教育的权利,各类学校都有生存的理由。万千学校不可能同时都是升学率很高的学校,但我们可以同时是"教育服务品质"最好的学校。教育人很无奈,我们在努力做着自己本不愿意做的事,甚至可以说是干着舍本逐末的事。我们固然可以用"我只对当下负责"的实用主义价值观来搪塞,但历史老人从来是目光远大的。我们的作为禁得起历史考验吗?我们能对自己的所有教育行为负责吗?我经常告诫自己,绝不做明天后悔的事!要尊重规律、尊重常识、尊重孩子,努力为孩子的明天播种幸福的种子。然而,这何尝不是同时为自己播种幸福!

(2013年7月12日)

让学生感受到一点被等待的幸福

"时间就是金钱,效率就是生命",是改革开放初期最响亮的口号之一。即使在今天,某种程度上,它依然是真理。那个时代备受批评的是国人的时间观和效率观,报刊上宣传的都是某国人或某地人如何珍惜时间和讲究效率,他们每分钟要走多少步,每步要迈多大,他们的快节奏成为激励我们的目标。终于,"着急"成了今天中国人的显著特征,从南到北快速蔓延,神州大地呈现一派你不让我、我不让你的繁忙景象。"速成"成为一种追求,"不能输在起跑线"成为一种策略。人们从出生,从睁开眼,就开始奔跑。终点在哪里?那是一个众所周知的去处。那是一个迟早要去的地方,有必要跑那么快吗?一个形象的说法,这就是"找死",毫无目的地瞎跑。随着社会发展,我们发现,绝大多数时候,金钱买不来时间,效率不等于生命。生命是个过程,效率是个相对概念。"朝菌不知晦朔,蟪蛄不知春秋",这是效率最高的。假如人如朝菌和蟪蛄,生命意义何在呢?所以,有了休闲的说法,有了五天工作制,有了长假。

自由的市场经济必定是高度逐利的,哪怕利益背后是陷阱。飞蛾扑火便是一种宿命。"时间就是金钱,效率就是生命"的法则没有错,问题是"时间""金钱""效率""生命"四个词可以有万千变化,不能简单一概而论,人类无法用统一的意志去把握。譬如"时间",怎么才叫珍惜时间?为什么要珍惜时间?睡觉是不是浪费时间?每天锻炼一小时是不是浪费时间?今天我不愿意浪费这一小时,明天我也许付出一天时间。但这也不是绝对的,有人一辈子忙碌但依然健康长寿。所以,"时间就是金钱,效率就是生命"的口号可以在适当的时候拿来醒脑，但如果一切都围着"金钱"和"效率"去转，我们就会发现生命本来就是个错误。现在，我们之所以不反对"幸福无关财富"的说法，一个重要的原因，是我们看到聚敛财富和享受财富的过程往往伴随着"不幸福"。有钱人不全是幸福的人。我每每看到某些电视台黄金时间段播放电视剧掐头去尾时，就觉得，没有规则的市场经济是充斥骗子的梦魇，心里难受但酣睡不醒，但愿醒来发现不过是大梦一场。

我们现在提倡"有效教学"甚至是"高效课堂"，无非是将"时间就是金钱，效率就是生命"的法则运用到学校，运用到课堂。但怎样才叫"有效"？是用当堂考试来检验还是用学生的一辈子来检验？不检验无法证明其"有效"。"先学后教，当堂训练"体现的就是效率观。既然老师的"讲"没有什么用，那么干脆老师不讲，学生自己学。学生怎么学？怎么考就怎么学。以考代练，以练代学，考好就是学好了，考不好别回家，直到考好为止。这种方法有没有用？肯定有用，是用来应试的最好方法之一。这是不是"应试教育"？那还不一定，关键看学生的感受。所以，你给他戴什么帽子都可以，根据需要。如果"堂堂清"就是堂堂考，每一堂课都是竞赛，而每一个学生每时每刻都是快乐的，那这些学生就是圣人。在"效率"的旗帜下，我们又有一项"发明"，这就是精细化管理，可以将人分析得"体无完肤"。一天一考试，一考一分析，一考一排名。可以想象，在一个千人的年级，排不到前一百就算了，但在后一百，甚至就是倒数几名，再"憨"的学生也高兴不起来。然而，有第一，必然有倒数第一。我对高中部的学生家长说："您的孩子能考上附中说明学业成绩很优秀，但您要容忍孩子在班里考倒数第一，要不您别来。"清华的学生在中小学哪个不优秀，但到了清华，总得有人做倒数第一。我对高一学生中那些中考成绩靠后的同学说："你到附中的任务不是考第一，要考第一你就别来，你要做的就是死死咬住，咬住就是胜利。"我赞成"要么不做，要做就做好"，但反对"要么不做，要做就做第一"的说法。非得你是第一，那谁做第二呢？谁该做第二呢？我不反对论功行赏，但坚决反对"斤斤计较"。如果凡事细致到"0.01"，则近似恐怖。世上本无事，庸人自扰之。

孩子的成长是三分教七分等。谁在等？老师和家长们一群大人要等，孩子自己也要等，大家都要有一种耐心等待的心态。也许像《等待戈多》中的流浪汉爱斯特拉冈和弗拉季米尔那样，什么也等不来，但正如《等待戈多》的作者贝克特认为的，人生就是这样，既难活，又难死，既有希望，又很绝望。"等待"是一种生存状态。消极地看，人的处境单调、刻板，没有目的，生活无休止循环，人生承受着没有尽头的煎熬。然而已然如此，我们就只有积极地对待。我初看《等待戈多》时，很觉得那两个流浪汉可笑，现在忽然感觉自己连他们都不如，我们连等待都不会。

"周周清，日日清，堂堂清"，实质就是不容你有一点落后，每时每刻都让你感觉到差距所在，每时每刻都有人在后面拿着鞭子撵着你走，恐惧无时不在。这样做有用吗？有用！放在同样的检测体系里自然有用，换一个体系，作用就非常有限。"等待"是一种自我辨别和自我修复。有些知识只有在特定的体系里才有意义，并不是什么人在什么时候都要掌握的。可能因此带来的知识缺陷，很快就被新知识掩盖。学习最终是各人自己的事，"七分等"并不是"傻等"，等待是一种自我学习。世界上没有一个超一流的人才是"教"出来的，科学家不是，文学家也不是，政治家更不是。"教"的意义在于"考"，如果没有"考"，基本上不需要"教"，正常人都会自学。如果教育的功能被窄化为选拔与淘汰，则所谓的"有效教学""高效课堂"终归是无效的。我们用市场化的思维培养和选拔人才，人就成了流水线上的产品，情感很难得到尊重。

诗人北岛在散文《乡下老鼠》中写道："俄国著名的大提琴家罗斯卓波维奇说过，大都市的人匆匆忙忙奔向死亡。这话在理。你想想，那些城里老鼠整天疲于奔命，就像上了发条，除了睡觉，哪儿有歇的时候？其实生命过程就是一种体验，若无清闲，哪儿来的体验？时间被填满了，压缩了。一年短如一日，唰地过去了。我们有娱乐，城里的老鼠总是这样说。其实娱乐是跟空虚绑在一起的，像工作一样也是时间的填充物，不可能带来真正的清闲。""所谓美国人的富裕，我看其实也不过是个数字而已，整天撅着屁股追着自己的影子瞎忙乎，挣了钱又怎么样，哪有工夫享受？"（北岛，《失败之书》，汕头大学出版社，2004年）这里的"老鼠"就是我们"人"，在日益现代化的都市里，我们就是这群"老鼠"。我们还要责备自己跑得不够快吗？难道不应当慢下来看看风景吗，哪怕肚子还有点饿？人的生命不应当被潦草地填充，我们应当学会欣赏和享受。

老师们必定很委屈地说，并非我不想等待，我等得起吗？事实确实如此。在很多地方，升学率是比GDP还要硬的指标，升学率是通过考试产生的，若考试决定一切，谁不搞应试教育呢？但我想，在校园里，在课堂上，以"爱"为前提，以"牺牲"老师为代价，以激励和期待为手段，凭我们的智慧和能力，是可以有效地实施"人道的应试教育"，让学生感受到一点被等待的温情，感受到一些学习的快乐和幸福，他们一定能因此更真切地感受到生活的美好。

（2012年12月14日）

平凡：教师职业的本真

绝大多数教师的事业注定是平凡的，其人生注定是平淡无奇、波澜不惊的。"事业"一词在我的脑海里一向很神圣。迄今为止，我还不敢也没有将自己所做的事称为"事业"，也不太愿意将自己的工作上升到"事业"的层面来审视。

事业，是指人所从事的，具有一定目标、规模和系统而对社会发展有影响的经常活动。从这个意义上来说，我们都有自己的"事业"。绝大多数人的事业是日复一日的平凡，不好用伟大与否的结果来衡量，教师的事业也是如此。诚如印度诗人泰戈尔诗云："天空中没有我的痕迹，但我已飞过。"我们的"事业"往往就是过程，是一系列琐细而极平常的"事"的累积。也许每时每刻都很忙碌，也很充实，但似乎什么都没有做，没有多少传记素材。往事无可回想，因为日复一日、周而复始，分不清哪天是哪天，甚至一时也记不住哪届是哪届学生。

中国有霍懋征、斯霞、魏书生这些可称为教育家的中小学教师，也有数不清的像人大附中、上海中学培养了一大批栋梁之材的重点中学的教师，但更多的是像田沛发和李桂林、陆建芬夫妇那样的农村小学教师，而那些不知名的平凡教师更何止灿烂星汉。

我原单位蚌埠铁路中学的一位同事，她从上海下放到安徽，从农村到学校，做了大半辈子教师。因为学历问题，退休时，她还只是个中学一级教师。但她书教得很好。1987年，我遭遇车祸在家休养，主动要求学校安排她代理我的班主任工作。她是一位很负责任的老师。她退休时，作为校长的我找她谈话,她哭得很伤心,说她一辈子很失败:没有评上高级教师,也没有获得多少荣誉。我不认为她的人生是失败的,我相信她冷静下来后也会为自己平凡的教书生涯而自豪。但我承认,我们给予这些平凡老师的太少太少。

另一位同事,也是个女老师,下放农村,几乎是最后一批回城。20世纪80年代初与比她小十几岁的弟妹们同上大学,直到快不能生孩子的时候才生孩子,赶的总是"末班车"。退休时,她也未能评上高级教师,而当时比她小20岁的"70后"都一批一批评上了高级教师。她的退休通知与她儿子的录取通知书几乎同时寄到。巧合的是,她儿子考上厦门大学。其时,我正好调到厦大附中,她看望儿子时到过我那间临时办公室,我们谈了很久。当时说些什么我都忘了,但有一句话我至今记得,她说共事20年和我说的话加在一起也没有这会儿多。我听了很不是滋味,至今想起来还由衷感到惭愧。与她们比,我觉得我的运气很好,获得的甚至已有些过分,应当知足。绝大多数老师,在奉献的同时书写的就是这样的平淡、平凡的人生,但我以为同样是有意义的人生。不能说获得了模范教师、优秀教师称号甚至有了一官半职就证明事业是成功的,更不能说没有这些就不成功。这不符合现实,同时这种逻辑也无法解释中国教育事业的辉煌。

我很赞同这句话:"教育是事业,事业的意义在于奉献;教育是科学,科学的价值在于求真;教育是艺术,艺术的生命在于创新。""事业的意义在于奉献",这句话非常经典,简直就是真理。换句话说,如果我们奉献了,就在进行着我们的事业,未尝不可称为"伟大事业"。教书育人是我们的工作,自然就是我们的事业,我们应当努力做好那些我们该做的、能做的,使点力能够做得更好的事。我们是功率不大的电灯,但一直亮着,虽无耀眼的光芒,但一直在发挥作用。

祛除功利心,对于知识分子来说并不容易。很多人没有被困难压倒,却倒在名利面前。取得了一点成绩,获得了一点荣誉,就以为自己天下第一,然后疏于正常工作,整日游走江湖,忙于传经送宝、著书立说,直至唯名利是图,最终成为名利的"奴隶"。这样的"名师"不在少数,甚至就在我们身边。为民时要民主,做官后讲身份,知识分子也有劣根性。大学去行政化，先要问大学的各级领导是否愿意，问那些曾经是老师现在是领导的教授、导师是否愿意。淡泊名利并不容易，重功名的知识分子更是如此。

追求卓越没有错，倘若不"卓越"也不能不活。口号少喊为好，先做后说。做了不说，也许更好。尽可能上好每一节课，尽可能关心每一位学生，让每一位学生尽可能有所进步，这就是我们伟大的"事业"。在盘点我们的事业时，老师们不要迷茫，要自信，"我们飞过"，我们无愧于自己的事业。平凡正是我们事业的内涵和本真。如果每一位老师都轰轰烈烈，这世界定会乱套的。我对新教师说得最多的是这两句话：一是刚入职总归要特别下点功夫，但你不会一辈子都这么辛苦；二是教育并不复杂，你就努力先做学生喜欢的老师，其次让家长信任，最后让学校放心！学生真心喜欢，家长、学校自然就会信任、放心，你的职业生涯就会一路充满快乐幸福！看上去很平凡，换个角度看，"很伟大"！

（2010年3月14日）

学校管理不求太精致

精细化管理是一种管理文化,"精致"是精细化管理要达成的目标之一,甚至是一种美学标准,故而"精致"往往是衡量现代组织管理的一项重要指标。但是,精细化管理走到极端就会只见管理"不见人",管住而未理顺,"精致"就成了作秀。在学校管理中,生活、工作一向规律性极强、作风严谨的我却常常不求太精致,不仅提高了管理效率,也提高了工作质量。

食堂是一个天然的人群最大聚集地,在那里发布信息受众面最广,所以自然而然大家就对粘贴处有了需求。2009年厦大附中高中开始招生,食堂投入使用后不久,我们就在食堂门口的墙壁上做了块布告栏,供粘贴各类信息使用。但很快发现不敷使用,因为学生社团增多,海报更新频繁,而一张海报就占去一半的布告栏,于是就有人自发地将海报贴到旁边的落地窗户上。落地窗户是楼道底层的窗户,蓝色玻璃,与食堂四周的幕墙玻璃一色,算是幕墙的一部分,并无窗户的实际功用。第一次看到学生在上面粘贴时我愣了一下,但想想也觉得并无不可,一是总得有处粘贴,二是粘贴在玻璃上便于清理,于是就默认了。也有严谨的同事认为不好,我敷衍地说先就这样,等等后面再说。后来,横七竖八,越贴越乱,有同事建议做个大点的布告栏,我考虑再三还是觉得就这个样子也没什么,就将这几块落地窗视作布告栏好了。

所以说考虑再三,是因为我并不觉得粘贴在玻璃上好,只是觉得也没什么不好,或者说也没什么更好的办法。1号餐厅外是主要聚集地,是寄宿生和走读生经过最多的地方,但门口并不十分开阔。原有两个紧贴着门口的花坛还被我们给扒掉了。所以就地立个公告栏会妨碍通行，远一点又不方便观看，将落地窗户更换为布告栏又影响楼道采光。当然，还有一点，无论布告栏多美观，都不能保证广告、海报不乱贴。根本一点是，我觉得相信学生的选择，没必要追求太精致。我也赞成校园建设和学校管理尽量做到精致些，但反对喧宾夺主式"精致"。

陶艺教室原来的装修方案与艺术馆其他教室类似，也是地砖或水磨石地面、涂料墙壁。如果仅从干净、整洁、精致的角度看，这似乎不可，但只要想明白了陶艺教室的功能就知道这个地方注定不是干净、整洁、精致的。这里面是泥水的世界，来这里上课的学生更不会正襟危坐。只要一上课，地上非灰即泥，甚至墙壁上也会有泥水的印记。将陶艺教室建成无尘室就只能关门。我的想法是，学生到了这里我们就任其"糟蹋"，也不必频繁清扫，让他们无所顾忌地、倾情地投入艺术活动中。所以，后来方案修改为红砖地面、砖砌毛坯墙壁，倒也别具洞天。更重要的是，学生到了这里不会缩手缩脚。我偶尔经过这里，看到里面学生系着围裙，满面春风，满手泥巴，甚至脸上也有泥点子，场面热火朝天。我觉得，这才是陶艺教室应有的样子。可以说，不求太精致，本质上是让管理更好地服务教育教学工作。

不求太精致有时也是追求效率使然，又或是不想自找麻烦，牵扯太多精力。2007年12月13日，厦门大学致函漳州开发区管委会同意附中冠名为"厦门大学附属实验中学"后，我就着手印刷便签、信封、信纸，制作铭牌。让谁题写校名，一时成为难题。其时，"厦门大学"的常用字体是鲁迅的。从延续厦门大学文化的角度来说，我自然是希望用鲁迅的字体。于是便买了一本绍兴鲁迅纪念馆编、西泠印社出版社出版的《鲁迅手迹珍品展图录》，居然从中还就找到了"附""属""实""验""中"的手写体，当然因风格杂乱，放在一起不太协调，不是一个理想方案，便放弃了。因为急用，就折中地混用鲁体"厦门大学"和宋体"附属实验中学"。但因为校门比较简陋，门柱太小，放不了太大太多的铜字，故2008年9月1日揭牌时用的门牌是临时做的一块铜牌，上行是鲁体"厦门大学"，下行是宋体"附属实验中学"。之后集"厦门大学"中的"厦""大"和《鲁迅手迹珍品展图录》中找到的

"附""中"四字制作铜字作为南门（正大门）的校名铭牌，在力行楼的正墙上悬挂鲁体"厦门大学"和宋体"附属实验中学"的中文全称和英文铭牌。集字的鲁体"厦大附中"谈不上艺术水准，校徽用的也是这四个字。从我个人的观感评判，这四个字并不比我本人写得好。其中"附"字还缺一点，顶真起来它就是个错字。13年来，我时常想请人题写校名，但一想到"请谁"这个麻烦事，便立即置之脑后，觉得到底不是个急事。坦率地说，"厦大附中"四字很不精致。

不求太精致也是为了避免对"质量"的过度追求，或者叫防止质量过剩。很多人认为我是理想主义者，但其实在很多问题上我是现实主义者、实用主义者，不将太多的精力放在注定搞不好的事情上，很多时候甚至向顽瘴痼疾投降，或者根本不会向其挑战。有人患有秩序强迫症，要求所有员工停车时，每排车的车尾成一条直线。就驾驶技术而言，能将车子一点不差地停到规定位置上就不是一件容易的事，大多数人不会在这个问题上精益求精，更何况要求所有车子都停成一条线。这要耗费巨大的管理资源。也许在某位老板管理的某个时间段里能达成，换一位老板或者换一个时间就立即故态复萌。城市管理中的许多举措是这样，开头轰轰烈烈，最终不了了之。在这类问题上，我是无为而治。

不求太精致的另一个原因是成本上的考虑。诗意栖居要有基本的经济保障，很多时候，"诗"就是"钱"。成本一定是个问题。成本可以析出人、财两端，最终都可落到"财"上。特别是公共事务上，没钱就只能凑合，不要谈精致。厦大附中在海边，终年栉风沐雨，风雨的含盐量大，腐蚀性强，再加上周边一直在开发，空气中的含尘量也超过正常值，所以，校舍中的钢构易锈蚀，外墙和玻璃幕墙易污染。要保证"精致"，外墙得每年大修一次，玻璃幕墙得每月清洗一次。特别是外墙，事实上，如果你能忍得了一年，也就不在乎三年、五年、十年。因为一年后，外墙是最难看、最引人注目的，往后也就那样了。当然，钢构涉及安全问题，而且数量不多，该修还是得及时修，不求太精致也得修。外墙的维修量大，修不胜修，不妨睁一眼闭一眼。图书馆就是个例子。2010年建成投入使用一年后，墙皮就有脱落的，中间通道玻璃幕墙里面、装饰条里面都有较明显的污迹。但一方面，单独维修很不方便；另一方面，校园内外、周边依然在大兴土木，问题很难彻底得到解决。校园绿化管理也是这样。280亩的校园，乔木近2000棵，草坪、灌木的维护量也远远超过一般学校，但绿化工只有三位，学校只能保重点、保关键，要求太高根本不现实。这么多年，后勤物业工作中，绿化是令我最不满意的，乏善可陈。他们既不专业也力不能及，我只能睁一眼闭一眼。当然，退一步讲，今天厦大附中校园绿树成荫，也许正是功在"不管"，植物们得以自由成长，颇有"失之东隅，收之桑榆"之功效。类似的事，如果不计成本确可以做到精致再精致，譬如让厕所365天、每天24小时香气扑鼻就不是什么难事，又如猪肉掉地上一尘不染捡起来就可食用，也不是什么难事，皆有径可循。

还有些"小节"属于小事难做的范畴，你要当真就会陷入泥淖，难以自拔。譬如教师的穿戴，可以有一些原则性要求，但要和每个人顶真就会烦不胜烦；又如多人一间办公室的关灯、关电、关门、关窗，办公室卧具的及时整理，向学生开放的功能室的钥匙管理等，都是芝麻大的小事，但要做到"精致"，并不比登天容易。

不求太精致，从某种程度上说，是一种顺乎人性的简约化管理。把握大方向，不在细节上纠缠，将主要精力投入关键事情中，少点摩擦，多点和谐，事半而功倍。

（2022年3月8日）

互信是照亮心灵的灿烂阳光

据报道，上海一所知名小学，有不少家长给学生戴远程监控手表，随时监听课堂情况。老师在课堂上说的话瞬间进了家长的朋友圈。令老师生气的是，在得知有这样的手表后，不少家长的反应竟然是："手表在哪儿买的？我也要给孩子准备一块。"尽管没有一位家长承认此举是为了监听老师，但老师们"感觉头上有一把利剑"，认为这是家长对老师的不信任、不尊重。有法律专家认为，该行为侵犯了教师和其他同学的隐私权。之前也有过报道，幼儿园孩子家长在孩子身上暗藏录音笔，还有幼儿园为了方便家长随时看到孩子而建立远程视频监控系统。毋庸讳言，无论其出发点有多少善意，根本原因必然是信任缺失，一种对教师、对他人、对社会、对安全的极度不信任。互信是照亮孩子心灵、照亮教育、照亮世界最灿烂的阳光。在精神价值多元的社会，用文化而不是仅依靠技术和制度重建社会诚信体系尤为迫切。

科技如果无视伦理，则其衍生的"恶魔"，科技自身无力降伏。无数事实表明，科技发展在多大程度上解放了人，必然也在同样程度上重新束缚了人；在给人带来无比便利的同时，也必然带来太多不必要的麻烦。当每个人可以轻易拥有一颗原子弹的时候，科技不仅失去了控制世界的能力，而且其自身就是灾难。在科技发达的今天，单纯依赖技术已经无法阻止上述事情的发生。可以预见的是，随着技术的日益进步和成本的进一步降低，在缺少文化自觉和必要规范的情况下，此类事件的发生或许更为频繁。科技越进步，人类有可能越不幸福。所以科技应当有禁区，人类对技术的应用要保持适度。如果人类执意要打开"潘多拉的盒子",有效应对危机必须另辟蹊径。此时,从技术和制度上很难获得有效的反制手段,寻求文化的解决方案也许是最现实的出路,而促进社会成员间互信是最基础的文化路径。

缺乏完善的社会诚信体系,就不会有互信;没有了互信,维持必要的社会秩序就要付出更大的努力。德治也好,法治也好,其有效治理需要建立在社会普遍的互信之上。当社会公平屡遭质疑、人人以邻为壑时,德治不行,法治也很难奏效。人们希望生活在一个有序的世界里,这个世界充满爱、公平和正义,但它不会自然而然地到来,需要我们每个人的付出和呵护。因为信任,所以简单。如果缺乏互信,简单的事就变得复杂起来。当诚信的柱石折断以后,我们只能重建,从自己做起,从现在做起。造谣和谩骂无济于事,即便骂倒了政府,也解决不了根本问题,甚至根本解决不了问题。因此,用制度,最终经由文化和信仰,营造充满互信的社会氛围,是建立基于信任的教育新常态的必要前提。

学校不是真空世界,师生之间、家校之间的信任危机同属社会风气。教育问题丛生,不能一概归因于教育,更不可肆意"污名化"应试教育。如果医生的工资要靠卖药获取,教师的薪酬要靠收费支付,救死扶伤和教书育人都成了"做生意",医患、师生、家校之间的关系就难以和谐。所以,政府要确保教育的公益性质,要让校园远离铜臭味,甚至与世俗保持必要的距离。

家长是孩子的第一任老师,也是终身老师,要时刻牢记自己的任何行为都会对孩子产生恒久影响。"吃亏是福",福在未来,不在当前。为孩子终身计,一定要放眼未来。科技手段使我们有了"七十二变"的本事,但我们不能用这个本事来侵犯孩子的成长空间。家长固然有监督学校的权利,但"偷听"绝非监督,"围观"未必有理,仗势无助法治。己所不欲,勿施于人,道理昭然。

教育是成就未来的事业,教师是人类灵魂的工程师,是人类终极价值的重要创造者。教师要调整心态,受得委屈,率先垂范,主动适应教育新形势,确立职业新规范,增强引领社会潮流和公民精神成长的能动性。不妨用更坦诚的姿态,以开放的胸怀,欢迎来自各方面、各种形式的合法监督。以"爱"为手段,遵循教育规律和青少年成长规律,全心育人,真诚服务,难道还怕他"偷听"不成?他总有自讨没趣的时候,此时也正是赢得信任的时候。师生信任、家校信任就是好的教育。

现在医患关系的内外环境同样很不好。医患互不信任,患者怕进医院,医生怕见患者。诊疗之初即想着万一出现医患纠纷怎么打官司,患者留一手,医生留两手,双方一交手,火药味十足,哪里谈得上和谐?导致今日之局面的原因很复杂。此局面如不迅速而彻底地扭转,全社会都要付出更昂贵的代价。

我们必须承认简单进行市场化解决不了中国社会出现的问题,所以会出现各种各样非常棘手的怪问题。与教育一样,医疗问题也是很大的民生问题,甚至可以得到更多关注,因为人一辈子随时可能要进医院。只要是大问题,必然也是问题很多的地方,所以医疗改革呼声不断、改革不断、骂声不断。上学难并非没有学校上,而是没有合适的好学校上,同理,看病难并非没有医院看,而是没有合适的好医院看。

教育资源不均衡导致"择校",医疗资源不均衡导致"择医"。与"择校"相比,"择医"则是普遍现象,而且是合情、合理、合法的。即便是医保病人,他也可以选择几家医院作为医保定点医院,如果需要,他还可以在这个范围外去选,直接到北京、上海的大医院,这是"择医院"。"择医生"则是全中国所有医院的公开做法,如专家门诊、预约门诊等便是如此。所以,医院之间的竞争甚于学校,均衡医疗资源的难度远大于教育资源。"择校"受到政策的严格约束,而"择师"完全没有可能,在稍微规范一点的学校,连本校教职工子女"择师"也是不能够的事。资源悬殊,流动就无法遏制,小医院门庭冷落,大医院人满为患。看病到底不像读书,在医院住个十天半个月即可出院,砸锅卖铁,硬着头皮也能住下去。所以,就算在北京协和医院这样的大医院,你也能见到来自偏远地区的患者。"择医"和"择校"大不一样,但就医带来的焦虑会对教育产生负面影响。

1998年高考前,我在上午第四节课突感胃部疼痛,满头大汗,中午粒米未进。下午上班中间跑到医院找大内科主任看了一下，他怀疑是阑尾炎，但不敢确诊，说如果晚上还疼，打电话给他。到了晚上还是疼，只好打电话给他，他在电话里了解了一下情况后对我说，基本可以断定是阑尾炎。他让我在家里洗好澡，带上生活用品到医院动手术。我要去的医院是本系统内的铁路医院，二甲医院，硬件一流，与我的单位相邻。但由于是职工医院，尽管医疗水平不差，但社会美誉度不高，所以有同事建议我到医学院附院。我觉得阑尾炎不是什么大手术，但同事告诉我，他们前几天开阑尾炎手术就开死一个人。这事我知道，"开死"未必是医生水平差，大医院未必没有类似的事故，再说，都是熟人，一是方便，二是不好意思。晚9点左右，在太太和几位同事的陪同下，我住进了铁路医院。他们的业务副院长是外科第一把刀，主任医师，由他主刀，一切顺利，不到一个小时我就回到了病房。周二夜里手术，我只耽误了三天课，隔周周一就上讲台了。由于是职工医院，我没有花一分钱。后来我觉悟到自己很失礼，至少应该请他们包括我的三位弟兄吃个饭，时间一长就成了无法弥补的遗憾。

失掉了诚信，自然就失掉了互信，最终也会失掉自信。医患关系不好，说到底，因由就是失了"信"。

互信使人际关系变得简单，是和谐社会的重要标志。生活在人人自危、相互猜疑的社会里，就不会有安全感；焦灼无时不在，就不可能有诗意的生存状态，就不可能有幸福感，生命质量就会大打折扣。充满怀疑的"气场"肯定会恶化人类生存的环境，而同为育人者的师长，若抱着怀疑一切的态度，给孩子带来的负面影响更是无法估量，甚至直接促使儿童形成消极的人生态度。失去了积极的人生态度，也就失去了心灵灿烂的动力基础。

真诚信任别人作为品格需要从小养成。我有一个信条，宁可上一当也不无端怀疑别人。社会、学校、家庭不应相互拆台和彼此埋怨，相反，要互塑诚信形象，彼此包容。这样才能使孩子减少心灵煎熬，坚定人生理想，人生之旅才会因互信而充满阳光，生活才会温暖而幸福。

（2014年12月13日）

己所欲亦不可乱施于人

最近接待了几批外地同仁来访，交流中不免要汇报所谓的"经验"。其实，我们没有经验，只有故事。故事可以讲几天几夜，但我一般只围绕"师资"讲半个小时到一个小时。我是故事的讲述者，也是故事中的人物之一，所以我不需要准备稿子。我也不使用 PPT，因为这影响主客间的交流和沟通。我自认为是中国教师中第一批熟练使用 PPT 和 PS 的人，但我现在更愿意口头交流。外出学习和培训我也从来不拷贝人家的课件，因为拷回来也不会再看，不如认真听，记住几个重点即可。因此，客人要是拿着优盘从我这里拷什么材料，我也一概没有。

为什么只围绕"师资"讲？主要原因是时间有限，只能拣最重要的讲。厦大附中用八年时间实现"升学质量""冲顶"，原因是多方面的，首先是上级领导的关心和支持。这绝对不是官话。在中国做事，任何时候都离不开领导，要想快速成功，更是离不开领导。我觉得兄弟学校之间交流讲领导的关心和支持没有什么意义。望梅止渴不能解决根本问题。奇怪的是，很多同仁偏偏对领导的支持更感兴趣。曾经有一个校长培训班邀请我去讲课，我不去，他们就浩浩荡荡地将队伍"开"到了附中，我只好讲了《多重价值冲突中的理性突围》，也没有课件。不知道他们记住了什么没有。

为什么只围绕"师资"讲？根本原因是我觉得办好一所学校关键在教师。附中的教师队伍，在工作态度、师生关系和人格魅力等方面有很多精彩的故事。没有这些故事就算不上好学校。有同行问我，在师资队伍建设方面，附中给老师们搭建了哪些平台？我说，很惭愧，学校没搭建什么特别的平台。老师们外出学习不算多，"请进来"也很少。我这个校长也不比乡村校长见的世面更多，一年365天我经常360天在学校。我觉得校长出去转一年还不如让老师和学生出去转一天。既然学生出不去，那校长出不出去也无所谓。没有给同事们创造好的条件，我还发明了一套理论：激发教师的智慧比制度建设还重要。也就是说，我将课堂全交给同事们了，我就力所能及地给老师和学生搞好服务，不添乱、不瞎指挥就行了。

一点都不是谦虚地说，与兄弟学校比较，我们基本是无为而治。人家比我们的制度和办法更多。我猜想，他们到附中来"学习"一定会失望和后悔的。譬如，某兄弟学校介绍，当地教育局在暑假期间将几所高中校的高三教师集中起来考试，考的内容是高考模拟题，监考员是几所学校的校长。我顾不得他们老师的面，当面就痛批这种做法，校长颇有些尴尬。我调侃地说，你们教育局局长读书、教书时成绩估计不怎么样。往往如此，他自己做不好的偏偏让别人去做。"己所不欲勿施于人"，有些人是己所不欲偏施于人，而我一向奉行"己所欲亦不可乱施于人"。校长会写大字，就成天搞书法比赛；校长喜欢读点书，学校就建书香校园……这么办学校，老师和校长是想不到一块儿去的。我的做法是，不管我爱好什么，只要老师喜欢的、愿意做的，我都努力地帮忙；老师厌恶的，我绝不冒失地推行。我奉行八个字：力行垂范，共苦共情。谁比谁高明？我还有12个字：品德就是智慧，认真就是能力。有德有能，天下事何事做不成？

暑假期间，我在一本杂志上看到同事赖老师的文章，就立即拍了照片发到教师QQ群里。赖老师给我留言说，他和同事林老师今年参加中考命题，题目命好后等待中考还有一周时间，这一周禁闭在那里无事可做但不能与外界联系。他便利用这一周时间写了三篇文章，而林老师在写学期总结、做省级课题准备。其他很多学校参与命题的老师在打牌消磨时日。有老师好奇地说，这厦大附中的老师怎么都不打牌？到9月份，赖老师的三篇文章都在杂志上发表了。这就是我常说的，附中老师过的是一种比较专业化的生活。办好一所学校，理念、理想、课程、模式等都很重要，但最重要的是要有这样的老师和这样的故事。

说到底，专业人员的专业追求终归是他个人的事，靠外部施压作用非常有限。类似的故事在附中每天都在发生。我没有一天不为这些故事所感动。每当此时，我就告诫自己：不要给同事们添麻烦，做好自己应该做的事！

我在谈到理想教育时说过："我理想的教育是教师全身心服务于学生成长的教育。他们无衣食之忧、考核之忧、失业之忧，他们一概公平地受到全社会的尊重，他们享有教育和教学自由，'我的课堂我作主'。在互信的基础上建立起完善的职业驱动和专业成长机制，职业理想、教育情怀、社会需要高度吻合。"这虽然还只是一个可望不可即的理想，但我和同事们都在努力地接近。我作为一个并无太多资源可调用的校长，能做的非常有限，说来说去还是那八个字：力行垂范，共苦共情。多为老师做实事，少给老师添麻烦。毫无疑问，情感的作用是有限的，但制度的作用也绝非万能。

2007年9月筹建附中至今，我在博客里写了180多万字。教育理想不变，但信心并未增强。我不知道今天的教育与理想的教育是越来越近还是渐行渐远。不久前，有编辑约我写一篇关于培养学生规则意识的文章，我说真的没什么好写的，因为我觉得现在最懂得规则的就是中小学学生。我们将儿童培养成懂得规则的人，可到了社会就没了规则意识。学校还能做什么呢？成人世界的价值体系混乱不堪。学校和老师的作用是非常有限的。我不敢说附中的教师队伍是完美无缺的，但以我20年校长经验判断，在当下的教育界，这支队伍是无可挑剔的。作为校长我必须知足。我的能力是有限的，我无法对这支队伍负全责。我能保证，在这180多万字里我没有讲假话，但我不敢保证讲的都是正确的话，也不敢保证我说出了我最想说的话。看得最清楚的、想得最深刻的东西也许永远要烂在我的肚子里，这何尝不是一种悲哀。

"己所不欲勿施于人"，这不难；己所欲亦勿施于人，这也不难！要清楚自己是谁，不要自我感觉良好，不要自视高明！如果反其道而行，己所欲乱施于人，己所不欲强施于人，我们就会众叛亲离！

（2016年10月26日）

律己方能赢得尊重

教师节前后，《人民教育》和《中国教育报》均发表了署名蒲公英的系列文章《今天，我们需要什么样的教师榜样》《凭什么赢得尊敬》《职业幸福并非遥不可及》《社会应以平常心看教师》四篇，《人民教育》还发表了"独家观察"《师德之困》，集中探讨了教师的职业特点和职业道德问题。教师凭什么赢得尊敬？《凭什么赢得尊敬》一文说道：凭永不放弃的道德良知，凭我们对人的发展的独特的判断力，凭我们走进人心灵的能力。文章还说："今天，我们赢得尊敬的坐标没有发生变化，但是坐标的内涵却大为不同。社会转型期的中国，需要越来越多具有现代教育意识的教师，他们珍视自己的身份和名誉，明晰自己存在的独特价值，笃信教育的力量，并以全部的力气捍卫教师的尊严。"我个人认为，当前教师职业面临前所未有的挑战。在全社会价值观尚显混乱的大背景下，教师的职业价值困境中缺少最强音，有很多人对职业前景感到很迷茫。在部分教师挑战传统职业道德规范的同时，社会对教师提出了更高要求；在教师普遍缺乏职业幸福感和中央继续鼓励教师终身从教的同时，打碎教师"铁饭碗"的呼声却越来越强。我们在发出"凭什么赢得尊敬"的同时，做好准备了吗？

我一直认为，厦大附中能够在短时间内发展起来，是因为生逢其时，得到了太多人的呵护，融合了诸多有利因素。当然，首要因素是附中拥有一支精良的师资队伍。这种"精良"主要不是体现在教师的经验有多丰富、学历有多高，而是体现在教师的专业精神上，体现在令人肃然起敬的"用心"上。厦大附中的老师是当今社会最专注于自己工作的教师群体之一。难能可贵!这虽然不是我这个校长的功劳,但我却异常珍视这样的局面。这种"珍视"有时甚至有些过分,几乎可以从我的表情中轻易看出。对于这样一个平均年龄三十三四岁的青年群体来说,我的很多要求也许不近人情。然而我的忧虑在于,"用心"的优势一旦失去,我们还有什么异乎寻常的法宝吗?我们在传统、区位、文化、经验诸方面均无优势可言,甚至连校园环境也不见得有必然优势。我一直主张一流的教育服务(服务意识、服务能力、服务水平等)是教育质量的最高境界,即要从单纯追求升学质量向全面提高教育服务质量转变,要将培育一流的教育服务品质和服务水平作为我们努力的方向。正确的方向会生成正确的方法论。价值选择力是校长治校能力的关键。

校园文化建设的核心是人,而教师是在文化建设中起决定作用的人。教学虽可相长,但就影响力大小而言,教师的作用更显著。因此,我认为校园文化中最重要的和最稳定的因子是师资,是教师素养。教师是校园文化的直接参与者和引领者,学生参与校园文化创造离不开教师的启迪和引领。就特色立校而言,教师素养的独特性决定着学校的独特性,只有与众不同的教师才能办出与众不同的学校。换言之,教师素养是最不易被"偷"走的校园文化,也是最不易被复制的办学特色。我的硬件、生源、制度规范等都可以被你拿走,但你仍然不能办成我这样的学校;相反,还是我这批人,在另一个地方从零开始,还能办成一所高质量的学校,而且精神一以贯之。我的教师素养就如同茅台镇的土壤和空气,离开这里,你有配方也酿不出地道的茅台酒。这就是教师素养作为文化的真正力量。不是硬件、生源不重要,对于一所新学校来说,硬件和生源尤为重要。但对于教师群体自身,以特色立校要在自身素养上下功夫;对于学校,以特色立校要在师资队伍建设上下功夫。有没有特色,说到底就看你有没有足以支撑特色发展的师资。今天的厦大附中已经初步具备了这样的师资基础。如果大家都能静练内功,同心同德,克己奉献,在不久的将来,我们就会拥有属于自己的独特的土壤和空气。这种"独特的土壤和空气"才是真正的特色。

学校的未来属于今天的年轻教师。我离退休还有十年,我想得最多的还是十年以后的事。十年时间过得很快,其实做不了多少事。回首附中筹建,六年已经过去。学校变了，开发区变了，上下左右的人事也变了很多，想来恍若隔世。老实说，由于各方面的推动，附中在未来十年内的进步是完全可以期待的，这使我想到要花一部分精力为十年后附中的健康持续发展奠基。没有一代人艰苦的付出是不会形成优良传统的，是不会生成文化力量的。为了后人乘凉，前人必须栽树，而且要心甘情愿、义无反顾。所以，我们要加大青年干部的培养力度，要在校内开展技能大赛，要推动"教师专业成长规划"的实施，要举办青年教师成长论坛。下周三，我本人要主持首届青年教师成长论坛，要让青年教师聆听身边的故事，增长职业智慧，眺望和规划幸福的教育人生。我的理想是，十年后，大学科有三四位老师、小学科有一两位老师在省内外拥有话语权，此时附中方可称为名校。

2007年11月，附中还在造地，但我在学校的发展规划里写了这么一段话："学校的远景奋斗目标是，把学校建设成一所具有文化竞争力的现代化的有特色的学校。其主要特征是，有探索现代教育的历史使命感和社会责任感，有改革传统教育弊病的理论勇气和实践魄力，有探究和遵循办学规律的科学精神和人文精神，有表征学校教育现代化的原创性改革成果和特色经验。实现远景目标的显性标志是在中国基础教育的若干领域，厦大附中的探索为多数人所熟知并认同。"我以为，不克己，不律己，无以实现这一宏大目标。

我们的危险在于自我满足、自我松懈。进一步难上难，退一步是不费力的事。人们常说，百年大计，教育为本，教育大计，教师为本，说明教师之于社会很重要。我完全赞成这个说法，但我同时认为，教师不要太自大，不要总是认为自己是天底下最亏的人。这不仅徒增烦恼、于事无补，而且不符合实际。附中与广大之社会是连通的，不是桃花源，所以不和谐的音符也会不时飘进来。这不奇怪，但要引起我们的警惕。我们可以宽容，但不能迎合，要防止在欣赏和迎合的同时被不合适的文化价值观在不知不觉间同化。

上周，学校再次强调"中小学教师职业道德规范"，并且就教师的仪容仪表作了具体规定。我在工作群里说："请大家认真对照学校要求并按照这些要求做。关于教师礼仪方面的知识，我们要不时地补课。这些知识网络上都有，希望大家用心浏览一下。爱美之心人皆有之，但'真美'源于自然和适度。教师着装一定要考虑自己的职业特点，同时遵守一般原则。我们的着装影响着外界对我们的态度，看似小事，实则大事。只要努力，一切习惯皆可改掉。"客观地说，教师较之政府机关的工作人员着装要随便很多，男女均如此。我本意是不想管这些事，但同时又在琢磨：教师染异发，穿着过于随便，喷一身刺鼻的香水，我虽不完全赞成将教师的穿戴列入"师德"范畴加以规范，但不妨换位思考一下，我们希望自己孩子的老师应该怎样穿戴呢？美，自然不会有统一的标准，有时甚至存在截然相反的意见；穿戴更是个人的事。但在公共场合，我们要不要照顾一下大家的感受呢？日常生活中，很多人穿戴也很随便，但一到正规场合，他们几乎都是西装革履，哪怕是在炎热的夏天。所以，自由，自我，得分场合。

穿戴虽为"面子"问题，但到底是"小"问题。问题是，很多时候，我们就输在小问题上，所以不能大意。上课不迟到早退，中途不溜号；离开教室、办公室时，关窗、关门、关电；保持小环境的清洁卫生，甚至只要搞好自己办公桌上的卫生；不在学生面前抽烟；不在教室里使用手机，哪怕是备课、批改作业。哪一件是大事呢？我们的形象就是从这些平凡小事中树立起来的。我在本学期第一周召开的德育工作例会上对班主任工作作了并不全面的概括："大事要清楚，小事要细致，关键时刻我在场。"就是针对一些人工作思路不清楚、忙而无序的现象说的。

本周三下午，中秋博饼活动结束后就算放假了，但高三和一部分家比较远、不想回家的同学留校，人数在四百余。作为校长，此时我就不能有放假的想法。周三晚上，我到教学楼巡视，发现高三有两个班的督修老师不在。我知道老师肯定是临时到办公室或者其他地方去了。我问了一下学生，知道是哪一位老师，也知道他刚才还在；问了一下值班干部，他们也点过名了。类似的情况时有发生，我觉得有必要再次强调。有些老师认为，横竖是督修，学生自习，只要秩序没问题就可以了，加上有时一位老师看两个班，于是，有的老师转着转着就转到办公室里去了。当然，在办公室，他也许是喝水聊天，也许是给家长打电话，也许是找学生谈话，也许是备课、改作业。然而，这一切都不符合学校的课堂教学规范。督修，你的岗位就是在教室，纪律要求与上课相同。

回到办公室，我给年段长的 QQ 里发去一段话：

我刚才上楼看了一下，晚 7:25 左右，5 班、8 班均无老师在岗。来回走了两趟，均未发现老师。自习课督修，要求与上课同，学校是有明文规定的。请查一下是哪两位老师？什么原因？

我一直觉得 2014 届高三的任务是非常艰巨的。学生好不好，数据摆在那里，反正高一开始就在附中上的。学生好坏与学风好坏，责任大约都在我们，无可推脱。

高三老师必须更具有紧迫感和责任感，舍此，也许就是个舒服差事。如果我们不深入地研究课程标准、考纲、教材、学生，不认真备课，不尽力批改作业、试卷，不更多地做学生思想工作和心理疏导工作，只满足于做题、报答案，高三工作还有难度吗？

有一种现象带给我的忧思在我脑海中挥之不去：我早 7:00 自习巡视，如果从教学楼的上面开始，很少见到班主任；如果从教学楼的下面开始，很少见不到班主任。有不在少数的高三任课教师早自习进班也是晚于初中老师的。毕业班老师辛苦！如果我们的"心"不苦，不把工作当回事的话，可能就不一定辛苦！工作负责的人什么时候不辛苦呢？何况高三老师还可以早一个月放假！

我看到 2 班的黑板上写着："只要学不死，就往死里学。" 4 班似乎也有类似的话。这种死不死的话最好不要写在那里。学习刻苦不在于口号喊得响，关键在有实招。于师于生皆如此。

你们有 QQ 群吗？我上面的话不妨发在群里让大家看看。大过节的，我还在说不好听的。多有得罪！各位节日快乐！

年段长不在线上，我没有得到回复。我又给下段干部发去邮件，并打电话告诉了他。周四是中秋节，学生自由活动，附近的学生大多回家过节。上午我在学校看到有两批学生吃过早饭就在田径场踢球了，有一批学生在篮球场打球。晚自习，秩序井然，值班干部和年段值班教师守在那里。我的留言和邮件仍未得到回复。但我并不着急，我在等着，看看到底什么时候有回应。

周五上午7:00，我就到了教学楼。过了9:40，我打电话给分管干部，要求他和年段长到我办公室。我责问：我给你们的留言你们看了吗？我的疑问你们为什么不答复呢？他们开始解释，并且说刚才已将留言发到高三群里去了。我坦言，我所见及我的感受都是真实的，我的忧虑也不是多余的，但我确有借题发挥的意思。对于有些不良现象，一段时间就要敲打一次！开学以来已多次发现眼保健操和晚自习播放英语听力时老师不在堂的现象。包括干部值班的状况，我也并不完全满意，也有溜号的现象。在行政会上，我也经常提出批评。辛苦固然，但假如有不辛苦又待遇高的差事可干，我们还在这里扯什么呢？

我几乎每天都要巡视两次以上，绝非偶尔一次，即便是放假这几天也是如此。本周，我从周一到周六，还没有在家吃过饭，没有在家午睡过。怎么吃饭的，怎么午睡的？你去想象吧。我心里自然也有杆秤，觉得自己在很多问题上还是有发言权的。并非我放不开，而是我认为放假这几天就是我说的"关键时刻"！如果学生不在校，如果"天兔"（台风名）不从十五的月亮上"跑"下来，我何必如此顶真呢？

因为超强台风"天兔"来袭，我们接上级通知，明、后天停课。但近1600名寄宿生都已到校，所以全体老师仍然得上班。晚上，同学们在教室里上了一节晚自习课，接受了五六分钟的安全教育。晚8:00，全体同学在30余位老师的护送下回到宿舍。我站在路边，先后有两位同学跑过来对我说：校长赶快回去吧，台风要来了。我感觉到了守护的意义和一种特别的温暖。晚上8:30，我离开宿舍，觉得还有一半的老师没有离开宿舍。

教师凭什么赢得尊敬？附中老师凭什么赢得尊敬？被社会广泛诟病的不良现象在这里消失，被人们称颂的美德随处可见，我们就会赢得尊敬。

（2013年9月21日）

素质就是不需要提醒

日本有句格言：素质就是不需要提醒。这句话是否为日本人所创姑且不说，即便算是他们的原创，也难逃"借用"的嫌疑。因为这句话换成中国话就是"自觉"，两个字而已，但你得承认"素质就是不需要提醒"更形象通俗，似乎更能引起我们的共鸣。

我偶尔参加一些访问团到访境内外一些地方，深感我们一些教育同仁的素质让人汗颜。单是抽烟一事，每每让我深恶痛绝：车子一停，一群烟民夺门而逃，掏烟就抽，一番吞云吐雾，最后的烟蒂总要塞到某个角落，花池往往成为最好的烟灰缸。烟是给人抽的，烟是可以抽的，但一定要注意场合。心里走失了那个规定也就算了，白底红字的牌子就粘在那里，难道就看不到？

上学期开学初，海峡部的办公室搬到教学楼四楼，海峡部主任曹立法老师早晨到校第一件事是先到行政楼门厅看看公示栏和通知栏。后来我发现他每天如此。这里的公示和通知不会每天更新，尤其是公示栏，一个月难得增加一项新内容，但他每天都要大致浏览一下。我断定，他一定会及时发现这里的哪怕是极其微小的变化，完全不需要提醒，这就是自觉。

我们的周计划会在周六之前上传到校园网上，我经常在周一上午看看点击率，可以判断多数时候一定有一部分同事没有看。我本人是个工作计划性很强的人，对想到哪里就做到哪里那一套最反感，所以，计划外的学校工作不多，如果有一点，一定是迫不得已。因此，稍微用心一点的人应该不会错过什么事。有人开玩笑说，领导当久了，行为能力就变差了，路也不会走了，澡也不会洗了，连车门也不会开了，凡事要人提醒。我们当老师的，算不上什么领导，按说行为能力应该不差，然而，往往会上刚说的，会后就忘了。偶尔忘了也不能说多不正常，但总得适时地、自觉地"温习"一下，不要总误事才好。有些规定，印发给每人一份，内网上有电子稿，大会上读了一遍，公示栏里粘贴一份，然后还大会小会讲，最后还记不住要点。我曾开玩笑地说，除非用考试的办法，否则，贴到脸上也不看，奈何？总之，就是要不停地提醒。

譬如上课，本来有个作息表，时间自己掌握就行了。为了提醒大家，更是为了统一行动，学校里总要设个铃声，提醒老师，主要是提醒学生。如果教师办公室在教室的隔壁，铃声一响再款步向前似也不迟，倘办公室在另一幢楼上，便是飞也来不及，所以，就有老师上课迟到而且理直气壮，尽管墙上有钟，电脑上也有钟（手机不好说，因为学校规定上课不得使用手机——这理由过硬），自备一支手表（古典一点的怀表也可）似乎也应当。为了保证师生准时上课，很多学校又在上课铃3分钟前加一预备铃，并且要求预备铃一响教师到教室，于是，又有人说听不到铃声或者铃声太响听乱了……总之，一人要配一个跟班才行。

我曾亲历这么一件事。有一年评职称，开评前专门开了一次教师会，对相关政策做了详细宣介。经过申报、填表、述职、测评等环节，张榜公示，公示期结束前一位女教师哭着找到我说晋升的人里怎么没有她，我说你没有报呀，她说她不知道有这事，我说专门开会布置的呀，她说没听。事已关己还高高挂起，何况那些看上去暂不关己的事！很多"不需要提醒"的事要注进灵魂、融入血液才行！

教师曾经被称为自由职业者，这个"自由"至少有两方面含义：一是从业选择自由，想到哪个学校就到哪个学校，自然，学校也很自由，需要哪位老师就聘哪位老师，学校和老师双向选择；二是工作比较自由，只需要对课堂负责，不需要坐班，甚至学校没有教师办公室，作业本带回宿舍或者家批改。如今，两者都不自由。

在前者，因为身份、社保和机会，教师并无太多的选择可能；因为稳定和劳动者权益保障，学校也缺少完善的选拔和淘汰机制。现在大学生毕业不再统分统配，教师和学校之间的"恋爱"已经是自由了，但"离婚"还不太自由。

而后者，似乎可以实现，但实际上如今已经很难做到。究其原因，主要是教育理念和外部环境发生了较大变化。就理念而言，现在学校成了"无限责任公司"，得全程"包办"学生的事，所谓全程育人、全员育人，所以，有事没事教师得耗在学校。教师的劳动本来不具有太多的集体性，换句话说是他自己的事，但我们现在要求统一的东西太多，所以，教师有了办公室，也有了集体备课的制度等。就外部环境而言，因为人事社保制度的局限和传统观念的影响，缺乏真正有效的考核机制和奖惩制度；社会诚信缺失，社会成员之间出现信任危机；拜金主义盛行，道德向金钱低下了头，"甘坐冷板凳"的人越来越少，真正有良心、负责任的人也在减少；社会分工更明晰，"单位人"成了"社会人"，人与单位的关系疏远化，过去，教师住在学校里，现在学校已不知道教师住到哪里；现代管理非人性化，制度管理效率化，学校教育庸俗化，一切问题用工业化的思维解决；等等。

于是，教师成了普通的社会成员之一，所以我们不习惯，不习惯就需要提醒，老是需要提醒就显得我们没有素质。现在看来，教师的工作性质要恢复其"本原"几乎不可能，这不是哪个人、哪个学校、哪一级政府能解决的问题。因此，我们要转换思路，主动适应。舍此还有更好的办法吗？就教师群体而言，"不需要提醒"是大多数人已经具备的素质，至少在我们学校是这样的，但确实有极少数人怎么提醒都要出岔子。让大多数人感到人格受到监视和怀疑的"制度"，恰恰是为了应对极少数人的人格缺陷而制定的。任何"办法"都是没有办法的"办法"。我们确实有一些制度不尽合理，但慑于出现更不合理的现象，所以只好容忍。现在的问题是，对于那些我们认为还算合理的制度，我们执行得怎么样？无须别人评判，我们可以给自己打个分，如果连自己都不满意，那就打消幻想，打消对他人和对自己的幻想。

性本善还是性本恶已经争论了几千年，再争论几千年也不会有一致的意见。我们可以撇开哲学上的探讨只看现象，譬如银行里的金库外人可以擅入会出现什么结果。我觉得答案是不言而喻的，银行里的钱肯定被抢掉。接下来的问题是，银行里的钱被抢掉是否有后果？如果没有，那就随他去，如果后果很严重，那就顾不得"尊严"，只好铜墙铁壁加监控再加安保。教师的工作纪律也可以如此类比。欧美人最尚谈自由与人权，但机场安检采用X光机正是他们的发明。你可以高喊自由，但你的"自由"有没有直接或间接损害别人的自由是需要自省的。

尽管这制度还不完善，但它既已存在，我们就要自觉执行，倘总要别人三请四催甚至仍然不能遵守，有可能就是"素质"问题。无论你有多宏大的理论与多高的调门，也无法改变这个基本判断。一个单位的新成员，首先要熟悉制度环境，先要做到"不需要提醒"，然后再研究制度的合理与否。不经过调查研究，板凳还没有坐热就开始批判，轮得上吗？一项制度的合理是相对的，它是为了解决某个问题而存在的，并非用来解决所有的问题。制定制度是容易的，难的是执行制度。即便是大得人心的制度，遇到缺乏规则意识的人，制度仍然形同虚设。

"坏生活在某种程度上是个人生活的失败，并不能完全同构于社会。坏世界则是人类整体的命运，没有人能独自摆脱坏世界，因为每个人都是坏世界的共谋。""人们表面上要求公正，实际上真实想要的是利益重新分配，人们想要的就是坏世界，想要成为坏世界中的既得利益者，这也许就是人性的逻辑，更准确地说，是生存的逻辑。"（赵汀阳文，转引自《教育文摘周报》2012年2月29日）这两段话很有哲学性，我无法判断其正误。这句话或许可以佐证另一个判断，即任何一项制度都不会是佑护所有人的。所以，当你改变不了他人时，最聪明的做法是改变你自己。自律即自由。

（2012年3月24日）

相信机遇，但不相信机会主义

今天是第 26 个教师节。1985 年，我有幸在工作一年后就过上了我们教师自己的节日。那是个百业待举的年代，国运兴衰系于教育已成共识，让教师成为人们羡慕的职业成为政府的工作目标。我已记不清第一个教师节发了什么东西，好像是两个茶杯，可以肯定的是没有发钱。那时我刚转正，工资 54.5 元，班主任费 5 元，总收入不足 60 元。从事教育工作很清苦，坦率地说，羡慕的人不多。我有些没考上大学的同学在企业工作，基本工资比我低，但福利要好得多。印象中，我似乎也没有什么不平，因为这个世界本来就没有绝对的公平。20 世纪 90 年代中期，我的工资较第一个教师节的 1985 年涨了十倍，然而我有不少同学下了岗，开始朝不保夕地自谋职业，他们倒有些羡慕我了。

过上第 26 个教师节，我的从教生涯开始了第 27 个年头，可以算是名副其实的老教师了。本来我一直以为自己还年轻，但在前几天的一次班主任会议上，有位"80 后"的青年教师发言时说自己年轻的时候云云，我突然感觉到自己应该退休了。看来，我必须习惯有人叫我爷爷了。

教了近 30 年的书，我突然意识到自己原本可以活得更精彩，那些声名显赫的人物的精彩人生我们也是可以"复制"的，只要我们愿意接受，只要我们愿意付出。人的成长离不开良师益友，尤其在明确人生方向上离不开师长的指导。我大学毕业时，一位对我很关心的老师告诫我，人生一定要有努力的目标。他帮我推荐三条路：一是潜心写作，做一个作家；二是集中精力考研，做一个学者；三是踏实做一个教师，争取做一个特级教师。我比较认同第二条路，因为我读书比较刻苦，而且已有所悟：所谓有学问，无非比别人多读点书。但很快即被告之此路不通，我们这批毕业生到铁路系统时铁路给地方政府付了5000元/人的培养费，要想考研，先赔付这笔钱，而这笔今天看来不起眼的费用是我当时十年工资的总和。当作家是老师对我的抬举，在校时写过几篇东西，老师认为似有潜质，然而我自己最清楚，我完全没有文才，虽然在小报上勉强发表过一些散文。一路走来，也许有许多选择是错的，但从一开始就放弃当作家，现在看来完全是正确的，否则我现在只有"坐"家挨饿。自己糊口都做不到，哪里还能养家？今天，我这个语文教师，还知道有作家协会，但已不知道还有作家。若选择这条路，我早进了死胡同。两条路都不通，只能踏踏实实教书。那以后，我就没有再想过干别的。2006年，我被评为特级教师。

第一个教师节时，特级教师之于我连梦想都不是。第20个教师节时，我被评为全国优秀教师。第21个教师节时，我正在参评特级教师，最终被省政府批准。平心而论，如果没有领导的关心、同事的帮助、家人的支持和朋友的鼓励，我哪里能够获得这些荣誉！而比获得这些荣誉更重要的是，我获得了更多的人生感悟。教育人生让我体会到了教师要用自己的爱去赢得学生的尊重，要珍惜学生和家长对自己的一份信任和尊重。成长的同时必然有消耗，成绩的背后一定有付出。没有耕耘就没有收获，没有失很难有得。付出不完全都是痛苦的，更多的可能还是快乐。从道理上我赞同"没有教不好的学生，只有教不好的老师"的说法，但实际上有少数学生我也教不出理想的结果。这里面肯定有客观原因，譬如班级授课制、升学压力、不科学的教育测量等，但主观原因更不容忽视。我们明知道有解决"教不好"的办法，但选择了放弃，没有在坚持之后选择"再坚持"。

我有两段亲身经历可与朋友们分享。

我曾经是个烟民，一天差不多要抽30支烟。1989年底，我的学生刘丽和她的同学们送给我一张自制的贺年片，上面写道：为了下一代，请您戒烟！我经过一番斗争后决定戒烟。1989年12月9日，我果断地戒了烟。后来，我写了一篇文章《戒烟·教师的人格威慑力量及其他》，记录下了自己的体会。很多人在杂志上看到了这篇文章，在称赞我有毅力的同时，更多的是赞赏我作为教师的责任感。

从20世纪90年代初到2004年的十几年时间里，我不喝茶，只喝白开水，而我从小是喝茶的。这里也有一段故事。1992年，我们年级搬到教学南楼，这是20世纪70年代初建的一栋楼，没有上下水，没有洗手间，清洗茶杯要跑到楼下的水池边，非常麻烦。很多同事泡茶前都是站在楼上顺手往楼下一倒，喝剩的残茶挂在树上，洒在地下，而这一过程经常是在学生众目睽睽之下发生。我觉得这是不可思议的事，我不可能做这样的事，但我也觉得下楼清洗茶杯很麻烦，于是我在戒烟后接着就戒了茶。这一戒就是十几年，以至于后来我一喝茶即失眠，甚至到了上午开会喝了点茶，晚上好长时间睡不着觉的程度，而我的睡眠本没有问题。

这两段经历揭示了我的一个教育理念：教师的生活细节往往可以成为教育资源。今天看来，可能是我小题大做，夸大了一个生活细节的教育作用。但我的教育实践告诉我，教师的这种克制是具有教育意义的。虽然它不见得对每个学生都有意义，也不见得每时每刻都有意义。换一个角度思考，我所以不能成为"大家"，一个很重要的原因是我不具有更多的这种"克制"，缺乏足够的耐心、持久的思考和刻苦的学习毅力。当然，这是我权衡后的自我选择。我本缺乏做"大家"的勇气，而不仅是缺乏智慧和机遇。

我坚信，成功的人生多数是可以复制的，关键看我们有没有这个打算，或者说，我们是否认为有这个必要。我本人反对"复制"别人的成功道路，但我不否认"复制"是可以做到的。正是基于此，我认为每一位今天再平常不过的老师都可以成为明天最优秀的老师，但我又非常矛盾地认为，宁可做一个平常而快乐、平凡而幸福的老师，能够做一个优秀且快乐的老师岂不是更好！

历经坎坷方能成就辉煌，甘于平淡就要坦然接受平凡，怎样都行，只要自己感到满足就好。机会主义者并非没有成功的可能，但他们即使面临成功概率很大的事件也很难有一半的胜算。我相信有"机遇"的存在，但不相信机会主义。

（2010年9月10日）

以人为本不是以"我"为本

凡事以人为本,"我"为人,因此,凡事以"我"为本,这个逻辑成立吗?似是而非,颇似白马非马一般的狡辩。

我国古代最早明确提出"以人为本"的是春秋时期齐国名相管仲(前725年前后—前645年)。管仲是辅佐齐桓公九合诸侯、一匡天下的杰出政治家、思想家。在西汉刘向编成、汇辑管仲众多思想观点的《管子·霸言》中,记述了管仲对齐桓公陈述霸王之业的言论。其中有一段这样说:"夫霸王之所始也,以人为本。本理则国固,本乱则国危。"意为霸王的事业之所以有良好的开端,也是以人民为根本的。这个"本"理顺了,国家才能巩固;这个"本"搞乱了,国家势必危亡。管仲所说的以人为本,就是以人民为本。孟子强调"民为贵,君为轻"。《孟子·尽心》又说:"诸侯之宝三,土地、人民、政事。"可见孟子所说的"民为贵"也就是以人为本之意。

我们今天谈以人为本,或许这个"人"的内涵更具体,更丰富,更凸显对单个"人"的尊重,尊重人的特性和本质,追求人的价值的实现和全面自由的发展。中共中央党校吴忠民教授在《以人为本的三层含义缺一不可》一文中指出:"发展应当是以人为本的发展,而不应当是以物或以经济为本的发展;发展应当是以绝大多数人为本的发展,而不应当是以少数人为本的发展;发展应当是以无数个具有平等权利的个体人为本的发展。"可见,未经具体分析,一概从以人为本直接推导出以"我"为本是不可靠的。以人为本,首先要搞清楚"人"是什么人,什么是人之"本"。毫无疑问,"人"就是你我,但又不完全是"你"或者"我",关键看"你"或者"我"与多数人是否存在绝对的利益冲突。"本"者，根本也，多数人的恒久利益，即要以多数人的恒久利益为根本。只看"你"或者"我"的利益不行，只看眼前的利益也不行。可以举例说明。

　　早晨 5:40 闹钟响起，我得起床，否则我赶不上 6:18 的第一趟公交车。此时只有继续睡觉才是以人（"我"）为本。但假如我一觉睡到 8:00 自然醒，学生的早自习和第一堂课就被耽误了，因此我睡觉就不是以人（"学生"）为本。如果我认为自己的"觉"比"课"大，长此下去，我的饭碗就会丢掉。饭碗一旦丢掉，则"根本"尽失，所以不克制地睡觉于我自己也不是以人（"我"）为本。公办学校姓"公"，"老板"是谁？是我们自己。所以，学校没有老板，只有老师和学生，校长也是老师的一员，因此，以人为本不可能是"施与"而应当是"自求"。以人为本是以师生为本。然而，师生间也有个先后，学校因学生而存在，教师因学生而为教师，因此，要先以学生为本，教师之本通过帮助学生"追求价值的实现和全面自由的发展"来体现。教育并非完全意义上的服务业，教师不是学生的服务员，教师是学生的精神引领者，师生利益并不冲突，关键在于我们是否具备调和的水平。我的孩子很小，我又是天底下第一慈父慈母，所以我不能坐班，不能做班主任，第一节课、最后一节课我无法上，我得在家带孩子做饭，哪里有时间备课，学校得以人为本，要满足我的要求。这里的"人"就只有你自己，没有学生，没有同事，没有学校，说到底，是没有"大家"。大家都如你这般，学校就只好关门，或者等等看什么时候全体确实有闲暇了再开门，恐怕永远等不到。所以，就要彼此克制，相互迁就，相互尊重，共同发展，才可能真正做到以人为本。自己为理想而奋斗的时候，不要忘了别人也在为理想奋斗，希望别人为你做点什么的时候，要想一想你为别人做了什么，这个世界不是只有你。

　　数年前，下午第一节课时间，我在教学楼里巡视，看到一个班级里没有老师上课，我就从后门走进教室坐在班级后排的一个空位上等，直到上课近 30 分钟，任课教师才匆匆走进教室。此公没有向学生说明迟到原因，也没有看到我坐在后排，完全没有主题地胡扯了五六分钟后，突然看到了我，有些忙乱。然后语无伦次，自言自语。开始我听不清，后来我明白他在抱怨，表情里似乎有"你为何不合时宜地坐在这里"？渐渐知道似乎是向我解释迟到的原因。这样的解释非但不合时宜，而且是强词夺理。不合时宜是因为他应该向学生而非校长道歉，然后赶快上课；强词夺理是因为他说这是下午第一节课，家里有事，不得不迟到，这完全怪不得他，完全是教务处的事（似乎有意要撇开与我这个校长有关系）。在那一段呓语中，我费劲地找到了他迟到的真正原因。原来他已上高中的孩子下午第一节课是体育课，他不想让孩子上体育课就让他多睡了一会儿（老师的"不妥当"特权。他抨击学校剥夺了孩子的休息权），然后陪孩子一块儿到学校，岂有不迟到之理！一节课等于没上。这事怎么处理的呢？我只在行政会上当作笑话说过一次作罢。因为我觉得，能演绎这种逻辑的人简直就是神经病，但教师队伍中就有这样的人。

丘吉尔说："民主不是一个好东西，但目前还没有找到一个比它更好的东西，所以我们不得不用它。"从民主中得到好处你会说它好，从民主中得不到好处你会说它坏。民主并不能保证必然做到以人为本，所以"三权分立""民主后集中"是有道理的，说明民主并不完全可靠。假如一个人只从自己的利益考虑，民主与独裁均无所谓好坏，独裁由一个人说了算，但不见得是一个人的意思，而民主虽是一群人的意思，但未必是所有人的意思。一件能做成的以人为本的事几乎不可能所有人都说好，因为以人为本从来不会是以"我"（全部的独立个体）为本的。换位思考、将心比心是统一思想的重要方法，否则，我们就会固执地认为，世界上的一切都与我作对，我总是过得比别人艰难。然而，艰难困苦，玉汝于成，眼前的损失或许正孕育着不久后的巨大成功，所以逆境并非一概不是以人为本的。明白以人为本并非简单地以"我"为本这个道理，有助于降低职业的"不幸福感"。

（2011年10月22日）

在莫测的生活中从容淡定地活着

读余华的《活着》,在极欣赏他特有的语言魅力的同时,深为主人公福贵的坎坷命运所震撼。福贵离奇地倒霉,甚至让人觉得小说太过虚假,但你无法拒绝因为《活着》而对"活着"作进一步的思考。福贵有父母、妻子、女儿、儿子、女婿、外孙,但这些人都一个一个逝去,全部是天年不永,死于非命;他有田地财产,但在经年的赌博中输得精光,到老了,只有一头牛陪伴他。他不愤怒,不抗争,就那么活着。《活着》出版于20世纪90年代。之前我一直没有读,不是书不好,而是在不读书的时代,我早已失去了读书的浪漫。

小说出版后,在相当长的一段时间内,以现实主义为标榜的中国主流文学评论,对《活着》给予了尖锐的批判。譬如,认为作者将主人公福贵最终的活着类比为一种牲畜一般的生存,并予以唾弃。但是,随着时间的推移,市场,尤其是海外市场对《活着》给予了高度的评价后,有关《活着》的另外一些见解渐渐出现。譬如,《活着》是繁华落尽一片萧瑟中对生命意义的终极关怀;福贵的命运昭示着人类苦苦追寻一切,不过虚妄,结尾那个与福贵同行的老牛暗示一个令高贵的人难以接受的事实:其实人真的只是一种存在,它和万物一样并无意义;追寻和探究的本质不过是一个大笑话而已。我一直为福贵不平,他早先确为浪荡公子,但在败光家产、气死父亲、气走妻子后,的确是下定决心重新做人、好好过日子的,但命运欺负他,不给他机会,母亲、妻子、女儿、儿子、女婿、外孙都死得很悲惨,但都不是他惹的祸。他曾经愤怒过,但老来却是那样淡定。难道他已认命?

认命就是承认宿命。宿命论是指一切都是早已被注定了的，这个注定并非简单地指规律性的东西，比如人总是要死的。它潜在的含义多少得牵扯上神秘主义。宿命论是早已有之的一种世界观，其起源大抵是人面对自然的无力，以及对自身命运的难以把握。时至今天，我们同样面临相似的困惑，所以我们希望世界改变——当然，通常改变的只能是我们自己——希望一切更加公平合理，希望这是个有希望的世界。它不仅嘲弄一个物种——人类的尊严，而且也无情地打击个人奋斗的价值。然而，我们的文化，从来也不会让人真正绝望。记不得是哪位哲人说过这样的话：所谓厄运并非不可化解，只要你愿意出钱，总有办法消灾。或者你可以贿赂它，或者你可以欺骗它。和神秘主义挂钩的宿命论多少还是给自由意志留下了余地。或者那时候人们并不真的明白什么是自由。对宿命论的争论永远不会有一致的结论，这正是我们人类最大的宿命。

赞同宿命论就意味着否定奋斗的意义，而如果不奋斗，否定个人的主观能动性，绝对地顺其自然，显然无法改变个人的命运，因而不能解释我们习见的许多生活现象。现实生活中，通过个人奋斗和发挥个人主观能动性从而改变个人命运，改变人类生存环境的例子数不胜数。譬如知识改变命运，之于个人，道理是不言自明的。但宿命绝非没有道理，譬如死亡之于人类甚至一切生物也可推及一切物体都是注定的，为逃避死亡所做的一切努力都是徒劳的。同样，知识也不见得能改变命运，不见得能改变全人类的命运。清华大学只有一所，上清华能改变命运，如果所有人都能上清华，其结果是什么也是不言自明的。当然，这种情况绝对不会出现。人类逐渐从极繁重的体力劳动中解放出来，我们无须徒步两万五千里，不再有豺狼虎豹的威胁，便有了闲暇，于是发明了文化知识。让我们将仅有的闲暇都用作做题，我们还是劳累的命。《活着》中，福贵嗜赌输光了田地和房产，龙二靠舞弊夺得了福贵的财富，但新中国成立后，龙二被当作恶霸地主镇压了，福贵则"活着"；春生和福贵同被国民党抓壮丁，福贵被解放军俘虏，拿了路费回家，春生从战场上冲出去投奔解放军，后又奔赴朝鲜战场，战争结束后做了县长，"文化大革命"中被逼自杀，而福贵还是"活着"。如果不进行细致分析，生活中确实存在这样的不公：有人就是享福的命，有人则是劳碌的命，仿佛一切命中注定。"活着"是一件轻松的事，然而又是一件极不轻松的事。

信息社会最显著的特色是"快"。"快"本身不具有感情色彩，无所谓好坏，"快"向幸福是一回事，"快"向死亡又是另外一回事。网络社会带给我们方便的同时也带给我们烦恼，好消息不会让我们长寿，坏消息则有可能让我们减寿，而所有的问题食品则几乎无一不是科技"进步"的结果。剔除战争因素，人类的寿命并未因为科技进步而有特别明显的提高。换言之，科技进步并未使我们的幸福度提高多少。鉴于此，我甚至不明白人类无休止地追求科技进步的意义何在？顿顿山珍海味与餐餐青菜豆腐到底有多大差别？我觉得食欲和胃口是可以引导和培养的，然而，攀比心理使人类的坏习惯得到进一步成长。

我们清楚地球上化石能源储藏有限，于是发明了风能、太阳能、核能，而且称之为清洁能源，但切尔诺贝利核事故与日本东北部大地震和海啸引发的核事故给了我们很好的教训。我们可以不择手段地挣钱，挣很多钱，但挣来的钱只够买药的，甚至不能治好我们因"血液变坏"而得的病，这样的话，挣钱还有什么意义？行善不仅有益社会，更有益自己。损有余而补不足是永恒的法则，损不足再补有余，是社会失范而导致的暂时现象。

我们找不到一根公认有效的救命稻草可以最终拯救地球和人类，但"顺应"和"节制"或许可以延长我们的生命。为什么今天我们开着空调还失眠，而昨天却能在蚊蝇叮咬中汗流浃背地熟睡？我们完全可以做到顺应和节制。一沙一世界，人类不能君临天下，要尊重万物。我们活着，要心存感激。如果我们正遭受灾难，也要勇敢地面对。

在莫测的生活中，从容淡定地活着也许是最高明的一着，幸福也许因此不期而至。

（2011年5月5日）

中编

幸福是一种能力：

营造好的关系

为什么"认真负责"的老师被学生"造反"
——做学生喜欢的老师

这是两个开头相似、结局却不一样的故事。我一直想将故事记录下来,但迟迟未动笔:一是不知从何写起;二是材料浩繁,整理起来需要时间;三是怕触碰相关师生的"痛处"。这类故事在各类学校常见,但这两个故事更具典型性。所有的老师都不希望有这样的遭遇,所以这类故事具有普遍的警示意义。作为教育人,我希望这个故事能给更多教师特别是初上讲台的年轻教师以启发,这关乎教师职业幸福。本文原本约为 2.5 万字,可以写成 10 万字的纪实小说。这里作了大量删减。

在学校管理中,教学人事安排是重要而复杂的工作。当校长的自然希望太平,但实际上在学年更替的时候,令校长头痛的事就是教学人事安排,从来不会太平。

那年暑假之前,我已耳闻高二 18 班(本文所涉班级编号均为虚构)学生要求到高三时换班主任。7 月 6 日早晨,我在教学楼入口路遇高二 18 班班主任严丽(化名)和段长常江(化名),严老师流着眼泪对我说学生联名写信要求换班主任。我当时并不知道联名信的事,有点出乎意外,但我的态度很明确:一是不能几位学生"造反"就换班主任;二是要认真调查一下,看看问题出在哪里,有问题解决问题。上午,教务处转给我一页学生的申请书,以及半张纸的问卷调查情况说明复印件,我才知道了所谓的"联名信"。

申请书全文如下:

尊敬的校领导：

您好！感谢您百忙中抽空阅读这封申请书。

期末考的考期将近，高三生活也将如约而至。高三这关键的一年，有汗水，也会有泪水。面对众多不确定因素，为了更好地迎接高三，我们恳切地提出这份申请，希望能够更换班主任。

作为一个班主任，严丽老师总是向我们传递错误的价值观，企图将自己的唯分数论、名校至上、出身决定论等观念灌输进我们的脑中。她曾向我们分享自己高三的学习经历，认为18班就应该如她待过的班级一样，学生个个神情冷漠，各学各的，断绝人际往来，也不搞什么"师生情"。这里的"师生情"是指我们与其他的任课老师亦师亦友的关系。这也许是对我们与其他老师融洽相处的不满与嫉妒。除此之外，严老师还多次谴责我们为了跑饭而放弃留班学习的行为，也狭隘地认为，理科生只能刷题而不能阅读课外书。难道18班的学生只能是整天愁眉苦脸、暮气沉沉、饥肠辘辘，没有生气的样子吗？严老师如此狭隘又幼稚的观念，放在一个班主任身上，显得多么荒谬而又可笑，强加于别人，会给人带来莫大的心理压力。

首先体现在平时大大小小的考试上。严老师多次打击班级排名靠后的同学，不了解实情就盲目冠以"心高气傲""不思进取"的罪名。实则一个班少不了倒一和第一，而排名又不代表学生的努力程度，好成绩也不是批评出来的。此外，严老师凡事只想争第一的攀比心理给班内外的同学造成了极大的心理负担。对于本班，处处都跟1班比，落后时就冷嘲热讽，说我们天生不如人，而与年段其他班级比，却摆出高高在上的姿态。在别班班主任面前贬低他们的学生，以至于年段同学戏谑18班学生"人上人"。若校领导想核实，可亲到年段探查。

除此之外，严老师身为班主任却不能赢得班级同学的尊重和认可，私下对她有意见的学生不在少数。放之年段，她也有点干预其他同学的学习生活，诸如以前高一16班的同学大多数对她的反响不好。说实话，我从没遇到过一个老师能被这么多学生厌恶。

高三一年说长不长，说短不短，我真心希望能有一个让人真正信服的班主任，有一个可以陪护我们一起追逐梦想的班主任，有一个让我们在回望高中生涯时能有所怀念的班主任。纵使高二已然不可能再有了，我们也希望高三能有一个新的开始！

希望校领导可以听到我们的声音，知道我们的诉求，可亲临年段探查。

没有落款，没有签名，没有日期。既然几处称"我"，说明是一位同学写的。信后还附有一张问卷调查。

调查内容有两项：（1）对这一年来严丽老师的班主任工作，你是否满意？满意的13票，不满意的28票。括号里有说明："不在于做得太少，而在于管得太多。"（2）你是否愿意在更换班主任的申请书上签字？回答"是"的17人，回答"否"的12人。这个班共41人。

我愿意相信这不是某一个学生自我炮制的，但我不可能只相信这两张纸，更不会凭这两张纸就去换老师。要说，老师也并无大的原则问题，确实"不在于做得太少，而在于管得太多"，闭上那张嘴也许什么事都没有。这个班的学生我大都认识，但并无一位同学当面向我表达换班主任的诉求，所以我不能草率决断。"民意"也会"绑架"持不同意见者，我们需要让子弹再飞一会儿。我特别交代联系年段的干部和年段长，要密切关注，切实做好师生工作。

次日，我收到张婷（化名）的邮件，长达2300多字，反映的问题基本与申请书一致，言辞比较激烈，口气咄咄逼人。我针对张婷的来信回复如下：

张婷同学好！

上午在会议中间看到手机邮箱里有你的来信，因为会议是我主持召开的，所以只能匆匆给你回一句话。会后认真看了你的来信，随后给你打了电话，简短表达我的主要意思。

信里反映严老师的事基本与之前你们写的申请书相同，大致情况我已知道。我相信你们反映的是事实。接下来我们会在认真调查的基础上妥善处理。

你问到我是否说了那句话，我必须坦诚地说，我说了。虽然不是原话，但大致是那个意思。但说这个话是有特定背景的。那天（周二）早晨，我在校医室门口碰到常老师和严老师，严老师在流眼泪。我问有什么事，常老师说班级里有同学在发起签名要求换班主任，我有点吃惊，我对常老师说仔细了解一下看看有什么问题，然后安慰严老师说，学校不可能因一个学生要求换班主任就换班主任，那样学校还怎么办。在还不知道详情的情况下，从校长的角度来说，一是宽慰老师，二是希望常老师和严老师能自己处理好这个问题。换班主任不是小事，任何一所学校都会很慎重。之后我才收到你们给教务处提交的申请书，才知道一些细节。那天上午晚些时候我就让教务处时主任（化名）认真处理这件事。但因为你们还在考试，第二天上午考完就离校了，他们没能及时当面调查反馈。你要邮箱，我估计与此事有关，一直在等。今天会议中间之所以关注这封邮件也是这个缘故。

我这里仍然要重申，学校不会因为一两个学生反映老师有问题就换老师。但这并不意味着学校就听之任之，一般仍要用合适的方式解决这个矛盾。我觉得，"师生关系学"是优秀教师的必修课，改善师生关系的主要责任在教师。然而，教育无非服务，但教育要通过老师服务学生，没有老师，服务无从谈起。学校要培养学生，也要培养老师。学生要成长，老师也要成长。教育的温度，要让学生感受到，也要让老师感受到。办学生喜欢的学校，也要办老师喜欢的学校。这些道理你们应该明白。当然，一位老师让班级大多数学生反感，老师肯定有问题。从某种程度上说就是失败。如果师生关系到了剑拔弩张，甚至发展到不可调和的地步，换老师也是必然的。

学生有权向学校反映老师的问题，但解决的方式有很多种，换老师是万不得已的最后一步。学校需要掌握完整信息，不可能在不调查的情况下，根据你们的申请书和投票就立即作出决定，这个道理你们应该明白。所以，要给学校一点时间。即便依据你们的问卷结果来处理，你们的投票结果中也仍有12位同学对严老师的工作是满意的。你提到评教，我可以负责任地告诉你，严老师评教分是比较高的。具体分数我不便透露，我只想告诉你，两个班82位同学，参与评教的学生79人，其中47人给的是满分。我们怎么会视而不见？我也碰到过，一方面接到学生反映老师有问题的投诉信，另一方面又接到同一个班级的学生写信说老师没问题。学校不能偏听偏信,必须了解清楚真相。事情不是你们想的那么简单,学校必须稳妥处理。希望你们能理解。

从你们反映的情况来看,严老师确实对附中的办学理念还缺乏完整了解。她和你们同时进入附中,还没有完全融入附中文化。你们信里反映的她说的很多话我也不赞成,换做我也会反感,需要在今后的日子里充分交流。她的工作方法需要不断改进,表达能力需要进一步提高,同理心还需要增强。其实,包括我在内,每位老师都需要不断进步。老师也需要学生帮助。

希望你不要继续为这件事困扰,好好享受一下短暂的暑假生活。相信学校会认真对待这件事并妥善处理。更深入的想法还是等你们回校后谈吧。有事找我,可以打电话、发短信或写邮件。

谢谢!

姚跃林
7月9日下午

张婷因无智能设备而无法查看邮件,第二天上午其同班同学李景(化名)将自己的邮箱发给我,下午我到办公室后将邮件转发给她。晚8:10,我收到一封附件名为"建议信"的匿名邮件,而且是图片格式的。邮件里只有一句话:"希望姚校长斧正并帮忙转交教务处。谢谢!"浏览一遍后,我转给了教务处时主任,他正好联系、分管这个年级。这位自称"准高三18班的一位不知名的同学"在信中称,"换班主任这件事,导火索在我"。这位同学叙述了事情的来龙去脉,认为班主任一是"修养有问题",二是"规矩太多",所以希望换掉班主任。在信的最后这位同学说:"严老师能不能改正,实在是不能拿一个班或半个班同学高三一年的心理去赌。大家都知道了这件事,不换,日后的相处中必定存在更大的问题,刻意改变或刻意假装没事,对学生对老师都不是一件好事。我个人认为,换班主任是最好的处理方式,但换了,并不代表我们彻底讨厌严老师,对于她带给我们的成长和欢乐,我们永世难忘。即使不换,我们也并不是完完全全抵制的,希望校方认真考虑。"这封信约 2000 字。

看完这封《建议信》,我在手机邮箱上立即回复:"来信收到。我会遵嘱转达教务处。"第二天上午,我又请时主任和常老师到办公室商议这件事,让他们认真调查一下,将工作做细致点,等高三学生 8 月初到校后再决定,毕竟离 9 月 1 日正式开学还有一段时间。7 月 13 日下午,严丽老师到我办公室反映班级工作及学生写信一事。她只知道学生给教务处写信,并不知道至少有三位同学另外给我写了信。她交给我四份打印好的材料:《给姚校长的一封信》《我和李景》《运动会总结》《高二 18 班期中考试总结》。

《给姚校长的一封信》全文如下:

尊敬的姚校长:

您好!

非常抱歉我给学校惹了这么大的麻烦,自己班级的工作给年段、给学校带来了一些坏的影响,我为我工作的失误深感自责。我就这个事情背后的原因作一些分析。

1. 客观原因。

(1)部分同学压力太大,有个别同学试图转移矛盾。高二 18 班是理化生尖子生班,他们大部分高二分科以前在原班级成绩非常优异,一年来,部分同学成绩退步严重,部分同学理化学得很痛苦,心理落差很大。比如这次问卷的发起人高倩(化名)同学,在高一时被评为三好学生和学习标兵,入班名次为班级前十,上次月考排班级第 30 名。高倩学习非常努力,最大的问题是英语,经常考班级倒数。我是她的英语老师,她会不会把自己的成绩退步和英语学习的负面情绪转移到老师身上?我看她们写的申请书也主要是讲老师给同学的压力太大,可见我平时讲话随意不是根本原因。我确实讲话随意,但其实也很幽默,我个人觉得学生也是一边吐槽,一边又觉得有趣。

(2)李景是这件事情的导火索,据说是她和同宿舍的张婷发起的。她写了底稿,让高倩誊写。李景的情况我已经另附文档,也就不再多讲了。

2. 主观原因。

（1）我个人修养不够，讲话随意，引起学生反感。我其实早意识到这个问题了，但是有时候管不住嘴，有时候自以为在跟学生开玩笑，实际上已经伤害到个别学生的感情了。我讲学生问题有时候不分场合也是个问题。有时候生气了，当场就讲了，当然批评对象绝大多数是男生。他们也多会一笑了之，也有个别跟我辩的。

（2）我在班级一直扮演一个励志的 role model（榜样）的角色。每天早上 6:45 就进班了，下午也跟到很晚，早上自己大声朗诵、背诵新概念，每天晚自习前跟三个学生聊天，给同学们分享自己读书、学习、运动的计划，观看我师姐张萌的励志演讲等。所有这一切有一定的激励示范作用，但鸡血确实打得有点多了。我总是忍不住讲我们班已经有多少个同学被其他班的同学超越，我们要有危机意识。我还讲上一届尖子生班有末位淘汰制。我总是在不停地示范优秀同学的案例，但同时没有给成绩弱一点的同学足够的安全感。

（3）我其实经常找同学聊天，也会提一些学习的意见和建议，但聊天的主要内容是成绩。其实我没有真正走进一些同学的内心，可能还有些居高临下，至少学生有这样的感觉。我可能是流于形式，没有走进学生的内心，没有引起思想的共鸣。

（4）最后这个阶段我比较浮躁，也有些骄傲，觉得自己年纪轻轻就在附中带了理科尖子生班，教学成绩优秀，班级管理得井井有条，班级成绩和校风评比各项都做得很好。近两个月没有在班级挖掘多少东西。如月考完就放假了，没有要求同学们写总结反思，给同学们写鼓励性评语的机会也就错失了。期末操行评语我让同桌互评，我只是改了改。其实这两个机会都不该错失。骄傲使人落后，我在讲话方面也就更加不谨慎了。这个事情发生的根本原因在我，发生后我也情绪激动表现得很不理智。以后不论是在班上还是在私下里，跟学生讲话我都要非常谨慎，谨言慎行。

我最近满脑子都是这个事情，也作了深刻反思。学校现在换与不换老师，我都能坦然接受。如果换了其实对我来说退一步海阔天空，我个人在专业方面也要多努力些了。如果不换我也开玩笑地把这个事情化解一下，让同学们给我多提提意见，自己也努力提高修养。绝对不会带着负面情绪带班，更不会对发起这个事件的同学打击报复。其实除了讲话随意，我是个上进、幽默、热情、大方的老师，并不是一无是处的。

严丽

《我和李景》约 1900 字，介绍了李景的一些情况。《运动会总结》《高二18 班期中考试总结》是介绍班级工作的，篇幅更长。

7 月 16 日，我们召开了党委会。我对大家说还是得审慎处理。下午时主任和常老师开车家访，回来反馈说，李景想法有松动，张婷还是比较坚决。7 月 18 日中午 12:14，李景再次给我发来 1000 多字的邮件，提到常江老师、时主任请她和张婷吃饭的事，但其中心意思还是要求换班主任。我回复说教务处、年段会认真考虑大家的意见。她回复："好的，我相信老师们。无论如何，希望最后的理由能让大多数同学清楚。"

这事就暂告一段落，而且因为是暑假，老师和学生都离校了，没必要匆匆作出决定，冷处理一下会更好。但这个事在我脑子里并未放下。随着 7 月 31 日高三学生返校的日期邻近，不换班主任的想法在我脑子里越来越坚定。主要原因是，这个班半数以上的学生我都认识，但从头至尾只有李景、张婷以及那位匿名的学生在起劲，班干部没有一人给我写信、发信息或当面反映。另外，从她们反映的情况看，教师的教学和班级管理没有实质性的问题，根本问题是教师没有真正理解附中的文化，说话说不到点子上。少说，不说，也许更好。她任教的另一个班级没有任何反映。还有就是，分管干部和年段长没有反馈有什么明显问题。年段长就带这个班的课，平时也未反映严丽老师工作上有什么问题。我虽然没有深入班级了解她是怎么和学生讲话的，但就工作表现来说，学生会"造她的反"还是出乎我的预料。这就是我说的，不可能一两位同学提出换老师，学校就立即换老师。以学生为中心不是以一两位学生为中心。要给老师调整和改正的机会，我相信经此风波，老师一定会处理好的。我觉得至少正式开学前不要贸然换老师，看看情况再说。如我所料，高三返校后风波未再起，严老师带的 18 班很平稳。我偶尔会和路遇的个别同学了解班级情况，他们都说"挺好的呀"，我也就放下心来。8 月 15 日是周日，学生自习，我约李景、张婷到办公室谈话。从上午 9:30 到 11:00，聊了很多，她们也放下了自己的执念。换老师风波到此彻底平息。

高三一年我一直没有放下这件事，将一份特别的心思一直放在 18 班。高考成绩揭晓后，全班 41 人，最高分 670 分，最低分 593 分。最低分也比物理类特殊类型招生录取控制分数线 520 分高出 73 分，即按传统录取方法计算，本一达线率 100%，单就分数而言，所有人都可以被"双一流"高校录取。高分云集，600 分以上 37 人，总平均分 625.95 分，全年段第一名，比"六年一贯制"实验班 1 班还要高 3.17 分。六科中有四科高于 1 班，严丽老师任教的英语学科平均分 136.90 分，比 1 班低 0.68 分。最终录取进"双一流"高校的 33 人。最低分的两位同学分别被安徽大学、福州大学录取。也就是说，如果愿意，全班所有同学都可以上"双一流"高校。应该说，这个成绩是非常出色的。李景和张婷均考入知名的"双一流"大学。

8 月 31 日午夜 12:56，我收到严丽老师发来的长达 900 多字的短信，对教师节评优未能评上提出异议。凌晨 4:42，我给她回复："严老师好！我对您未能当选的结果也不满意，也感到很失望。但现场 35 个人投票我也没办法，我也不好说什么。您高三一年很辛苦，最终成绩是有目共睹的。我昨天很忙，早晨 6 点多到学校，晚上 9:00 才回，中午也没休息，一直没时间找您聊。您先平静一下，还会有其他机会，我一定帮您争取！姚跃林。"

早晨 5:38，她回复："非常感谢您的回复，对我内心是一种莫大的宽慰。我也知道我未能当选是投票的结果，但正是投票的结果让我感到不安，让我觉得自己失信于我的领导们，将来评优评先也要被习惯性地排除掉。实在不好意思，给您添麻烦了。"我回复："不客气！不至于'失信'。"她回："我感谢您对我工作的认可和支持，我会继续努力的。谢谢！"我回："谢谢！"考虑到她的推荐票数在落选教师中最高，学校党委研究报请教育局增加一个名额，评委会集体研究同意依序增补她。晚7:53，我收到她的短信："刚刚接到了办公室陈主任的电话。感谢学校领导和评委老师的知遇之恩，以后我一定吸取以前的教训，努力做一个优秀的老师。"我回："不客气！忘掉不快！"她回："嗯嗯，非常感谢！"

其实，前一年的11月15日，学年年度考核推优时，她也找过我一次。那天上午10:54，我收到她的短信："姚校长您好，我是高三年段严丽老师。不知道您现在在办公室吗？我想找您说一下考核的事情。"未能等我回复，接着又发来很长的信息，反映推优落选的事。我回："周三下午推优。按惯例，会上不会讨论，评委各自投票。我没办法给您保证，我也只有1票。如果临时有事缺席，我连1票都没有。"她回："嗯嗯，我知道了，谢谢啦！"我回："不客气！"最终，她没有被推荐为"优秀"。从两次评优中她的反应来看，她还是很在乎荣誉的。我从教40年，从未为名利、荣誉及类似的事找过任何人。从某种程度上说她的情商比我高，但为什么大家不买账？一定是有原因的。

为什么一位工作还算卓有成效的老师，年度考核评不了"优"，教师节表彰也入不了围，还被学生"造反"？她本人有没有问题？事实上，参与教师节评优投票的35人中绝大多数人并不知道学生"造反"的事。评优是个敏感而复杂的事，不可能完全用计算器算出来。既然由人投票决定，当然就是"人为"的，可问题到底出在哪里？

这个班有一半的同学毕业后加了我的微信，我从他们的朋友圈里基本没看到严丽老师的影子，甚至寒假年后返校，我在他们的朋友圈里也很少看到他们和严丽老师的合影。只在贝林（化名）的朋友圈里看到一张大合影，里面没有李景、张婷以及那位匿名写信的同学（我知道她是谁）。张婷没有加我的微信，毕业后杳无音信。高三一年我可没有少和她打招呼，还送了一本书给她，题写了祝福的话。李景8月里加了我的微信，时有联系，教师节、春节都主动问候。11月底，校运会的时候，她问我是否可以回附中看看运动会和篝火晚会。那个时候正是疫情防控最后的紧张时刻，她们在大学也是上网课，但我不忍拒绝，就同意了。我以为她篝火晚会那天过来，没想到校运会的前一天她就过来了。她自己住在厦大漳州校区北门的一家民宿，我担心她的安全，第二天让她住到学校宿舍里了，总务处炀宾主任安排了卧具。运动会期间，我们只在最后半天见了一面，我交代她回学校时一定要注意安全。中午她回校后给我发了一条信息："校长好，我已经到学校啦，这两天麻烦您和刘老师、宿管阿姨了！记得8月份返校时就想好运动会要回附中，结果真的回来了！看到学弟学妹们那么开心，真的好难忘呀！"3月初的广场钢琴演奏会她又回来了，她没有找我，我是在去食堂吃午饭的时候在东门偶遇，她已进门，手里拿着一束花，我们打了个招呼就告别了。

从高考成绩看，严丽老师是成功的；但从师生关系看，很难说严丽老师是成功的；从评优落选来看，大家认为她离"优"还有点距离。学生"造反"，评优入不了围……她有职业幸福感吗？在未来无数个日子里，当她回想这段经历时会感到幸福吗？而我更是百感交集、五味杂陈。这当中有许多疑问都需要在未来的日子里才能找到答案。

无独有偶。在这届18班高考取得优异成绩、录取结果尚未揭晓时，新的一届学生已提前进入高三备考阶段。7月4日（周一）上午，在例行党委中心组学习会上，我提到要提前落实好新高三教学人员安排，因为8月份要上课。有同志在会上提到要将新高三15班班主任刘岩（化名）老师调离高三。我没有表态，让他们再慎重研究一下。会上没有作出决议。9日高一、高二学生考试结束后离校放假。我8日出差，10日晚返回，11日上午召开全校老师结束会。这中间他们是怎么做刘岩老师工作的我不得而知，我觉得横竖放假，冷处理一段时间再作决断也不迟。12日傍晚，我从学校回家之前到宿舍区去转转，在2号宿舍靠田径场一边的台阶处遇到从劳动基地浇水返回的刘岩，他正在和人通电话，情绪非常激动。我站在那里，等他结束通话后了解到是段长韦俊（化名）老师通知他工作有变动，不再负责高三工作。那一会儿，他不断重复一句话："太可怕了，太可怕了！"我劝他不要激动，也要好好反省一下自己的工作问题。其实，我也没有任何思想准备，一是没想到这个时候通知他，二是没想到由段长而非教务处通知。

13日一早刘岩老师给我发信息："姚校长，您好！恳请领导高抬贵手，救人一命胜造七级浮屠。作为老师，我问心无愧，对得起良心，没有违反师德师风，早上不是最早到班的，但晚上是比较晚回去的。作为学科老师，我全力以赴、倾情授业解惑。两个班的学科成绩一直稳中有升，各项指标名列前茅。"随后列举了一些事例和数据证明他的拼命工作状态和良好的教学业绩。我回复："收到。您先和分管领导沟通。恕我直言，让我遗憾的是，从昨天到今天，我看不到您的深刻反思，这正是问题所在！不要给我发这些，昨天我说过了，没有人怀疑您工作勤奋！您把教育工作看得太简单是您的问题所在！微信里说不清楚，您先和他们沟通，他们比我更了解情况。"

随后他又将给韦俊老师的微信留言截图发给我。留言中他进行了自我检讨，并恳请韦老师理解。在他看来，不让他上高三是段长的主意。然而，从这些留言和面对面的对话中可以看出，学生的态度完全不在他的视野内，是一个大可忽略、不必讨论的因素。

次日上午，刘岩老师到我办公室谈话，一直强调自己是如何努力工作的，总是觉得自己受到了不公正待遇，自始至终不进行自我批评。我们谈了很长时间。后来知道，那两天，他先后驱车到外地，先找分管领导，后到外县去见16班的几位同学的家长，屈尊道歉求饶，毫无尊严，甚至引起学生反感。他在其他校领导办公室里的过激行为也让人特别反感。

7月16日，他交给我几份打印材料：《反思与检讨》《关于继续带好15班的申请与保证》《自我批评与反思》《16班"换刘"的几点》《韦老师与我（有补充）》《我的一些说明》。

7月30日上午9:00，我们召开党委会，研究8月份和开学前后的几个工作，首要的是再次确认高三任课教师安排工作。根据老师本人和年段意见，共调整充实了六位老师，刘岩老师仍然在高三，但只带15班的课和班主任，不再带16班的课。我一直不太主张动刘岩，我觉得正如其本人所言，他工作上还比较努力，盯班盯得紧，觉得应该给他一次机会，慢慢帮助他。大家对我的想法也赞同，最终作出了不动他的决定。但我要求分管领导再次和他深谈，提出要求，尽快改变工作方式，取得同学们的信任。如果学生反映强烈，开学前还会调整。31日上午，我们召开高三任课教师会议。我在会上特别提到要做学生信任、学生喜欢的教师，要理解附中的文化，要善于做工作。这些都是针对他说的。31日下午，高三学生返校。我路遇15班学生，偶有学生还是对刘岩老师表示不满，我都耐心细致地做学生工作。8月16日，我又接到学生的投诉信。17日上午，我又与分管领导和韦老师商量，让他们做好学生和刘岩的工作。刘岩可能也真的作了反省。总之，那之后一段时间，学生的情绪总体平稳。其间，我曾找15班多位同学谈心。

9月29日傍晚，我在操场跑步，15班的几位同学向我递交数份班级同学反映班主任刘岩问题的材料，它们被装在一个袋子里，几乎全班同学都写了。其中一张两开纸的两面写满了文字，还粘贴了好几张及时贴，不止一万字，算是"万言书"。整个材料可能超过两万字。当时，只有一个词能形容我的心情，那就是"震惊"。我一一阅读同学们写的材料，并及时向党委其他同志通报了情况。30日中午，学生国庆节放假离校。10月3日晚，15班有两位同学先后加我微信，反映刘岩老师的问题，表达调换班主任的诉求。高三学生10月4日下午返校，5日、6日月考。6日晚7:35—9:50，党委集体约谈刘岩，当面通报调整其工作，不再担任高三教学和班主任工作。10月8日近午时分，刘岩到我办公室递交他与学生交流的文稿，也是厚厚一沓。看上去，状态还可以。

刘岩老师和学生递交给我的纸质与电子版材料超过两万字，让我在震惊之余陷入长久的深入思考当中。我们之所以最终下决心调整刘岩老师的工作，是觉得刘岩老师的情况有别于严丽老师。最大的区别是，刘岩老师始终未能真正深刻反思，心中始终没有学生。可以说，他始终没有真正明白学校调整他的工作的动因是什么。在他的世界里，学生的事能叫事吗？从7月底到9月底，两个月时间，他没能得到学生的谅解，根子在于他没有作任何改进。诚如骆同学在给我的信中说的："您之前也问过我两三次关于教学上的问题，当时我也觉得他可以改正，还可以挽回。可高三这两个月过去，原本的期待似乎逐渐变成了一个笑话。他说得对，'我尚且改变不了十六七岁的你们，你们又怎么能改变得了40多岁的我？'"我没有必要将那些投诉材料都呈现在这里，其中不乏学生的愤激之语，甚至出现了"庆父不死鲁难未已"的近似骂人的过分句子，让我难以接受。但学生描述的一些细节令我觉得刘岩老师破了师德的底线、红线。

王同学在给我的信中说：

老师您好！作为被刘岩老师教了三年的学生，我从高一的时候就已经隐隐埋下了"厌恶"的种子。

1. 就他的教学而言，我个人觉得他自己专业能力很好，但是他没有办法把自己的专业能力转为教学能力。他的板书真的十分凌乱草率，未能形成有体系的知识结构，此外，学生问问题他十分不耐烦。

2. 他天天弘扬消极的价值观，从精神上打压学生。他的语言让我觉得"我没有能力上大学，我的未来一片黑暗"，十分影响学生的自信心和心态。而自信心和心态对高三学子来说十分重要。而且对于性别，他似乎很瞧不起女生。

3. 他品行不正，思想不端。面对我班黑板报里正在迎风奔跑的女生背影，他要求擦掉，原因是会使人有不好的想法。为什么会使人有不好的想法？是他自己龌龊的心理吗？

4. 这点是我无法再忍受他的原因。高二暑假前一天，他自己找了上一届的物理卷子，只有十几张，由他自己发给学生。我没有被发到。我前桌是个好学生，刘岩发给了他后，又拿起他桌上的卷子给我。我当时十分疑惑。仔细一看，哦，原来那份卷子只有一面啊。刘岩后来又拿了一份完整的给他。他或许觉得这很理所当然，但于我而言，他真的踩碎了我的自尊。当然了，他等级分化也不是一天两天了。真是受够他了，更不用提日常他的存在使人厌烦。

请老师认真看完，并把自己带入第4点，可能就会理解我，理解15班的学子们为什么会有如此强烈的请求了。大家真的已经忍到极限了。希望可以换掉刘岩老师，不仅会还高三15班一个良好的学习环境，而且避免资源浪费。

我们还需要带入王同学说的第4点吗？怎么可以这样做人呢？我其实无法理解一位老师是怎么成长为这个样子的？应试教育对教师的毒害之深是无法估量的，它不仅扭曲了教师的正常思维方式，还毒化了一个善良人应有的精神基因。表面上看，他是不会讲话、不会做人，实质上是"表里如一"的，毒素已入膏肓，他成了"毒人"。

让我欣喜的是，骆同学在给我的长信的最后说："或许他真的有着很出色的履历，很辉煌的历史，教出很多成绩优异的学生，可我不想以此为代价换来一颗冷漠自私的心。我感觉自己好像对他的行为以及价值观念越来越习以为常，越来越麻木，这让我恐惧。我希望自己的思想依旧鲜活，不能只是苟且偷得自己的安逸，而希望自己这些拙劣的文字能多少有助于避免37个人剩余249天的兵荒马乱。"可见，骆同学之所以给我写信，是因为她恐惧于对刘岩老师的"行为以及价值观念越来越习以为常"，而她"希望自己的思想依旧鲜活"！多么深刻的思考！

在调整刘岩老师工作的时候，我就断定15班的高考成绩不会因为换人而有多大的进步，但我同时担心如果不换人会不会出现比成绩退步还要严重的问题。换人绝非因为教学成绩！我们学校的发展愿景是"办所有学生永远喜欢的学校"，可是，如果我们的学生不喜欢老师，学生会喜欢学校吗？高考成绩揭晓后，果如我言，15班总平均分名次没有发生变化，而刘岩老师原任教的学科成绩平均分反而退了1名。为什么像严丽、刘岩这样"认真负责"、教学业绩不俗的老师会被学生"造反"？为什么他们越"勤奋"，学生越不买账甚至越反感？就是因为学生不喜欢甚至讨厌他们！严而无当，则严师未必能出高徒。

当一位老师失去了学生的信任甚至被大多数学生鄙视的时候，此时的师生关系是高度紧张的。处在这种紧张的关系当中是不可能有幸福感的，老师没有，学生也不会有。我不认为学生全是对的，相反，我觉得其中个别学生是有问题的，但他们是未成年人，是学生，需要老师去教育、引导。建立良好的师生关系，责任主要在老师，主动权也在老师。建立"关系"就是教育，教师不能等闲视之！对这两个真实的故事我无须点评，是非曲直显而易见。他俩都是在职教师引进的,已从教多年,专业能力较强,工作勤恳,认真负责,但都带有自己的成长印记,以及原学校的文化印痕,或者说没能真正理解、接纳厦大附中的教育文化,未能针对校情作出及时调整。为什么"认真负责"的老师被学生"造反"？严、刘二位老师在递交给学校的材料里都详细阐述了自己的"苦劳""功劳",我认为他们说的也是事实,但稍一推敲,就不难发现世界观、人生观、价值观与厦大附中的教育文化格格不入。类似的问题值得我们深思！

班主任的带班能力绝不仅仅是"驾驭能力"的问题,从技术上学一点庸俗的厚黑学和驭人术无济于事,甚至适得其反。教师的人格力量是最重要的教育力量。很多时候,我们都会发现,一个班的班风就是班主任的风范、人格气象和精神面貌。朝夕相处,耳濡目染,最终一个班的学生也很"像"班主任。班主任热情则学生热情,班主任大度则学生大度,班主任慷慨无私则学生慷慨无私,班主任懂得感恩则学生懂得感恩……反之亦然。

不久前,我看到一位刚毕业的校友发了一条朋友圈,她展示了附中生活的一些物件和场景,包括17张周末电影的电影票等。让我笑喷的是,他们整理了陈猛老师的"名言",大概也就是口头禅,其中不乏笑骂的话,整整一张A4纸。学生的语气是调侃的、开心的,满是对老师的尊重。我问:"陈老师知道你们整理他的'名言'吗？"她回复说:"知道的,我们还特地整理了一个本子送给他。"居然整理了一个本子！我问自己,为什么学生喜欢陈老师的"骂"？可见,表面上的不会讲话或说话随意并不会影响师生关系,关键还在于教师内心有没有学生,有没有所有学生。和美的人际（师生）关系是附中最重要的教育力量！我希望附中永远拥有和美的人际关系！我希望附中学子在未来的人生中能够轻松驾驭复杂的人际关系！和美的关系是幸福之源！

苏格拉底认为,存在着另一个更为常见的由"暴虐灵魂"组成的阶层,但他们不是作为统治者,而是作为教师、演说家或诗人,这些人可能是危险的,因为他们已经被思想灼伤。教育是一个理想王国,如果教师灵魂深处的"专制"意识占了上风,在教育教学中,他所扮演的"暴君"角色将会是何等明显！学校是学生最初体验社会的试验田，一个有"暴君"言论倾向的教师会驱使孩子们的心灵走向狂躁，甚至可能导致最优秀、最聪明的孩子在未来的政治生涯中有暴政倾向。由此可见，教师在教书育人的过程中如果缺乏谦逊与节制精神，最终受损的将是社会民主。学校教育，不仅要防止我们的思想伤害学生，还要防止我们的态度伤害学生。教师的高高在上、颐指气使，不仅会弱化自己的教育效果，还会在很大程度上影响孩子的一生。记得有人说过，在甜蜜的梦乡里，教师都是一样的，但是当太阳升起，当他们面对着学生的时候，教师与教师之间又是多么不一样！

（2023年7月19日）

幸福源自良好的"关系"
——教师的"关系学"与职业幸福

一、幸福是人类生命的目的

2012年6月28日,联合国大会通过了66/281号决议,宣布每年的3月20日为"国际幸福日",并强调"意识到追求幸福是人的一项基本目标""幸福和福祉是全世界人类生活中的普遍目标和愿望"。换言之,幸福是人类生命的目的。尽管至今还没有能用来衡量"幸福"这种源自内心美好感受的全球统一标准,但追求幸福和快乐却是全人类共同的目标和愿望。非常巧合的是,就在第66届联大通过281号决议设立"国际幸福日"的三周前,2012年6月6日,在高考前一天的傍晚,我在几名附中首届毕业生的毕业留言簿上题写了"做幸福的平凡人"的留言,从此,"做幸福的平凡人"成为附中校园里的流行语。

做幸福的平凡人是个哲学观点而非教育观点,是一种人生观。我觉得人生在世,幸福第一重要,要千方百计地寻求幸福。这事实上是具有广泛共识的。不幸福是不幸的。当然,这种不幸有时是难免的,不是短时期内调整心态想克服就能克服的。但从生命的本质来看,赋予幸福的内涵是天经地义的。幸福其实也是最重要的生产力。所以,我觉得,无论贫富贵贱、老少贤愚,追求幸福都是天经地义的。由此亦可推论,凡是妨碍人们幸福的都是不人道的,都应当抵制和摒弃。

所谓幸福,说的就是幸福感,它是一种个人感受,是主观的。幸福有客观标准吗？我觉得是有基本的客观标准的。人们很难定义什么是幸福，但对什么情况下不太幸福更容易达成一致，所以才会有幸福指数的说法。譬如处于食不果腹、衣不蔽体、人身不保、遍受凌辱的境地就很难幸福，幸福指数就不高，这大概是有基本共识的。虽有人身处绝境仍很乐观，但不太可能有发自内心的幸福感。不幸就是不幸，不幸就是不幸福，这需要直面，无须强作欢颜。强作欢颜是给别人看的，不是自己的真实感受。但这种"装"也是有价值的，有时会带给别人"幸福"。所以，病入膏肓的人在亲人面前往往得故作轻松，这会给亲人带来一些宽慰。这也说明幸福感是很难量化的，影响幸福感的因素太多。幸福感真的很微妙。

正因为幸福感是可以训练修为的，所以说幸福是可以追求的。罗素说："对于某件事情的信仰，是大多数人的快乐之源。"如果你认为幸福很重要，你很向往，你就比较容易得到幸福。如果你能主动追求幸福，视幸福为信仰，你就很容易找到幸福的理由。有人说幸福等于所得减去所欲，这有一定道理，但还不全面。因为即便一无所得，甚至面临牺牲，有人依然能感受到幸福。幸福是一种体验，更是一种能力。首先，人得有生存、生活的能力，得有尊严地活着。其次，要有健康的心理素养。幸福是一种主观的、愉悦的情绪感觉和积极的心理状态。我们无法立刻改变自己的生活环境和所处的境遇，却能改变自己的思维方式，提高自己的认知水平。同时，正确认识自己，包容他人，造福社会，惠及他人，坦然面对挫折，这些都是获得幸福的重要能力。幸福感需要修为，幸福的能力更需要修为。所以，做一个幸福的人远非衣食无忧那么简单。高官厚禄却不幸福的大有人在，说明他的幸福能力还不够强。流浪者也并非我们所臆想的那么痛苦不堪，只要他有足够的幸福意识。我仔细观察过流浪者的表情，较之绝大多数生活稳定者，他们的眉头更舒展。这实在耐人寻味！总之，做一个幸福的人是生命的本质属性之一，为天下人谋永福则是各种领袖人物的不二使命。

人生在世，头等大事就是好好活着。每个人来到世间的第一要务是"活人"，然后争取幸福快乐地活着，活得有尊严、有滋味，能自食其力，无病无灾，安然度过小病小灾。绝大多数人都是如此。很多时候，生存的压力并不大，但生存的竞争压力大。选择做平凡的人，就是主动回避不必要的竞争。不要什么都和别人比，"不比""不滥比"是获得幸福或者说避免不幸福的重要策略。所以说，安于平凡应当是众生的首要处世法则。从小立志做伟人、做英雄无可厚非，而准备做个平凡的人不仅更理智，而且更明智。人生在世，应当做个幸福的人，也应当甘心做个平凡的人。所以，做个幸福的平凡人就成为必然选择。我们要理直气壮地承认我们就是平凡甚至平庸的人。

做个平凡的人，核心是"做人"，而做人就不是一件容易的事。一个人要有尊严地活着，不尽力、不努力、不奋斗肯定是不行的，要明白奋斗本身就是幸福的。劳动是人的本质属性之一，人与其他动物的重要区别就是能够有目的地、积极地劳动。事实上，即使是艰苦的劳作，也不会销蚀人们的幸福感，相反，让我们最不幸福的主要原因往往是我们丧失了劳动能力和劳动权利。从这个角度来看，幸福和劳动是分不开的，幸福确实是奋斗来的。即使你有万贯家财，如果其中不包含你个人的劳动和奋斗，你也很难因此感受到幸福。

不幸福或者说没有幸福感的另一个重要原因是，我们没有处理好自己与他人、与周围世界的关系。世界的本质是关系，我们是生活在"关系"中的。人的性格是在关系中形成的，而性格往往又能左右我们的关系。建立有意义的人际关系是健康而圆满的人生的本质。幸福的关键，不在于你多能干，也不在于你多富有，甚至不在于你衣食无忧，而在于你与你所在乎的人建立起良好的关系。我们能否幸福的另一个关系量是我们能否为别人带来幸福。一个人的词典里只有"自己"，没有他人，没有更广阔的世界，不能服务于他人，不能为世界奉献点儿什么，他是很难感受到幸福的。你也许衣食无忧，但"关系"会让你每时每刻都很痛苦。流浪者之所以还能保持面部平静，一个重要原因是没有复杂的"关系"。他或许不幸福，但他也不觉得痛苦。同时，漫漫人生，要有所为有所不为。没有方向和原则，随波逐流，自甘落后，久而久之，则难以自立，遑论立人。很多天资平平者，从小树立远大目标，始终不放弃努力，历经艰辛，终能取得一般人难以企及的成就。天道酬勤，勤奋的人上天也会帮他。甘于平凡是一种人生态度而非做事态度，正所谓做人低调、做事高调。做幸福的平凡人，需要老老实实做人、踏踏实实做事，平凡人的奋斗人生才是真正幸福的人生。

二、何谓教师的职业幸福

职业幸福即职业幸福感，是指人在从事某一职业时基于尊严得到保障、需要得到满足、潜能得到发挥、力量得以增长并由此获得的持续快乐的体验和职业荣誉感、自豪感。既然幸福是人类生命的目的，那么，追求职业幸福就是天经地义、顺理成章，教师职业自然不例外。

从基本的、必要的生存保障的角度来说，作为政府财政保障的事业单位员工，公办学校教师的岗位稳定性和收入稳定性是显而易见的，就是所谓的"铁饭碗"。至少现状如此。正常情况下，教师职业是可以保障教师的生存尊严的。虽然发不了财，但至少饿不着。教师的绩效考核非常复杂，故收入与绩效之间的关系没有那么直接，教师间的竞争也不会像企业员工那么直接。如果能摆正心态，就谋生而言，教师确乎可以算是"自由职业者"，一般意义上可以实现衣食无忧。就物质而言，教师的幸福感也是容易获得的。然而，据调查，教师群体的整体幸福感并不高，这其中一个重要原因是比较优势不明显，从某种程度上说与没有摆正"关系"，或者说"关系"失衡有关。

一方面，与很多职业相比，教师的实际待遇相对较低是不争的事实。据调查，过去十年，教师工资绝对增长较快，但相对增长缓慢；教师工资标准区域差距较大；行业差距持续拉大。特别是在进一步规范办学行为和实行绩效工资制度后，由于配套不力，不少地方出现了教师待遇明增暗降的现象，严重影响了教师的信心和工作积极性，也削弱了政府公信力。《教师法》中有明文规定，但政策多停留在口号和纸上，甚至一度频出教师"讨薪"事件，影响恶劣。毫无疑问，"空头支票"断难提高教师职业的吸引力。一个可见的事实是，有教师跳槽考公务员，很少听说有公务员跳槽考教师的。综合考量，教师的职业荣誉感还不够高。

另一方面，教师的工作压力和精神负担现在远大于改革开放初期。由于教育观发生偏差，随着教育管理更加"科学化"、"专业化"、精细化，压在教师身上的"大山"多了何止十座？教师无暇向学，无心研究。一些不切实际的改革举措更令教师无所适从，内心备受煎熬。《中国教育报》曾刊发《谁来关注教师的身心健康》一文，指出："在长期工作压力下，他们就像一张拉得满满的弓，弓弦随时都有可能断裂。"2011年教师节前夕，《中国教育报》牵头有关部门推出"教师的幸福指数"调查。在参与调查的13973人中，认为自己生活和工作幸福的不到两成，近三成教师认为自己不是很幸福。提及对教师工作的感受，25%的人选择厌倦，12%的人愿意立即放弃教师工作。60%的被调查者在生活上最需要得到的帮助是工资按公务员标准发放。教师60%的直接压力主要来自职称、考核、升学率。耐人寻味的是，教改和继续教育也是教师的压力之源。面对这样的工作压力和待遇，如果不能积极主动应对，幸福感是不容易获得的。

这样的状况并未随时间的推移发生逆转，甚至可以说，在可以预见的未来，这种状况很难发生根本改变。那么，在能够保障生存尊严的前提下如何实现教师的职业幸福？或者说，物质之上更进一步的教师职业幸福到底是什么？教师本人能否掌握获取职业幸福的主动权？这可以用千言万语来深刻阐述，但我只想一言以蔽之，每一位教师都可以从自己的职业中追寻到幸福。如前所述，幸福感需要修为。如果你认为幸福很重要，对幸福建立起一种信仰，你就比较容易得到幸福。如果你能主动追求幸福，就很容易找到幸福的理由。

职业幸福自然可以从过程幸福和结果幸福、现时幸福和未来幸福等维度来分类。无论什么样的幸福，它的获得都离不开正确的人生观和幸福观。不懂得幸福的人永远得不到幸福！教师职业的过程幸福、现时幸福的获得更需要教师具备乐观的人生态度和积极的人生智慧，要有正确的教育观，深刻洞悉、把握普遍教育规律和当代教育特点。我一直倡导并努力实践的教育无非服务、办学生喜欢的学校、实施人道的应试教育、让教育更加尊重生命、让生命因教育更幸福、做幸福的平凡人等理念，其基本前提和根本目的是保障师生的幸福，特别是过程幸福，也即"现实快乐"。教育是为学生的事业，是为明天的事业。很多时候，想到学生，想到明天，我们丝毫不怀疑我们的职业价值和职业幸福，但没有办法摆脱当下的苦恼。很多老师有这样的想法：你问我幸福吗？我没有理由说不幸福，但我也做不到理直气壮地说"幸福"，因为我现在正烦着呢。在如一团乱麻的工作中感悟到幸福是需要智慧的，而智慧地应对显然是可行的。

正因为教育是为学生、为明天的事业，所以教师的职业幸福很大程度甚至可以说完全体现在学生的幸福上。我们的幸福关系到学生的幸福，而学生的幸福正是我们的幸福。我们的结果幸福和未来幸福之有无主要看我们能否培养出幸福的学生。在矛盾无处不在的教育场域，关注学生的"现实快乐"，为学生营造自由、宽松的学习环境和幸福的学习氛围，进而为师生创造不竭的幸福之源，教师必须有坚定的方向感和外力不可撼动的定力。如果我们找到了职业价值实现的途径，我们的精神需要就会得到满足，育人潜能就能得到开发，教育力量将得以增长，并由此获得持续的快乐体验，我们的人生价值和幸福就融为一体，相得益彰。因此，什么是教师的职业幸福？往大了说就是为党育人、为国育才，往小了说就是成为学生成长的"重要他人"。我们从中不仅得到自我成长，更获得了无时不在的快乐。这种幸福一定是过程幸福与结果幸福、现时幸福与未来幸福、短暂幸福与终极幸福的完美结合。

三、教师的"关系学"关系职业幸福

（一）挚爱是优秀教师的核心素养

教育事业关系到每一个人，而教师队伍也是一个拥有1800多万人的庞大群体，因此，要通过顶层设计一劳永逸地解决教师的职业幸福问题是很难做到的。当然，甚至可以说没有一个行业可以做到。每个行业的从业者都存在从职业中获得幸福或感到不幸福的人。干一行爱一行的有，干一行怨一行的也有，每个行业都如此。爱一行干一行是运气，干一行爱一行是智慧，干一行怨一行是赌气、不明智。显然，不爱教师这个职业却要从中获得职业幸福是非常困难的，明智的做法是要学会爱这个职业。

当然，爱一个职业最基本的前提是有驾驭这个职业的关键素养和必备能力，具备相应的技能。教师或者说优秀教师的核心素养是什么？一定会见仁见智。讨论和辩论都是多余的，因为不会有唯一的标准答案。优秀教师也是多姿多彩的，是各有特色的。其成长道路、专业发展的动力和教育成就也是有差异的。我个人的想法是，如果称之为"核心素养"，那一定不能列出十几条、几十条。几十条还叫"核心"吗？而如果就一条，我觉得是"挚爱"。有学者通过调查和研究，列出了优秀教师的一二十条特点或表现，归类并概括成工作态度、师生关系、人格魅力三类。这很符合我自己观察和研究得出的结论。一个优秀教师之所以在工作态度、师生关系、人格魅力上超出一般，其关键在于对事业、对学生、对专业的"爱"。"爱"是幸福的前提，学会"爱"则是获得幸福的不二法门！

著名数学家陈景润曾因"不能胜任"中学数学教师工作而被北京四中辞退，说明不是什么人都可以当好老师的。作为专业技术岗位，教师有着鲜明的职业特点。一位称职的教师需要具备基本的职业素养，要有终身从教的专业发展规划。只有具备娴熟的专业技能，在传道、授业、解惑诸环节中游刃有余，才有可能享受到职业幸福。一般来说，不称职的老师一般有两种：一种是不爱教育，不爱教师这个职业，不爱学生，教书仅是谋生手段。做一天和尚撞一天钟，得过且过。另一种是缺乏从教的基本素养，完全不得要领。即便在学科专业领域有很精深的学问，但面对教书育人依然无从下手。陈景润大约就是第二种人，数学天才却是数学教学的门外汉。

有一种情况也不少见。魏书生和钱梦龙以初中学历从教，于漪虽毕业于复旦大学，学的是教育学，却长期从事语文教学。为什么初中生可以教高中生，半路出家也可成"家"？说明中小学教师的学科素养构成有其特殊之处。教学教学，终归是教学生学。学生愿意学，师生可以互学，教学相长；学生不愿意学，教师口吐莲花也无用。

在基本素养中，学科素养不能决定教师水平。教师的道德素养比文化素养更为重要。师德才是教师的灵魂，是教师人格特征的直接体现。教师的第一专业是"师道"，而"师道"的核心是"爱"。优秀教师的核心素养是爱，是挚爱。核心素养是指最关键的素养，没有它很难出类拔萃。但只有它也难臻于完美。故核心素养要充分发挥作用，则必定建立在一定的基本素养或基础素养之上。

哈佛大学发布了一篇《挑一个好老师比培训一个更容易》的文章，用数据对"教师经验越丰富，教学越成功"这一普遍被接受的观点提出质疑。美国将从教8年界定为"中等经验"。作者认为，有中等经验以上的教师并没有比中等经验以下的教师教得好。显然，仅就"教学效能"而言，这个研究成果不无道理。我们不难发现，只有少数老教师的教学成绩能够名列前茅。老教师并没有老大夫吃香，经验不一定能起作用。研究表明，"好教师"在工作态度、师生关系、人格魅力等方面与众不同。这与我们的直观感受是吻合的。行业经验只是从业经历的表象特征，究其根本，需要的是挚爱，对教育、对学生、对专业真挚的爱。

没有爱就没有教育！正因如此，我一直认为考察教师对教育的态度和理解比学科素养以至专业能力更重要。我不认为职前的基本职业能力训练可以定终身，也不认为职后的岗位培训可使人脱胎换骨。所以，厦大附中自建校以来，一直不拒绝非师范生，包括暂无教师资格证的毕业生。在基础素养之外，重点考察对教师职业的热爱程度。如果对教师职业缺乏比较深入的理解和必要的精神准备，即使具备较好的基础素养，也很难成长为优秀教师；即使很快能取得良好的教学效能，随后也易困于职业瓶颈。有天生的"好教师"，但大多数"好教师"是后天修炼的。而这种修炼是自为的，靠外力强迫基本是无效的。其内驱力源自挚爱。

每一位今天再平常不过的老师都可以成为明天最优秀的老师，但我又非常矛盾地认为，宁可做一个称职而快乐幸福的老师。但如果能够做一个优秀且快乐幸福的老师岂不更好！而一个教师要从称职进步到优秀，无论如何不能缺少挚爱：对学生和事业诚挚的爱。爱，是形成教师职业智慧的明智之举。而当你爱上了教师这个职业，幸福离你就不远了。

（二）"师生关系学"是教师的必修课

教育是关于"人"的工作，教师要传道、授业、解惑，具体的学科知识传授只是其中占比很小的一部分工作，反倒没那么重要，特别是在信息化时代。与人打交道肯定比与物打交道复杂，做人的工作比纯粹做事的工作要复杂得多。如前文所述，世界的本质是关系，我们是生活在"关系"中的。不幸福或者说没有幸福感的一个重要原因是我们没有处理好自己与他人、与周围世界的关系。几乎可以肯定地说，教师的不幸福主要源自"关系"问题，即没有处理好围绕自己的各类关系。营造好的关系是获得职业幸福的关键。

教师"关系学"是一门大学问，涵盖的范围很广，它包括师生关系、家校关系、同事关系、专业关系、学科关系、自我关系等，还包括如何处理个人与集体、学校与社会的关系，如何看待名利，如何对待荣誉、职称晋升等。能否处理好这些关系都会关系到个人能否获得职业幸福。这些关系中，影响职业幸福的最大关系量是"师生关系"，这也是教师职业区别于其他职业的关键点。可以说，"师生关系学"是教师的必修课！不掌握这门"课"，就很难从根本上获得职业幸福感。

曾经有调查显示，"提及对教师工作的感受，25%的人选择厌倦，12%的人愿意立即放弃教师工作"。为什么会这样？教师职业倦怠多半源自职业幸福感不高，累心，心累，而非体肤之苦。幸福存在于和谐的关系中，在人与自然、人与社会和人与人的和谐关系中。所谓不幸福，其实就是没有处理好各种关系，主要是未处理好人际关系。教师职业尤其如此，因为人际关系特别是师生关系始终是"正在进行时"，无法毕其功于一役。即使退休了，师生关系仍然存在，还会在一定程度上影响我们的幸福感。我们要做一辈子教师，不深入研究和掌握师生间的"关系学"是不行的。于教师而言，我甚至认为，"师生观"就是"人生观"，也是"世界观"，即由教师的"师生观"可见其"世界观"。所以，这门学问是大学问。我的体会是，教师从平等、理解、尊重、信任学生的角度建构师生关系，就能使师生关系在"唯美"的追求中变得轻松起来。

师生关系紧张在各级各类学校或多或少存在，难以完全避免。这一方面是社会矛盾在校园里的自然投射，另一方面是教育观、教育方法和教育治理水平落后于时代发展的必然现象。调查表明，教师的压力主要来自学生的文化课学业成绩。这是符合实际的。从某种程度上说，应试教育加剧了师生关系的紧张程度。有老师说，不谈成绩都是好孩子，一考试，就有了"差生"。在单一的教育评价制度下，有老师见到学困生好似见了"仇人"。"仇人"相见，哪里还有和谐的关系呢？所以，修好"师生关系学"的第一要义是端正教育观。观念决定方法，观念偏了，方法很难正确。

教育的根本方法和最高形式是"爱"。唯有无私之爱方能"为之计深远"，才可以诲人不倦乃至"委曲求全"。献身于教育事业而无悔固然值得尊敬，但"爱"并非全等于"献身"。教师可以也应当有自己的生活和精神追求，也只有那些拥有独立精神和崇高灵魂的教师才能成为伟大的教师。但只要为师一日，全心服务学生成长的意识就要深入骨髓。不掺杂私念地真心为学生终身健康成长而从教，师生间就一定有"真爱"。

为师者应有更高的姿态，不可消极敷衍。在平等、理解、尊重、信任学生的基础上建立起来的良好的师生关系，可以放大教育功能，更符合教育的本质要求。真正的教育是一棵树摇动一棵树，一朵云推动一朵云，一个灵魂唤醒另一个灵魂。优秀教师一定能以身立教，春风化雨，润物无声。

怎样才算是平等、理解、尊重、信任学生？本人不揣冒昧，这里试以亲历的故事阐释之。初一的学生送我贺年片，"请老师改掉抽烟的坏习惯"，我便立即戒了烟。这就是我理解的师生"平等"，因为老师没有理由不改掉"坏习惯"。学生因个人隐私、心结一时解不开而每天上学迟到，我不仅自己"视而不见"，还能让其他同学视之当然，这就是我说的"理解"。当学生坚持冒雨表演精心排练已久的文艺节目时，我不以爱的名义叫停，而是用目光和掌声助威。如此这般不让学生生活在教师的意志里，便是我理解的真正的"尊重"。当一块草坪荒芜而被众人作为学生素质差的证据时，我坚持认为主要责任不在学生。在自己做了回园丁、问题得以解决从而真相大白后，我更明白"信任"学生的教育价值。毫无疑问，对于师生关系，每一位教师都有自己的理解和实践，我的体会也只是一孔之见。

为师者应当学高为师，身正为范，为人师表，教书育人。教书是看得见的日常工作，育人是需要努力感悟的教育目的。古今中外的学校教育，基本不存在脱离知识传授的、单纯的品德教化。读书的态度便是做人做事的态度。作为专业人士，教师的威信源自专业精神、修养和能力。一个不能令学生佩服的老师无法拥有良好的师生关系。上课、辅导、答疑、解惑，提纲挈领，高屋建瓴，循循善诱，要言不烦，教师才能将学生带进迷人的知识殿堂。学生好学、乐学、善学，师生关系就差不了。

必须强调的是，修好"师生关系学"仍然要将"学问"转化为处理问题的能力，要与时俱进，学以致用。教师要有高情商，要洞察人性深处的奥秘，要懂得应变。在班级管理中，有时会出现这样的现象：面对同样的学生，有的老师表扬甚至逢迎，学生反而很生气；有的老师严厉批评，学生却心悦诚服。这说明师生关系的拿捏是很讲究分寸的，"心灵鸡汤"未必能起作用。

总之，从师生关系中不能获得精神慰藉的教师，其人生是灰暗而失败的，也难言职业幸福感。故教师尤其是青年教师，应该从基于终身从教的专业成长角度掌握好"师生关系学"。

（三）好的家校关系就是好的教育

家校关系也是教师职业特别是中小学和幼儿园教师职业的"特殊关系量"，其他职业基本无须考虑这个关系。家校关系不是"家"和"校"两个社会单元的关系，而是教师、学生、家长的"三角关系"，本质上还是"人"的关系。在通信技术高度发达的今天，教师职业幸福与家校关系的关联度很高，其紧密程度超过以往任何时代。毫不夸张地说，好的家校关系就是好的教育，好的家校关系就是教师职业幸福所在。

教育本在育人，在立德树人，在培育身心健康、和谐发展的人。以德育德，师长都要身体力行，相互"补台"。教师是人类灵魂的工程师，这是职业定位，也是职业理想。这个"高帽"戴在头上是拿不掉的。如果今天还不是，未来必定是，除非这个职业消亡。而要完成塑造灵魂、塑造生命、塑造新人的时代重任，不能没有家长参与。家庭是人生的第一所学校，家长是孩子的第一任老师，也是终身的老师，教育孩子"成人"是每位家长的天职。

因此，育人需要家校携手，而学校应积极地掌控家校关系的主动权。当然，我们也要把握家校关系的时代特征。不难发现，很多家校纠纷带有信息时代的烙印。家校双方都有建立良好关系的主观愿望，只要回归到立德树人这个根本点上，就会有共同语言。法治社会依法办事，但教育很特殊，只要双方对簿公堂，教育基本就失败了。家校纠纷，伤者无数，没有赢家。一位老师如果深陷家校纠纷就难言职业幸福。所以，教师一定要下功夫修好"家校关系学"。

（四）修好教师的第一专业

教师职业具有一定的专业性。具备必要的专业素养，才能处理好自身与专业、职业的关系。对教师实行资格准入是落实教师专业化的行政约束，但能否真正使教师专业化成为现实还在于我们能否强化其专业特质，在于其专业化形成是否需要更多的投入，是否需要更多的知识与技能储备。应试教育之下，能做几道题就是专业，至于能不能教会学生，能不能使这几道题成为学生将来有用的知识，能不能使学生成为掌握知识的有用的人一概不问，这哪里算得上"教师专业"呢？机器能不能取代这样的教师？机器都能取代，还何谈专业呢？一个根本不懂爱、不懂教育、不善言谈、不会沟通的人，通过师范院校的考试可以成为优秀毕业生。在这样的价值尺度下培养出来的人成为一名合格的教师还需要走很长一段路，遑论优秀！然而麻烦在于，这样的人通过"题海战术"和加班加点的应试法宝，在应试教育的评估维度里往往还有不俗的表现。这样的结果使刚刚走上教育岗位的年轻教师沾沾自喜，以为教育不过如此，什么专业不专业，不就那么回事吗！日子一长就成了流水线上的操作工，难以应对日新月异的复杂局面，最终离"专业"越来越远。

如果师范教育成为单纯的专业知识教育而忽略了教师教育，如果大学教授不了解基础教育生态，不了解中小学课堂，甚至其本人只是一个学问家而非教育家，怎么能够培养出合格的教师来呢？研究一下一些师范院校研究生的课程，你会发现它们是为培养学者准备的，这样培养出来的人如果将来到中学教书，不能说研究生白读，至少可以说这样的教育效率是不高的。我们常常看到这样的情况，一个本来秩序井然的课堂，一位老师一进去立马乱成一锅粥，而另一个乱得一塌糊涂的课堂，另一位老师一进去立马秩序井然，这里有没有玄机？有的老师批评学生，学生心悦诚服，有的老师表扬学生却让学生高兴不起来甚至还发起脾气，这里有没有玄机？对学生学业基础参差不齐的班级采用何种有效的教育方式？对"网瘾少年"有什么样的解决方案？对"问题家庭"的孩子有什么样的解决方案？诸如此类，我们在大学课堂里能学到吗？我们在师范院校的课堂里能学到什么教育本领，而不仅仅是做题的本领？警察能练成火眼金睛，卖糖果的能练成"一抓准"，当教师的能练成什么绝招呢？如果我们有几招绝的，那就进入了专业角色。专业的人将专业的事做得更具有专业性，才谈得上职业幸福。

专业绝招就是成长的"本钱"。一个人欲成大事要有本钱。这个本钱说起来其实并不神秘，就是要趁早做成几件大事。教师的本钱是什么？所谓"一年找准角色，三年站稳讲台，五年八年成为骨干教师，十年成为学科带头人"，看似不难，其实不易，因为我们的工作太平凡。如果一个老师从教十年还没有崭露头角，今后要想出类拔萃，可能要付出更多的努力。一个人总要有一点追求，要有所作为，有自己的思考。学校里的大事小事总要有你，凡教书育人的事你都愿意尝试并努力做好，班主任要做，教学成绩要好，公开课要开，文章要写，服务要搞，哪怕一开始四处碰壁出尽笑话，但一直在把握机会，只要有机会就有成功的可能。机会找上你，你避之唯恐不及，成功只能与你擦肩而过。

其实，教师"挣"点"本钱"并非难于上青天，就踏踏实实带几届学生，甚至哪怕只一两届足够辉煌，就够你应付一阵子。而一旦你有一点小成功的时候，领导、同事、家长、学生都信任你，你活动的舞台就更大，你就有机会取得更大的成绩，幸福感就比较容易获得。即便你付出了很多，暂时还未取得理想的成绩，也不要气馁。你可能运气稍差一点，但要坚信，你不会一直运气不好，一定要再坚持一下，成功以及随之而来的普遍认可就在不远处等着你。我们做老师的，要想使自己的从教之路相对顺利，开始的几步一定要走好，一定不要坏了名声。一旦坏了名声，纠正起来要下很大气力，那真的似上青天一般。青年教师在做职业规划时，要在带班、教学、教研、特长发展、为人诸方面拟订可行目标，要经常反省是不是做了一点事。如果你总是有进步，迟早就是"超群"的，就是优秀老师。就一所学校而言，好教师是没有比例的，我们每个人都可以优秀！虽说幸福比成功更重要，但专业人员的专业如果太"烂"，不能成功的同时，也不可能由衷地感到幸福。

以上详论了"教师关系学"中的"师生关系学""家校关系学""专业关系学"，教师职业的其他"关系学"与别的职业没有本质不同。怎么与人相处？怎么与家人、同事、熟人、陌生人相处？怎么平衡现实与理想、当下与未来、眼前的苟且与诗和远方的关系？如何面对晋升和荣誉？如何应对无处不在、无时不有的"内卷"？如何与人有效沟通？怎么打造自己的人缘？如何塑造、培育好自己的人格魅力？这些"关系学"都和我们有关，都要设法修好。只有处理好了这些关系，我们才能获得职业幸福；只要处理好了这些关系，我们就一定能获得职业幸福！

"教师"自身就是一门课程，"优秀教师"就是优质课程。"教师关系学"是教师教育学的重要内容。举凡优秀教师都是深谙"教师关系学"的幸福教师。教育即影响，教师的影响力是超越时空的。为人师表，行为世范。教师非一般职业，教师这一职业及其从业的个体都是"课程"，整体和个体每时每刻都在执教"公开课""示范课"。也许一堂"优质课"的影响范围有限，但一堂"劣质课"会波及远方和未来。因此可以说，即使退休了，教师自身这堂课还在继续。虽然课堂上传授的知识学生早已忘记，但优秀教师的人格魅力仍在烛照学生的人生。即便垂暮，优秀教师的"人设"依然会在学生身上发挥作用。故我们愿将美好的词汇献给老师而对师德瑕疵"零容忍"。这就是我们关于"教师"这门课的课程观。

人非圣贤。关于教师的赞美诗，同时也是紧箍咒。尽管对教师的挑剔令人生畏，但不能因为现实遥距甚至永不能及理想就放弃理想。就理想而言，教师应当由"非凡者"来担任。破解教育难题关键在教师。激发教师的教育智慧比制度建设更重要。依靠顶层设计彻底改变屡遭非议的教育现状是不现实的。理想课堂、理想学校、理想教育存在于优秀教师的教育实践中。关于教育的种种悖论存在于教育的全部历史中，今天教育存在的所有问题究其本质都不是新问题。孔子和柏拉图倡导的教育原则今天依然有生命力，而杜威和怀特海对学校教育的批评仿佛针对的就是今天的学校，伊顿公学和夏山学校风格迥异但揭示出了很多相同的教育问题。围绕"不让一个孩子掉队法"引发的纷争和调整，美国基础教育改革告诉我们，教育悖论无处不在。科学主义和人文精神无法非此即彼地独立发挥作用，智慧地应对悖论只有依靠教师，而制度几乎无能为力。这从另一个侧面证明了"教师"自身就是一门非同寻常的课程。只有当教师掌握了这门课程并且在其中获得源源不断的幸福时，教育才是为"人"的教育。教育为人生，只有幸福的教师才能培养出幸福的学生，而培养幸福的学生正是教育的终极目的。是故，教师的职业幸福不仅关乎其个人的幸福，更关系到全社会、全人类的幸福。

（2023 年 11 月 12 日）

师生关系天然就该美好

我曾在《教育文摘周报》上看到一篇文章《期盼师生关系返璞归真》(作者陈亦冰),开篇说:"时下,有一些变了味的师生关系,让不少老教育工作者惊讶、寒心、看不懂。有家长说,现在的老师很势利,看家长分三六九等,待学生也以此类推;有老师说,现在的学生太难伺候,轻不得重不得,严不得松不得;有学生说,现在的老师很功利,只想升职加薪,不管我们煎熬。带着某种偏见,站在自己的角度,看出来的师生关系就难免变形。"文章最后说:"当然,时代不同了,师生关系也自然应该有更丰富的内涵和更多彩的表现形式;但是,真实和真诚的起码底线,尊重和信任的基本原则,应该是不会改变的;而现在我们的表现形式足够多彩,可惜我们的底线和原则已经丧失无几。抛弃各式各样的功利设想,让天然就该美好的师生关系早日返璞归真吧。我相信,这种理想境界,老师、学生、家长都会真心期盼;而打开这个心结的关键钥匙,恰恰就掌握在老师和家长手中。"

"天然就该美好的师生关系"是什么样的"关系"呢?给出答案其实并不难。家长和老师每个人差不多都有两种以上的角色体验。譬如我,做过学生,现在是老师,也曾是学生家长。我可以站在三种角色的角度来审视彼此之间的关系,给出我个人的答案。但我的答案能够得到多少人的认同则很难说。我赞成将"真实和真诚"作为起码底线,将"尊重和信任"作为基本原则。人与人之间,如果能够做到真实、真诚、尊重、信任,关系自然是和谐的。

时下,师生关系到底变味儿了没有?如果我们不假思索地笼统回答,多半是变了味儿。我觉得变没变味儿要看跟什么比。跟理想当中的"美好的师生关系"比，味儿确实有点不对；跟过去、曾经、历史上的师生关系比，差不多还是那个味儿。也就是说，好传统依然随处可见；今天不对味儿的曾经也有，未见得有多特别。只不过在人际关系不断调整的今天，人们对这不好的味儿已经失去了批判性，由反感到习惯而逐步适应了而已。当然，见怪不怪是个危险的信号。

师生关系说到底仍然是特定的人际关系，必然受到全社会人际关系的影响。整个社会的价值观都在变化，人际关系的维系形式或多或少也发生了变化，因此，师生关系的味儿一点都不变确实很难。但不管社会如何变化，"底线"和"原则"是不应当变的；就社会主流而言，这种"底线"和"原则"也是不会变的。师生关系应当是人际关系中的典范，但在道德失范的社会里，纯粹美好的师生关系很难成为孤立的存在。教师应当成为道德楷模，但只有少数楷模的社会不可能是有道德的文明社会。

当师生关系正在"进行时"中，不和谐的因素必然存在，自古而然。教师要学生学习，学生要自己玩耍，这是一对矛盾；眼前的利益和长远的利益往往也是一对矛盾。这些矛盾是固有的、永恒的。在错综复杂的矛盾中，要让教师每时每刻欣赏每一个学生，要让所有的学生都胸怀理想、刻苦学习，显然是不可能的。所以说，师生的美好关系是建立在矛盾运动之上的，需要客观、理性分析。

从社会影响的角度来说，今天的师生关系所以说"变了味儿"，主要是因为商品交换原则侵入人际关系领域。在一个重"钱"的社会里，人际关系中最不好闻的"味儿"就是铜臭味儿。与以前相比，影响面最大的变化之一是公办学校里的学生直接向教师购买"教育服务"，或者说，教师直接向学生出售"教育服务"，师生关系在某种程度上成了买卖关系。"家教"在一定程度上的普及是今昔最显著的变化之一。虽然在民办学校和旧时的私塾里，师生关系也存在直接的交换关系，但那是学生和家长的选择。而公办教育尤其是义务教育阶段，教师如果变着法儿地敛财，师生关系不可能是"美好的"。照我看，其他诸如"谢师宴"之类自是早已有之，这与中国是人情社会有关。责任是大家的，老师未必稀罕一餐饭。不排除有"好吃的"，但我熟悉的同事中大多数不愿意吃请，往往碍于面子不得不去。死要面子，活受罪而已。

我在学生时代算是个"好"学生，学习成绩不错，不给老师添麻烦，经常受到表扬，不记得被老师批评过。我在整个中小学阶段没想过老师"好"还是"不好"，一律充满尊敬和敬畏。中学毕业后，我一直在外读书和工作，很少在家长住。从此与小学老师基本没有了来往，与中学老师中几位曾有书信往来，但都没有深入交往。大学老师中有交往的也不多。随着年龄的增长，现在反而愈加思念过去的老师。前不久回老家，我特别向母亲问到对我影响较大的一位初三语文老师，母亲一句"早已去世"让我倍感后悔与伤感。仔细一想也是，这位老师如在世已近百岁。我很是自责：以前都干什么去了！每次回家都很匆匆，加上一向疏于联系，所以很少看望老师。我时常想起一首歌《望月》，"你走得多么远，也走不出我的思念"。我时时想起自己的老师，想必老师也会时时想起我。

正因为我自己尊师不够，所以每当听到同事们抱怨学生"白教了"的时候，我总是开导他们：想想我们自己，难道老师不是白教了我们？再想想我们父母，在某种程度上不也是"白养了"我们？再想想我们的孩子，说不定也是"白养了"。我们为自己活着，也为别人活着，我为人人，人人为我，这就是人类社会。我们都是社会的一分子，有自己的角色，要承担自己的社会责任，付出和回报不太可能简单对应。我施与他了，他可能施与别人了，但别人可能又施与我了，所以无所谓白教、白养。只要我们教了、养了，就尽了天责，就对得起天地良心。

我和学生的联系算是比较多的。一方面，我一直担任班主任，与学生联系紧密，我喜欢学生，学生也喜欢我；另一方面，我曾经在蚌埠铁路中学任教23年，学生就住在学校周边，往往也在铁路系统里工作，所以见面机会多。还有，我那20多年一直在一个单位工作，房子搬来搬去还是一个区，直线距离也就两三公里。我不仅与大多数学生一直有联系，还与不少家长经常见面。我是最烦"请吃"和"吃请"的人，不到万不得已是不赴任何宴的。

我参加的"谢师宴"全部是同事孩子的"谢师宴",绝大多数要备一份贺礼,可谓"得不偿失"。其他学生的"谢师宴"我从未参加过,好像也极少受到过邀请。我也极少请人吃饭,偶尔请孩子的老师(因为是同事)也是"单刀赴会",太太不参加,孩子更是无从知晓。

给老师送礼的风俗在很多地方古已有之,不一定都是坏事,关键看动机。一者,老师不可以索礼,索礼是最为人所不齿的;二者,礼不要太重,意思意思就行;三者,不要有"交易",送礼就办事,不送就不办事,这就不行。我深感问题不出在顶层设计而出在大众文化层面,法不责众。依我的体会,"请人办事要送礼"差不多算是思维定式,实际情况未必如此。我相信大多数家长没有给老师送过"礼",也相信大多数家长没有设过"谢师宴"。老师喜欢好学生,这是人之常情,可以说是自然法则。而靠送礼是送不出好学生的,家长要切实承担自己应尽的责任,不要通过送礼的方式转嫁责任。所以,我建议家长要相信老师,不要为送礼不送礼的事而纠结。坚决不送礼,人人有责,从我做起,从现在做起。生活中突破道德底线的事虽不时发生,但到底是少数,不要无端放大。要相信道德和法律的力量。道德和法律的首要功能在于事发后的及时谴责和惩处,由此获得的威慑力量能够在一定程度上减少和遏制违反道德和法律的事发生,但违反道德和法律的事永远杜绝不了。正是基于此,我始终相信"师生关系天然就美好"。

今年春节后,我 20 年前教的一批学生相约 8 月结伴,千里迢迢来给我"做寿",我惶恐至极。我弄不清他们从哪里知道我的阳历生日,我所有的表格和身份证明上都是阴历六月的生日。我坚决拒绝,一是我从不做寿,二是要"做寿"也得到有"寿"的时候,三是我特别怕麻烦。我拒绝的态度虽然极为坚决,但我知道未必有效。前不久回去办事,事先没敢打招呼,不想打搅大家。临走的那天上午 10 点多钟,斟酌再三,还是决定给其中一位领头的学生打个电话,他是我以前所带班级的班长。我想和他们打个招呼,或者见一面,算领了他们的心意,并且当面郑重拒绝,千里迢迢做什么寿。他是医学院附院的骨科大夫,当年高分考入同济医科大学(现华中科技大学),临床医学研究生毕业。他在电话里说,等会儿有个手术,手术结束后就过来，中午要请我吃饭。我说吃饭就免了，中午我的中学同学请我们一家吃饭，这是不能不去的，午饭后如有空，到宾馆来见一面，我有事交代。他答应了。过了20分钟，他又来电话，说快到宾馆楼下，问住在哪间房。原来因为是个骨科一般手术，他就和病人商量将手术推迟到第二天。我很是责怪他，心里确实有些不高兴，只是脸上看不出来。他要请我们一家和我同学一家吃午饭，我自然不会同意。他一边跟着我一起赴我同学的宴请，一边交代另外几个学生在附近的茶楼订个包厢。午饭后，我们到茶楼喝了不到一个小时的茶，见到另外几个学生。好说歹说，总算打消了他们为我"做寿"的念头。他们要送我上火车，我拒绝无效。之前我就买好了火车票，硬座，有座号，车程就几个小时。他们又安排我通过特殊通道进站，最后坐进软卧，还请列车长在餐车安排了晚餐，我只得一一领受。生日那天，在我们家的一个平凡的日子里，我接到了学生给我的生日祝福，其中有一条："学生祝您老人家五十寿诞快乐，永远健康！"我于很不习惯之间倍感温暖。

2008年3月，我刚来筹建厦大附中半年，他们当中在上海工作的一位同学借在厦门参加学术会议的机会来看我。那时，学校还是工地；那天，还下着小雨。我们在雨中远处眺望了一下校园，然后在我的临时办公室里坐了一会儿。我要请他吃午饭，他以自己是会议的组织者不能离开太长时间为由谢绝。他还给我带来两瓶酒。临走时，千叮咛万嘱咐，要我注意身体。看得出来，他有点替我担心。他是医学博士，上海长征医院皮肤科的大夫。我受朋友之托，也曾几次找他帮忙。去年，一位同事皮肤出了问题，看医生，打吊瓶，愈来愈严重。我很"多事"地说，我有个学生，皮肤科大夫，医术很好，一定手到病除。然后，我又是帮同事电话联系，又是将我学生的电话和邮箱给他。第二天，他们就通过数码照片诊断、开药，药到病除。远隔千里，病就这么治好了。我很有些自豪。那两瓶酒早被朋友们喝了，开瓶之前我介绍说这是学生送给我的酒；我现在用的钱包也是学生送的。他的收入未必高于我，我现在也不可能差两瓶酒、少个钱包什么的，但格外珍惜学生送给我的东西。

当年，我也只是尽了一个老师的本职责任，未有特别付出。他们的家长没有给我送过礼,也没有举办过"谢师宴"。我相信我是以"真实""真诚"的人格"尊重"和"相信"了他们,我向来不会掩饰自己的真实想法和好恶的情感。我非常清楚自己在学生心目中的分量,也明白有些学生我仍然关注和帮助得很不够,他们有理由埋怨我。与我保持经常联系的学生只是一部分,也有一些学生自毕业后就未曾见过面,其中不乏我特别关心过的。我不认为那些我曾付出过更多心血、毕业后就杳无音信的学生是忘恩。没有联系或暂时无联系有多种原因,相逢也许就在不远的某一天。

在人生长河中,我们或许帮助过别人,甚至并非因为职业而无私帮助过别人。我们要相信,回报总以各种方式呈现。来得越迟,也许越珍贵。

(2013年8月7日)

播种幸福：我们为什么会这样思考问题

2021 年 7 月 24 日，《关于进一步减轻义务教育阶段学生作业负担和校外培训负担的意见》（以下简称《意见》）印发，俗称"双减"。25 日，我在火车上通过手机简要阅读了这份文件。傍晚刚回到家，立足未稳，接到某领导的电话，希望我就《意见》谈点看法，相关媒体报道要用。我随后赶到学校，拿到报纸，仔细阅读《意见》，写了近千字，26 日上午修改后发给领导。

"双减"工作对于促进未成年人身心健康意义重大，是社会工程、系统工程，要意识到艰巨性、复杂性，要以一种钉钉子的精神确保"双减"工作落地实施。教育主管部门要带头履职尽责，各级教育主管部门特别是市、县两级教育局是中小学生学业负担重的主要推手。"双减"落实落地也离不开基层学校、一线教师。学校、教师要端正人才观、教育观、质量观，持续提高育人能力和服务水平，尊重生命，尊重人的成长规律，尊重教育规律，遵循常识，保持定力，才可能将"双减"落到实处。每个社会组织、每个成人都有义务和责任将社会过度焦虑的链条斩断在自己手里，还孩子一个自由、幸福的成长环境。

接下来最显著的变化是大量的社会培训机构关门，以及中小学普遍实行延时服务制度。所谓"延时服务"，就是中午学生可以留在学校，傍晚也可以留在学校，晚上可以上自习。

秋季开学后，厦大附中周边的初中纷纷开始晚自习。此举非常滑稽，"减负"减出个晚自习。媒体采访小学生，小学生用播音员的腔调说："延时服务好，我们在学校将作业做完了，回去就不需要学习了。"事实上，即使学生上完晚自习，回家仍少不了有作业。学生在校时间越长负担越轻，既不合事实更不合逻辑。顶了半个学期，期中考试后，在周边兄弟学校全员晚自习的影响和压力下，我们学校初三也开始上晚自习。也就是说，"双减"实施三个月后，我们在初中毕业年级全面开始上晚自习。厦大附中初中非寄宿生在校上晚自习属建校以来首次。"双减"出一个晚自习来，这道理我现在也不明白。对于初一、初二，我们坚决顶住不开设晚自习，直到现在。进入 2024 年以来，关于取消非寄宿学校学生在校晚自习的呼声越来越强烈，我想迟早有一天部分地区学校统一上晚自习的制度会被取消，因为这个做法本身就是违背"双减"精神的。"双减"实施以来，学生学习负担有减轻吗？这是个常识问题，用不着调查，凭良心即可作答。

  我们为什么顶住不做？我们为什么这样思考问题？道理非常简单！和以往一样，每当我们面临困难坐下来研究对策时，总是不由自主地将自己放到学生和家长的位置上。我们的指导思想就两个字：良知！我们的行动指南也是两个字：服务！道理我曾写了百万字，这里无须赘述，还是举几个例子来解答。

  厦大附中 2007 年筹建，2008 年初中招生，2009 年高中招生。2008 年 9 月之前，开发区 1 路公交车终点站是厦门大学漳州校区南门站。建校施工之初，学校没有配车时，我经常从南门站步行到工地，往返一次便满面灰尘。在南滨大道附中段还未正式竣工时，我就协调公交公司开行附中专车，费用由学校出，学生免费乘车。南滨大道附中段开通后，1 路车终点站随即延至附中站。公交公司的服务非常人性化，长期根据需求为附中学生开行专车。为了避免学生过马路乘车，我请公交公司将附中一侧的终点站同时作为附中学生回家乘车的起点站，公交车在附中一侧等学生上车后再到对面一侧搭载其他乘客。后来终点站向前移至白沙、港尾后，高峰段专车一直开行，学生在附中一侧上车，其他时段，值班教师组织学生过马路乘车。这种做法一直延续到现在。我们认为，生命至上，安全第一，与责任边界划分没有关系。我们可以不这样做吗？完全可以。

2009年高中招生，学生一入校就面临一个棘手问题。因为高中面向全市招了一部分学生，家远的在200公里外的诏安乡下，周末怎么回去？不是每个学生的家里都有车，即便有车，每周耗费两个半天多的时间也够折腾的。于是我们决定实行月假制度，一个月左右放一次假，每次放假时间稍微长点，譬如多个半天。有几个法定节假日，可以合并放假。譬如清明节，差不多就是开学后一个多月；五一正好是期中考试后；高考（有时正逢端午节），除高三外其他学生放假，学校集中精力做好高考组织工作和高三学生离校工作。下半年国庆、元旦两次；11月初或期中考试前放一次；11月末12月初，运动会结束后放一次。上半年3次，下半年4次，大体如此。端午节、中秋节很少专门放假，除非碰巧。可以说，附中高中部的校历是与众不同的，建校以来一直如此。我们可以不这样思考问题吗？完全可以。

另一个问题，月假了学生怎么回去？还是那个问题，并非所有学生家里有车。难道附中只招家里有车的学生？而漳州港至今并无通往各县的长途客运，更何况十多年前。回家只能到漳州、厦门换乘，费时甚多。我们只好决定定期帮学生包车。但开发区安达公司的车子在各县没有"法定"停车点，显然没办法用他们的车。而且那个时候他们的车子也不够，他们要重点保障厦门大学和嘉庚学院师生的日常用车，而我们用车的时候往往也是厦大用车高峰期。最后只好通过熟人联系漳州长运集团，我自己登门求援。长期以来，长运集团一直是我们学生月假往返的唯一承运单位。碰到运力紧张的法定节日，我们甚至要错峰放假。我们也提倡和鼓励学生乘坐统一包车，一是更为安全，二是减轻家长负担，三是避免攀比，四是更便于有序组织。所以，用车多的时候会超过30辆大巴。开始在南门外候车，南门外道路实行交通管控后改为西门外候车。但总觉得市政道路上车辆穿梭，不安全，可校内道路狭窄，大巴无法错车，很难调度，一时进退两难。每次月假前组织学生离校都是如临大敌，但全体同事用心用力，总算一直平安无事。建设游泳馆的时候，在我的强烈要求下，馆址东移了一点，游泳馆和田径场中间的道路得以拓宽，足以错车，方便调度。2017年11月，游泳馆建成后，所有包车进校候客，算是消除了我心头一大忧虑。我们可以不想这么多吗？当然可以。

月假学生回不去怎么办？开始我们没有关注到这个问题，因为不会有人觉得这是个问题。如果不调查研究，"何不食肉糜"的愚蠢问题每个人都会问出来。集体生活整齐划一是最简便的管理思路，月假清校就是这个思路。"清校"，安全简便，降低成本，教职工也可以稍稍休息一下。但是，深入地了解便发现，学生当中居然存在有家"不能回"的情况。不是交通问题，而是父母在外打工，家也是铁将军把门。更有家在省外的，月假回家还要坐飞机。真实的情况有一次被我偶然发现了，有少数学生放月假就住到校外小旅馆去了。这件事让我很震惊，这种疏忽更让我震惊。从那以后，全年七八次月假我们基本不清校，如果偶尔实际清校一次，那一定是因为学生都自愿回去了。我为什么是"687工作制"（早晨6点多到校，晚上8点以后离校，一周7天）？并非家里椅子有刺坐不下去。我们可以不管这些"闲事"吗？无疑是可以的。

在处理寒暑假开学、放假、新生到校、毕业生离校期间家长的车辆进校的问题上，也能看到我们解决类似问题的一贯思路。我们允许家长的车子进校。采取的方式是：就近停靠，即下即走，车停校外，再取行李。所以要进校，是因为学生带的东西多，不好拿，车子直接开到宿舍楼下要方便很多。事实上，相当一部分家长还要帮助学生收拾东西，有些家长要在学校吃过饭才回去，车辆长时间停在校园内不现实。所以，我们允许家长的车子进来，到达离生活区最近的地方，先将行李放下来，然后将车子开到校外，再返回搬行李……放假或毕业离校时程序反向，学生或家长先到校收拾好东西搬到楼下，然后开车进校，装好行李离校。学校同时组织大量的志愿者帮助服务，多年来大都秩序井然。周日中午到傍晚，大量家长到校探访，我们尽量将地下车库、地上停车场空出来，让家长的车子开进学校。每次都是几百辆车，多的时候校道上都是车。学校要组织大量人力来维持秩序。因此，我们的词典里没有"法定休息日"。我们可以不这样做吗？当然可以。

我曾写过一个校园故事《为了让百分百的学生都"绅士"》，其中举了下面这个例子：食堂1号餐厅前部有个侧门，早期因校园东部一直施工，基本没有人从这边走。后来因敏行楼、洁行楼和艺术馆先后兴建，东大门封闭了好几年，有些同学甚至不知道学校还有个东门。几栋楼建成后，东门重新开放，大量学生和家长自然而然地选择从食堂前面的侧门进入食堂。这个门本是供食堂员工工作用的，不大，门外的通道很窄，而且水泥雨棚很低，容易碰到头。但趋近避远是人之本性，一到就餐时间，人流势不可当。平时学生走，周末家长也走，不仅存在安全隐患，而且踩坏了草坪。讲道理是没有用的。在这个关口，百分之九十的人都做不了君子。为了让百分百的人都"绅士"，我们在这个"旁门"前面修建了台阶，使其"合法化"。隐患排除了，小草绿起来了，大家也都"绅士"起来了。面对此类问题，一般解决的思路是，树警示标牌，挂大幅标语，安排人执勤，大小会宣讲，顺便哀叹"一室不扫，何以扫天下"……最终还是解决不了问题。我们的思路很简单：满足学生需要。有人要求我们这样做吗？没有，我们自愿的。

初中走读学生中午不回家，我们允许在校就餐，老师中午督修，我称之为"午间加油站"。2009年，学校开办第二年食堂投入使用后至今，中午初中走读学生很少有回家的，都留在学校用餐、自习、休息，都有老师陪伴。高中生周末留校，周六白天上课，其他时间开展各类活动。社团活动堪比大学，我称之为"周末乐园"。所以有毕业生到大学后写道："从一所类似大学的中学来了一所类似中学的大学。"我们的延时服务不是今天才开始，而是开始于2008年秋天；我们的延时服务不是"5+2"，而是"（5+N）+（2+N）"；我们的延时服务不是收费的，而是无偿的。我们的"双减"自建校初就开始了。有谁逼迫我们这样做吗？没有。

每当台风来临上级要求学生离校避险时，我们也是一边遵命一边"抗命"：初中走读生奉命放回家，高中生寄宿统统留校。因为我觉得学校房子肯定比农村学生家里的土房子结实，若学校房子吹倒了，那他家里的房子可能连地基都没了。对付台风，我们总结的经验，一字以蔽之：躲！台风来了坚决不出门，树倒了，瓦掉了，窗户吹跑了，一概随它去。只要房不塌，"稳坐钓鱼台"。我当然知道，如果出事，事出在哪里，我这个校长的责任肯定是不一样的，但我觉得人命关天，谈责任划分是不道德的，更何况往返不便，路途上安全隐患也很多。还有一个，台风也会逗你玩儿，你以为风雨大作，最终却阳光灿烂。往往越当回事越如此。我们为什么这样思考问题？

周末家长到校探访学生，我们允许车辆进校；家长于校门外等候时如厕不便，我们协调市政部门在校门口建设家长专属厕所；学生购书不便，我们将新华书店引进校内；疫情防控期间学生不便外出理发，我们将理发师请进校内；食堂承诺为有特殊要求的学生开展个性化服务；宿管老师为生病学生代熬中药；保洁员背受伤学生到教室；教师陪学生到医院就诊、帮学生购物……

我们为什么会这样思考问题？答案全在文中。我们追求幸福，但生活中并没有一种可以感受到的具体目标叫"幸福"。我们往往无法直奔幸福而去，追求的不过是一个"常理"。当我们的追求、我们的所为被人们认可时，我们获得了幸福。从这个角度来说，幸福其实也是需要播种的，幸福也是有种子的。幸福的"种子"是什么呢？和世间万物一样，幸福的"种子"也是多姿多彩、千奇百怪的。读到这里，我们也许就明白了幸福的"种子"是什么样的。幸福的"种子"是何时播种的？不只是在秋天的开学季，而是在厦大附中的每一天，是在我们每位老师从教的每一天，甚至是在我们每位老师人生的每一天。这粒"种子"播在校园里，更播在每位附中人——教师、学生、家长的心中。

写到这里，我想起2022年5月12日的一件事。那天，一位朋友转发给我诗人庄国宜的一首诗。庄国宜是谁，我到今天也不知道。这首诗虽然我本人在此之前从未向别人提及，但一直深埋在我的心中。不问收获但问耕耘，幸福的种子一定会开花结果的。

一个校长的教育追寻
——为厦大附中老师们和姚校长而作

庄国宜

记住一朵花的名字
记住一枚叶子的名字
记得一个叫雨畅,一个叫雨轩的名字
记得全校四十多个带"雨"的学生的名字

一个校长的用心用情
总是从花草树木开始
从孩子的名字开始
从一缕缕书香的培植开始
从生命的本质与善良的植入开始

校长的教育情愫
奉献的不只是教育热情
更重要的是引导孩子对世界的认识
掌握扎实的知识
塑造一个人完完整整的心智

晨读的声音
花香的气质
阳光的味道
还有生命盈满深情与高尚的本质

生命的成长

需要关心与呵护

需要一次次

润物细无声的耳语和帮助

无声的注目

会转变为成长的催化素

三千四百名学生

一个校长

怎样去记住他们的名字

青春的笑影

努力的脚步

都是老师与校长心灵幸福的音符

一个孩子的人生幸福

从父母的教育引导起步

从老师的心灵引航开始

更需要一个优秀校长奠定的学校培养方向

盈满深爱的教育睿智

十多年的时间

厦大附中从零起步

一步一步耕耘

耸立为海滨港城美丽的学府

一批一批学子走上了人生求索的成熟

教育的成功

在于心灵的滋养
在于生命内核的感悟
在于明白责任、目标、方向以及战胜内心的怯懦

教育需要常识
生命的成长关怀
爱与被爱会互相转化为校园文化的因子

盈满书香的校长
会用生命的热忱铺路
成就一个个远方
像阳光普照着孩子们的征途

没有什么诗语
能写出教育情怀的浩瀚与厚重
借用普照寺的禅音
抒写厦大附中景致的美妙

一种境界叫"理想国"
一种人生叫教育人生
一种教育叫成全生命

一个校长
用十多年的时光
在漳州的招银港区
用心灵的温度和教育理想
彩绘着自己斑斓的教育梦幻
见证了学校的发展
和师生生命成长一个个喜悦与美好

我不知道庄国宜先生因何而写这首诗，我猜想这首诗后面的附言《一个厦大附中学生家长微空留言》一定是触动诗人灵感的线索之一。这个附言全文如下：

附中点滴：女儿在教室走廊晨读经常可以遇见校长，这是厦大附中姚校长的常态。自从知道女儿的名字叫雨畅后，他记住了女儿的名字，每次碰到都会和女儿交流。那天女儿和同学在走廊晨读，姚校长和她们聊起来，说"一个叫雨畅，一个叫雨轩，难怪今天下雨了"。又一次见面，他说"我特地回去查了一下，附中学生名字带'雨'的一共40多个，看来闽南人喜欢雨啊……""要多吃点饭呀……""字写得挺好看的……"。如此有温度的校长，作为家长，我倍感欣慰！女儿说："开班会时，班长聊起校长的时候，说有文化有内涵的人就是不一样，比如下雨天姚校长虽然身着西装、衬衫，脚套着雨鞋，一点都没有违和感，依旧风度翩翩，都说腹有诗书气自华，校长就是这样的人吧。"

此事实有，我至今记忆犹新。

尽可能记住学生的名字，在我是自然而然的事，我为此也要下一点小功夫，但我不认为这是一个值得推广的校长工作法。校长的做法不止一百种，选择合适的最好。

我不需要刻意播种幸福的种子，而当我将学生放在学校的中央、放在教育的中央时，我的工作往往就是播种幸福。不管年成如何，收获幸福就在不久的将来甚至直达永远，而更多的时候也在当下。播种即收获！

（2024年3月1日）

努力不做明天后悔的事

做自己喜欢的事是我们每个人的梦想。爱一行干一行是无比幸运的事。但实际上，有许多我们不喜欢甚至反感的事也不得不做。即使从事的是自己喜欢的职业也免不了经常遇到许多自己不喜欢、不应该而不得不做的事。在学校，绝大多数教师热爱教育事业，但当下，多数教师很无助、无奈，将很多精力投入无聊的事务当中去了。如果教育不是以人的成长和幸福为旨归，而是沦为以淘汰和选拔为主要目的的社会治理手段，教育无论怎么改革，底层逻辑都不可能改变，教育就不可能是美好的。在做不了自己喜欢的事、应该做的事的时候尽量不去做自己讨厌的、不应该做的事，努力不做到了明天令自己后悔的事，是需要相当的人生智慧、职业操守和定力的，但绝非无所作为。如果我们自带"阻力"，也许能够顶住；如果我们自带"摩擦力"，也许能够拖住。这样，即使我们无法保证做正确的事，但至少可以不做或少做错误的事。

我担任副校长、校长超过27年，其中任校长21年，比普通老师遇到的荒唐事要多很多，"顶"和"拖"是我的基本谋略、重要方法和必要手段。这所谓的"荒唐事"可能来自上级组织、上级领导，也有来自亲友、家长、学生等。我始终坚守底线和基本操守，捍卫真理，遵循常识，不唯上，不唯书，不徇私情……似乎是"孤家寡人"，但几十年过来，人际关系还算和谐，口碑不差，受到了应有的尊重。很多事要放长远看，熬过这阵子也许就云淡风轻、一马平川了，最终还是能够被他人理解的。中国是人情社会，校长面对来自私人的无论是领导还是亲朋好友或是陌生人的请托是少不了的，在原则范围内能帮则帮，帮不了的也不必为难自己，要学会拒绝，要善于果断拒绝，不要暧昧拖沓。一时优柔寡断，虽费尽心力，终归两头不讨好。我向来乐于帮助他人，但也拒绝过无数的请托，天长日久后大多得到谅解、理解、和解，并未众叛亲离。

在公事上，我向来不盲从，不唯上，敢说"不"，敢论理。而正因为处处讲理，所以在为人处世上也少被人诟病。我为公不为私，能吃苦，肯吃亏，不争名利，无欲则刚。我心里清楚，一事当前，无论合理与否，上级部门都希望顺利推进，结果在我这里碰了钉子，领导或执事者少不了有微词。但我不愿意低头屈服。我认为，对上级布置的工作，凡事一路绿灯，令行禁止，不经思考，不打折扣，未必是好的治理方式。表面上看执行力强，办事效率高，但有时会在错误的方向上跑得更远，最终给领导带来麻烦。校长身上要有点"刺"，要有"阻力""摩擦力"这两种力，才能少犯错误，少走冤枉路。从另一个角度说，"不好说话"让我少了不少事。日久天长，一些不太能经得起推敲、有可能被我说"不"的事，上级部门就不找我们了。时过境迁，我和上级领导及工作人员的关系总体很好，并未因曾经的"过节"而彼此记恨终身。所以，我觉得校长有必要的"摩擦力"和"阻力"有利于事业发展和职业幸福。

于校长而言，形成必要的"摩擦力"和"阻力"根本在于校长自身要有"原动力"和"定力"。要认准方向，要专注，不为外界风向所动；胸怀教育理想，锚定发展目标，全心全意，全力以赴。作为厦大附中的创校校长，我职业生涯的后16年就做一件事，将厦大附中建成"好学校"，即一所学生真正喜欢的学校。悠悠万事，唯此为大。所谓"原动力"，就是事业、理想纯粹的吸引力，不附加任何条件；所谓"定力"，就是不为名利诱惑，坚定地朝着自己的目标前行。

2007年上任伊始，时任公用事业管理局局长的黄清亮同志希望我兼任该局副局长，分管教育。在漳州开发区，公用事业管理局统管各项公用事业，一个机构多块牌子，教育只是其中之一。政府职能之外，它还有另一块牌子——公用事业公司，还是企业，负责市政管理等事务。让我担任厦大附中校长兼任公用事业管理局的副局长就是让我主管公用事业管理局众多工作中的教育工作。这一方面是对我的尊重和重视，另一方面也增加了我的负担，分散了我的精力，我没有同意。而更深层次的原因是，我是来创建厦大附中的，应聘的是厦大附中校长，不是来做教育局长的。我作为厦大附中校长，领导也许会让我三分以尊重知识分子，而作为副局长就只有听命的份儿，我不愿意。2015年，原教育卫生局长调离，有领导示意我参与新局长竞聘，同样被我婉拒。我常开玩笑地说，天下兴亡我是负不了责的，我只对厦大附中负责。

　　应聘厦大附中校长，我的住房问题是写到文件里的，在房子未到位前报销房租。2009年前后，管委会和开发区有限公司员工住宅竣工，陆续分配，我不符合分房条件，主要是入职时间晚了一两年，但作为引进人才，我可以从备用房源中分得一套。不知因何原因，管委会没有按约定主动分给我，但有领导向我透露，会上有研究，他建议我去找一下，应该没有问题。我没有找领导，我当时的考虑是，附中已招聘了两批教师，大家都没有福利房，只解决我一个人的问题不合适，还是要想办法解决大家的问题。我当时的想法是在附中西门外划拨一块地建教师住房，前后也形成了几个方案，最终未能如愿。由于我经常反映，最终管委会在2013年实施教师住房补贴制度，最高可获得24万元的住房补贴。这在房价只有5000元左右的当时，还是有点力度的。这项政策是面向全区教育系统的，不仅是针对附中教师的。多年下来，全区教师获得的住房补贴总值已经是一个很大的数字。就我个人而言，因为2009年暑期自购了一套房，加上后来的住房补贴，未分到员工住宅事实上也没吃多少亏。正所谓老实人不会吃亏。从应聘之初到退休，我从未主动提及待遇，从没有为自己的薪酬待遇找过领导，更没有主动参评过任何荣誉。无欲则刚！而领导也从未亏待我。

　　2007年筹建厦大附中后，我决定不再参加任何评比和晋升。2016年正高级开评，陆续有熟人、同事晋升，我也有过一丝犹豫，但权衡再三还是坚持2007年的想法。目前的厦大附中更需要一位潜心于学校管理的校长，暂时并不紧缺一位站讲台的正高级语文教师。我的精力有限，做一个称职的校长已有些左支右绌，哪里还能站讲台误人子弟！想清楚自己的责任和使命，要进取也要学会放弃，得失要辩证地看。在厦大附中担任创校校长、党委书记16年，我被领导和同行誉为"福建教育的'拓荒牛'"，但官方的"帽子"我一顶没有，既非"名师"也非"名校长"。专注是幸福快乐之源，我心坦然。名和利似乎也重要，但到底还是命更重要。

诚然，大家在我的教育故事里看到的更多的是美好，我也确是有意识地传递这种美好。事实上，漳州开发区不可能是世外桃源，大家碰到的问题我都碰到过。我是到漳州开发区之后才知道KPI（关键绩效指标）这个词的。漳州开发区是由招商局集团主导开发的，而招商局是央企，企业考核KPI是自然而然的事，相关领导大多持企业思维，动辄考核，拿绩效说话。在我刚到开发区的2007年下半年，因为招聘我得罪了某些部门负责人，我的年终绩效被核定为最低等级，理由是到任才三个月，看不出有什么成效。而换一角度说，刚到任，开山辟地，日晒风吹，应该奖励才是。所以说，在这种体制下，考核往往就是真金白银，但我从未为之左右。厦大附中的KPI既有达标校、示范校创建的目标性项目、指标，更多的是赤裸裸的升学率，譬如一本达线率、二本达线率、名校达线率、中考本校初中学生升学率等。我敢说，除我之外的厦大附中所有老师，包括分管领导在内的校级领导，没人知道我们还有个KPI。为什么？因为我从未宣传过，更没有将KPI向下分解。我觉得没有必要。大家都很拼，没有必要每时每刻脑子里还装着KPI，对提高质量未必有帮助。这个压力我来承担就好，压力的链条在我这里被斩断了，责任由我来负。当然，必须说明的是，主管部门在确定KPI的时候，基本能做到实事求是、留有余地，因此，这么多年，厦大附中的KPI一直完成得较好。

努力不做明天后悔的事需要教育智慧和治理能力。在无法主动作为的时候，校长形成必要的"摩擦力"和"阻力"，有可能少犯错误。这既需要有"原动力""定力"，也要有担当，要有一种豁出去的气概！诸如在所有建筑凌空面安装防护网、全员参与"学习强国"打卡学习、暑期全员家访、成立厦大附中教育集团、实施严格的考勤制度、毕业班"师生同考"等要求我们完成的工作中，我都进行了有理有据、有礼有节的抵制或拖延，后来证明是明智的。

如果我们今天给未来埋下了后悔的种子，使未来的每一天都生活在后悔中，哪里还有幸福可言呢？今日无悔，明日无悔，岂不就是幸福！

（2024年1月10日）

教师素养是最稳定的校园文化因子之一

《国家中长期教育改革和发展规划纲要（2010—2020年）》指出："推动普通高中多样化发展。促进办学体制多样化，扩大优质资源。推进培养模式多样化，满足不同潜质学生的发展需要。探索发现和培养创新人才的途径。鼓励普通高中办出特色。"省里也提出，"普通高中要抓特色、促多样，组织实施高中学校特色创建工程"。我经常反思，我们的特色是什么？我很难理直气壮地回答。特色者，人无我有也，求其次，也应是人有我优也。如果与某个学校或某几个学校比，我们自然可以找到几个特色。如果置身基础教育的汪洋大海中，我们还有什么是"人无我有"的？我感到很茫然。各级各类管理部门制定了许多评估细则，对办学的方方面面都作了规定。学校除完成"规定动作"外，"自选动作"基本无用武之地。一个"校园文化建设评估细则"就可以整出56项C级指标，你还能弄出什么真正的特色来？你想到的、做到的它都列在那里，你没想到、没做到的它也列在那里。纵然你神通广大，你还能逃出如来的手掌？所以，要建设一所有特色的学校是一件非常难的事。

一个规模宏大的超级饭店与一家坐落在老街里的小吃店，其经营模式是完全不一样的。小吃店可以只卖面条，想吃米饭就得另择他处。大饭店什么都得做，如果只卖面条，即使是天下最好吃的面条，饭店也是无论如何开不大的。显然，小吃店的特色建设应立足"专"，大饭店的特色建设立足"全"。普通高中尤其是生源比较好的规模化普通高中，好比是大饭店，如果只坚持某个特色，培养某一类人才，显然是办不下去的。所谓"特色办学"，就是结合学校发展实际，选择一些切实可行的人才培养路径，坚持不懈地做下去，最终形成一个值得信赖的传统。从这个角度来看，"特色"并不神秘。特色，不一定是唯一，你做，别人也可以做；特色，是顺势而为，不一定要刻意为之；特色，也要因时而异，不一定要一条道走到黑。

　　这样说来，厦大附中也有很多特色。

　　从大的方面说，厦大附中特色立校在三个方面取得明显成果：一是以生为本的全人教育，使学校素质教育全面推进；二是以"六年一贯制"创新后备人才培养为平台的"英才教育"得到初步认可；三是教育国际化已经起步。只是办学历史太短，说什么都是纸上谈兵，是愿景，是努力方向，最多可说是初显端倪。从小的方面说，因为学校的区位特点、软硬件水平、师资队伍、生源质量、学校发展历史诸因素的不同寻常，我们学校确实呈现一些与众不同之处。因为我们是一所"985"大学的附属中学，依托一个具有广泛国际背景的招商局集团主导开发的开发区，办学理念先进，校园环境优美，办学条件好，师资队伍整体素质高、青春活泼、文化多元、期待建功立业，学生素质较高，领导支持，社会关注等，做了一些力所能及的事。这些事当中的某些事，在某种程度上，可以说是有一点小特色。譬如，校园写作成果显著，每年举办近30次周末讲座，组织播放周末电影，每个班级有一块室外宣传栏，建设无垃圾校园，有较多的学生社团和社团活动，设置学生成长导师，教师生活在学生中，大中学生同做实验，举行新年广场钢琴演奏会和新年环校园长跑，构建了平等和谐的师生关系等。

　　校风好，学风好，大约不能算是什么特色；排队买饭和到操场上操的间隙还在读书，不是一两个人，而是一群一群的，天天如此，算不算特色呢？一所生源质量本来就高的学校，升学率高本不应该算什么特色，但如果大家提到这个学校，第一个想到的就是它非同一般的升学率，算不算特色呢？我觉得特色立校要尊重实际，尊重学生的实际、教师的实际和学校的实际，尊重教育规律和人才培养的规律。一切特色都应当是在促进学生全面健康成长的前提下，遵循规律、尊重实际的自然结果，不能为特色而特色。学校特色和特色学校不是一个概念，特色学校仍然有一个"特色"建设的问题。某种职业学校、艺术学校、体育学校，类别繁多的专门学校以及专业性很强的高校，大约都可称为特色学校，但不一定是有办学特色的。概括地说，特色应该是具有鲜明特征的校园文化。最近，我总感觉到我们学校有一种特殊的精神在涌动，我试图将其概括为"向上，常新，脚踏实地，充满理想"，但还觉得不是满意的概括。这或许也算是一种文化，但不知道是否可称为特色。现在提出建设美丽中国，美丽中国中的学校自然也应当是美丽的。我们这里的美丽风景，是否也是一种特色呢？

校园文化建设的核心是人，而教师是在文化建设中起决定作用的人。教学虽可相长，但就影响力大小而言，教师的作用更显著。因此，我认为校园文化中最重要的和最稳定的因子是师资，是教师素养。教师是校园文化的直接参与者和引领者，学生参与校园文化创造离不开教师的启迪和引领。就特色立校而言，教师素养的独特性决定着学校的独特性，只有与众不同的教师才能办出与众不同的学校。今天的厦大附中已经初步具备了这样的师资基础。如果大家都能静练内功，同心同德，克己奉献，在不久的将来，我们的校园文化因子就会更加稳定。

同心同德并非指在所有问题上只允许一个声音。一支队伍如果没有不同声音，离分崩离析的日子就不远了。我认为，在一个群体里，一定要有一只或几只奇怪的眼看世界，要有几个说怪话的人。但说怪话、骂人是要有水平的，要说出水平、骂出水平并非易事。只有秉持一颗公心，他的怪话和骂人才具有一定的参考价值。有一种人，他本来准备向东走，如果你说"我也向东，正好我们一道"，他就会说"我向西"。这种人就没办法合作。他不以道理求合作，而是以不合作为基本原则地故作独立。更有甚者，只顾一己私利，只看眼前利益，外部环境稍不如意，立场马上动摇。这样的人一多，"独特的土壤和空气"就很难得到。

道理是简单明了的，但为什么往往达不到理想状态呢？是因为大家不一定都遵守"道理"，或者说各人有各人的道理。这个世界的"大道"在公元前就差不多全被人类发现了，今天我们所能用到的"至理"很多存在于中国古代的诸子百家和古希腊哲学家苏格拉底、柏拉图、亚里士多德的著作中，但世界为什么至今还不太平,因为理想远不是现实。要建设一支同仇敌忾且具有持久战斗力的队伍是非常困难的。人性使然。君子与小人同在乃是世界的常态。如果我们并不想有什么特别的建树,那就率性而为好了。

(2013年3月14日)

有话好好说：练好"嘴上功夫"
——目中有人、心中有度、口中有情

有话好好说，道理浅显，但做到不易。生活中很多纠纷因"嘴"而起。虽说身教重于言教，但对未成年人来说，最常用、最有效的教育手段还是"言教"。故教师的嘴上功夫非常重要！有相当比例的老师"不会"说话，父母没教，老师没教，大学里也没这门课。一辈子靠"嘴"吃饭，一辈子不会说话。这是一个比较严重的问题。

《庄子·秋水》说："夏虫不可以语于冰者，笃于时也。"对一只生于夏天、死于夏天的虫子谈论冬天的风景，它是很难理解的，一般也不会相信。《庄子·逍遥游》说："朝菌不知晦朔，蟪蛄不知春秋。"道理一也。要与朝菌论晦朔、与蟪蛄辩春秋，是费力不讨好的事。与学生对话，必须考虑他们的身份，尊重他们的特点，在彼此间建立有效沟通渠道。人与人之间的交流也应建立在相互尊重、相互理解的基础上。关于怎么说话，前人积累了很多经验，对我们说话、修身很有帮助。师生间的交流是学校教育的重要形式，而师生间的对话是交流的主要方式，故说话艺术之于教师非常重要。

常言道，有话好好说。"好"，不仅是指言为心声、词语达意、敢讲真话等，更重要的因素表现为对他人的尊重和理解。只要我们能时刻考虑听者的感受，一般总是有办法将话说好的，总是能够说"服"对方或者被对方说"服"，最终达到目的的。而且，也只有关注听者的感受才可能是有效率地说话。自说自话，不如不说。好好说话跟知识和能力没有太大关系，与我们对这个世界的理解和态度有关系，与一个人的修养关系更密切。

教师如何与学生讲话？我以为应做到目中有人、心中有度、口中有情。

一、目中有人

人总有局限性，能够多角度地思考问题需要智慧。只有相互尊重、宽容、理解才能有共同语言。每个人都固执己见，不肯从对方的角度看问题，彼此的分歧就无法弥合。眼中有人，这个"人"应当是具体的某个人。每个人都有独特的天性，有自己的家庭背景、成长环境、受教育程度，有不同的个性特征。有效沟通需要了解对方。同样一句话可以对张三讲却不能直接对李四讲。有人，严厉批评令对方心悦诚服；有人，热情表扬反倒让学生火冒三丈。类似的例子很多。一个重要原因就是说者眼中无"人"。人是千差万别的，不了解那个具体的"人"，沟通常常是无效的。

据说，孔子的一个学生在门外扫地，遇到一个客人问他"一年到底有几季"的问题。学生回答："春夏秋冬四季。"客人说："一年只有三季。"两个人争执不下，决定打赌：输者向对方磕头。正巧这时孔子从屋里走出来，学生上前问孔子，孔子看了一眼客人，说："一年有三季。"学生没办法，只好乖乖地磕头。客人走了以后，孔子说："你没有看到刚才那个人全身都是绿的吗？他是蚂蚱。蚂蚱春天生，秋天就死了，他从来没见过冬天，你讲三季他会满意，你讲四季吵到晚上都讲不通。你吃点亏，磕三个头，无所谓。"这个故事里的孔子告诉我们，讲话要随机应变，要认识对方，要理解、尊重对方。孔子"迎合"他，是让他"满意"。就某种程度而言，孔子是赞成见人说人话、见鬼说鬼话的。你对人说鬼话，彼此怎么沟通呢？

为什么会出现一言不合就怒目圆睁的情况？因为目中无"人"。同样一句话，不同的人会有不同的语义选择，歧见再大也不足为怪。懂得每一个学生并不是一件容易的事。会说话的老师是看得清每一位学生的老师，说得出对方能听得懂、能接受的话。儿童是天真的，所以幼儿教师要保留一份童真，只有这样才能理解儿童，才能在心灵上靠近儿童，才能听懂儿童说的话，才能说儿童能听懂的话。

二、心中有度

"度"即原则,乃是非观、价值观,进而为人生观、世界观。斯宾塞认为教育的本质是"为完满生活作准备"。康德认为"教育使人成为人"。大而言之,教育就是培养人。我们需要什么样的人,希望成为什么样的人,我们的教育就培养什么样的人。一个人的基本是非观非常重要。从这个角度看,又不能见人说人话、见鬼说鬼话。

有一类老师会"哄"学生,师生间民主平等,看上去很有人缘。但对学生缺乏正面引导,过于放纵学生,不自律,乱许愿。对于学生特别是学习成绩优秀的学生的错误言行,不能够及时地、旗帜鲜明地提出批评并予以纠正。特别是在涉及本班利益和荣誉时,对采取不正当竞争手段甚至作假的行为视而不见、听之任之。久而久之就没了起码的是非观,歪风邪气就占了上风。一旦班风不正,最终必乱无疑。

我们提倡为学生提供一流的"教育服务",但这并不意味着要无原则地迎合各类人的全部需求。教育服务要讲究原则,这个原则的核心是教育规律和学生身心健康发展规律。无原则迎合表面上看是服务品质之极致,实际上以牺牲学生的长远利益和大多数人的根本利益为代价,是一种短期行为。有原则的服务是在尊重规律的前提下,优化现有资源配置,实现长远利益和大多数人利益的最大化,从而从根本上保障人的可持续发展。

有些老师太自我,对学生过于严苛。定下的规矩,即使自己做不到,要求别人却说一不二。我同事的孩子刚转到一所新学校,上学的第二天,数学作业本就被老师当着全班同学的面撕掉了,理由是格式不合要求。据我了解,教育部没有规定某门学科作业的书写格式,即便有,虽不符合,何至于要"撕"掉?即便要撕掉,何至于要当着全体同学的面撕掉?一所学校有一所学校的规矩,但规矩立起来是要有过程的。古话说"不知者不为罪",何况孩子?严而无"度",老师说什么,学生表面上点头,心里却是不服气的。

宽严皆须有"度"。话不服人多因不在理,要以理服人,要谨守原则。

三、口中有情

如果说眼中有人、心中有度是言外功夫,那么,口中有情可视作言内功夫,在某种程度上就是指说话技巧。真话也要好说,也要讲究方法和技巧,要力求中听,即使真理在握也不能盛气凌人。老子说,"美言可以市尊",意思是美好的言语能获得别人的尊重。纵然是真理的化身,也要力求春风化雨、润物无声,让听者有如沐春风的感觉。

有一年春游季节,学校严令禁止带学生出市区春游,而市区几处公园学生不知去过多少次了。怎么办呢?我用了个欲扬先抑的办法,在班会上先说学校今年不准组织旅游了,待学生失望之际再提出到公园去游玩。我说,春游不在乎到哪里,关键看和谁一起游。同学们立即忘记了不快。只要能集体外出活动一次就心满意足了。当然,最简单的说法就是:学校不允许出市区,我们就在附近公园玩玩。上面规定的,爱去不去。两种说法,从内容到结果基本是相同的,但给人带来的感受是不一样的。

教育需要爱,没有爱就没有教育,而"爱"是什么?我以为首要的是"忍耐",是恒久的忍耐和超乎寻常的耐心。好老师不见得都有耐心,但最优秀的教师几乎都是极具耐心的。将话说好,说好真话,有时也要耐心寻找时机和方法。

有一次刚上课,一位老教师揪着一位学生的衣领到我面前告状,说该生上课捣乱。老师很是气愤,不停地说:"他如果在教室,我就不上课了。"我将老师劝回教室后,和学生仔细谈了谈。原来是老师上课发讲义,数好后让学生从前往后传。发毕,老师问了一句:看看有没有少?这位同学说:我少了。老师问:第几页?学生说:第2页。老师拿着第2页送给学生。学生说:不是这页。于是老师生气了,说:你这不是玩我吗?其实学生压根儿没看清页码,他说的第2页指的是第2次发的。师生间误会了。这本来是件小事,即使学生真的是闹着玩儿,最简便的处理方式就是给他换一张得了,何至于"吵"起来呢?

为什么有些老师的火气那么大?我想无非三点:一是不爱教育;二是

不爱孩子；三是黔驴技穷，没什么招数。这种教育的效果一般不会太好，即便暂时还可以，但终归是不好的。这种气量和人格传染给学生，对学生终身有害。这种权威带给学生的惊悸会在很长的时间里伤害学生的心灵。没脾气会被人欺，但动不动发脾气会被人烦，会失去朋友，更会失去快乐、远离幸福。教师的工作是辛苦而繁杂的，淘气的孩子是不太容易教育的。我们能不能既慈祥有又风度地把这类问题处理掉？谁叫您当老师呢！

（2015年12月6日）

修炼好"人缘"

"人缘儿"是《现代汉语词典(第5版)》中唯一关于"人缘"的词条。我觉得"人缘儿"很重要,所以要写几句话提醒我能接触到的朋友,但"人缘儿"太复杂,我很难说清楚,所以,只能"浅谈""断想"一下。

人缘是指跟人相处的关系,有时指良好的关系,譬如"有人缘""没人缘"等。关于"人缘儿"的学问自古有之,专门著作浩如烟海,我一向不曾研究。一切学问都是人弄出来的,所以,差不多也可以说,一切学问都是关于"人"的学问,学问本身或背后总是关于"人"的。显学者如《厚黑学》一类,虽摆在所有书店进门可见的专柜上,但我从不接近。我始终认为,教我们做人的有字书和无字书所在皆是,我们不必专门再看此类"指南",而最重要的无字书——家教,在我们还没有出生的时候就已经开始。"家教"的底子差了,后天补起来困难重重。所以说,培养一个贵族需要三代是有道理的。我们可以不修"厚黑学""关系学",但有一点可以肯定,不管自己的人缘如何,大家一般不会否认人缘的重要性,于今尤其如此。一个单位里,特别有人缘和特别没人缘的不会是大多数,大多数同事之间有一段合适的距离,如果不陌生,也不会太熟悉,更谈不上亲密。有人缘儿的人是在恰当的时候、恰当的地方与恰当的人保持恰当关系的人,完全不重视人际交往和太重视人际交往的人,最终都不会有太好的人缘。

有人缘要做好"人"。做人要像回事,做人方面有明显缺陷、被人诟病的人,是不可能有人缘的。我们无法改变别人,所以人缘之有无关键在自己。一个人要自尊,一个连一点尊严都没有的人是得不到别人尊重的。一个人还要自强，自己的事做不好，处处求人，别人瞧不起，就不会平等地与你交往。一个拍马逢迎、精通歪门邪道的人，可能遮人耳目于一时，但最终必为人所唾弃；一个正直无私、性格耿直、说话不拐弯的人，或许百年后口碑及史书上有上佳的评论，但生前的人缘不会太好。做人是门学问，无视这门学问，有理会变得无理，讲得很有道理的话让人听起来一点道理都没有，气死无用，反正别人不听你的，就是不与你来往。

人缘之有无与智商之高低无关，智商高的人反要用"装傻"来平衡，即更要谦虚待人，不能盛气凌人。此非易事，所以"聪明人"人缘好的不多。"聪明人"失意者比例更高，他往往牢骚满腹："读书时他比我差远了，真是走狗屎运了，居然做了我的领导！""聪明人"并非永远聪明，他不明白做人与做课堂上的考卷是两回事。"聪明人"的人缘学比较高深，倘再聪明且孤傲，谁还愿意接触你呢？大家都在等着，不是排队等着接近你，而是等着看你的笑话。

有人缘还要处好"人"。有本事不见得有人缘，甚至正好相反。有本事而无人缘的人往往自视太高，认为自己无所不能，无须别人帮助，没有自己搞不定的事。有本事而无人缘的人还往往视人太轻，总是瞧不起别人，对人太苛刻，不懂得尊重别人。有本事而无人缘的人常常要等到无比孤独和孤立时才意识到陷入不能自拔的痛苦中而抱憾终身。

人缘是人之间的事，所以，"推己及人""己所不欲，勿施于人"，是保持人缘的最好办法。不一定要处处想着别人，但处处想着自己的人，一点儿不能吃亏的人，时时处处想着占便宜的人，人缘是好不了的。《老子》中说："将欲取之，必固予之。"人得先吃点亏，欲取之，先予之，吃小亏反占大便宜，反之，占小便宜则吃大亏。道理浅显，但禁不住"小便宜"的诱惑，占小便宜颇容易上瘾，久之则不以为恶，失去自省的能力，于是，见到便宜就想占，自然病就入膏肓而不治了。"小便宜"者特点在"小"，譬如上班迟到两分钟；"约会"不守时，让别人等；下班早走两分钟，扫尾的事交给同事，就他忙，别人都是无事佬；饭桌上，好吃的他一筷子下去叉走大半；办公室里的卫生从来不搞，即使要搞也只搞自己的，边界一定很清晰，虽然值日表贴在墙上而他认得些须几个字；有事无事隔三差五与同事调班，调班只考虑有利于自己，不考虑妨碍别人，妨碍了别人还跟无事人一样；借别人的东西从不记得还却从不肯借给别人东西；公家的东西、别人的东西能用则用，自己的东西能省则省；约束别人时振振有辞，放纵自己时强词夺理，对别人是一套，对自己是另一套；对别人吝于赞赏且言不由衷，好不容易挤出半个"好"字还不忘翻翻旧账打击一番；对自己惯于自矜，吹牛还无比沉着，无理亦要搅三分，得理更是不饶人。凡此种种，脑子时好时坏，该他做的事他忘掉了，不该占的便宜他记住了，结果是尽占便宜不做事。

认识一万个人我们会累死，所以，真正考验我们人缘的可能只有几十个，其中还包括家人和亲戚。这几十个人就是你的"圈子"，"圈子"对你的评价就是你的人缘，"圈子"以外的人一般不会关注你，即便关注也不会有太直接的影响。从这个角度来讲，道德楷模并不必然有人缘，甚至可能没什么人缘；欺世大盗也非必然无人缘，说不定还颇有人缘。"圈子"内外评价有别，我辈凡夫，人缘之有无关键在"圈子"内。

我们可以很自信地说：我活我的，管那么多干吗？曹阿瞒不是说"宁教我负天下人，休教天下人负我"吗？我就这么着，看能把我怎么样！能怎么样呢？好受不好受反正是自己受着，只要自己满意，别人不会怎么样。曹阿瞒自古只有一人，他可以没有朋友，我们如果没有朋友行不行呢？不能说绝对不行，但比较艰难和孤独，只是不到关键时候看不出来而已。在我熟悉的同事里，不少人并无一官半职，即便如我负点小责任，职务上并不能帮人什么忙。尽管如此，这些同事，家里碰到一点困难，身体上有了一点小问题，慰问和看望的人往往络绎不绝。相反，有些同事在晋升和评先时，一投票则名落孙山或者得分很低，伤心流泪的大有人在。有些人归咎于拉票，拉票不能说一点不起作用，但关键时刻是不起什么作用的。此时，反省自己的为人比责怪他人舞弊更重要。"圈子"里的人反感你，非不得已不太愿意与你交往，这就是你的人缘在亮红灯。你要着手"修复"，一味责怪他人会导致更糟糕的结果。

尊重别人并不妨碍人格独立，为人真诚与学会说"不"并不矛盾，这一点我花了很长时间才有所领会。我素来与人为善，颇能克己，能吃小亏，不事张扬，做普通教师时颇有人缘。十年校长一做，虽苦心周旋，免不了要得罪人，时不时也说两句"狠"话，"布衣"之交也要侧目而视了。虽然民主测评常常满分，但越来越不满意自己，这也是我调离的原因之一。真的要离开了，我忽然觉悟到自己原来还是很有人缘的。夫妻分居的那两年，家里大小事老同事们都帮衬着。朋友们知道我迟早要搬家，早早地招呼走的时候一定相送。那年儿子正好考上大学，我们又要搬家，我 20 年不曾有什么大事，积攒起来的"人情"还是颇重的。我觉得将这份"人情"珍藏在心里比什么都好。于是，在几乎没有什么人知道的情况下举家南迁，房子已卖，电话和手机都销了号，在南驰的火车上我用新手机号给一些朋友发了短信：谢谢关心，我会珍存这份友谊的！有朋友开玩笑地说：二十几年里，别人家生老病死，婚丧嫁娶，娶妻生子，孩子升学，老人庆寿，你也花了很多钱，这一搬家就一笔勾销了，是不是觉得有点亏呢？说真话，我真没觉得有什么亏的：并非所有帮助过我的人我都回报了，所以，有什么必要收回别人对我的回报呢？

"人情"也有链条，我们都是其中的一环，有得不到回报的，也有我们不曾回报的，我为人人，人人为我，有直接的，有间接的，有能看到的，也有看不到的，不要算那么清楚，也算不清楚。有点付出，刚刚付出，就时刻惦记着回报，是不会有什么人缘的。做老师的尤其需要这点豁达，过于算计，越算越不合算。那些让你费尽心血的孩子可能一辈子帮不了你的忙，但那些并未特别费力的孩子叫你"恩师"，他们成天惦记着你，这就是回报，不是一回事吗？

到底怎样才能有人缘，这不是我能说清楚的问题，但我相信一点，此事不会有统一的公式，同一个人置于不同的"圈子"也会有不同的结果。如果一定要找共同点，我觉得"别光顾着你自己"可以算一条。

（2012 年 4 月 9 日）

朋友何须遍天下

物以类聚，人以群分。但这里所谓的"群"，一般也就三五人。我们每个人都可以掰着手指头数数，看看经常和你在一起的能有几个人。然而，一到网络世界，"人群"的规模在迅速膨胀。"群"里的人也许一辈子都互不见面，但在网络里他们是"一群人"，通过网络聚在一起。微博应当也是一个"群"，一个群主，率领若干粉丝，聚在一起。

一群人聚在一起干什么？主要是聊天。但这里面有一个"鸡生蛋蛋生鸡"的问题，即因为有"聊"之必要而生"群"，还是因为已有"群"在先而生"聊"。以我观察，可以得出这样的结论：始也为方便交流，终者无话找话，徒耗时间，渐成累赘。方便自然还是方便，但问题接踵而至。

曾经看过一篇文章《认识一万人》，文中主人公老徐能认识一万个人，是个什么难事都能办的"能人"，后因"喝酒"而未善终。文章结尾处有两段话："我觉得认识一万人还是有一点多，不管什么样的人也就是有两三个管你的直接领导、六七个同事、七八个亲属，而所谓朋友，往多说有一二十个，好朋友也就几个。人这辈子算来算去，经常打交道的人只有二三十个，知己也就三五人。一万人？老徐认识了我们五百多辈子才能认识的人，超支了，老天爷不愿意，把他收走了。""一个人认识的人越少，他拥有的时间越多。我们活着原本不是为了办事，而是活时间，对吧？"这些话，值得那些为网络而生的人深思。人不必每时每刻做什么都要让人家知道，也没有必要知道别人每时每刻在做什么，即使是一家人。那些成天在网上盲目荡来荡去的人，其实就是现实生活中的心灵流浪者，他们的心灵如同乞丐的肉体无处安放。

前不久的一天，我因为等人而偶然坐到一位青年同事的电脑前，不经意间发现他差不多有十个QQ群，"滴滴"声此起彼伏。我立即浮现一个念头：他怎么不忙呢？就是应付这"滴滴"声他连上厕所的时间都得省着点儿。有什么正经事儿吗？我估计一件没有。

我们有一个教师QQ群，现在有166位老师加入，我没有仔细查对还有哪几位没有加入。这个群建于2008年9月，这之前我还不知道有"QQ群"这么个东西。到2010年9月两年间，这个群基本上就是"公告栏"，学校发发通知，偶尔有老师问问事儿，我觉得挺好，方便，而且省电话费。从2010年下半年开始，这个群开始衍变为"类论坛"，只要有一位挑个头，芝麻大的事儿都能弄得硝烟弥漫。如果你只看群里面的讨论，一定认为自己是生活在地狱里，因为这里面基本不发布让大家高兴的事儿。即使有某人发布一两件高兴的事儿，总有几个人要把它搞到"不高兴"为止。我觉得老师们都是"文化人"，应当给大家公开发表意见的自由，尽管有一两位老师口无遮拦到有点过分，我们仍"听之任之"。我的想法是，只要在政治上不触碰底线就随他去。民主与自由无比可贵。伏尔泰说："你说的话，我一个字也不赞成，但是我要拼命力争你有说这话的权利。"直到群里有骂人的现象，我才在教师大会上公开批评了这种现象，并表示如果不遵守基本规则，学校将会要求群主将他从群里"踢"出去。一段时间以来算是风平浪静，虽偶有波澜，但到底只有那么几个人，大家习惯后也就一笑了之。

上周三中午，又有一位青年教师在QQ群里开骂，我以为言辞非常不恰当，而且这不是第一次，于是就在他个人的QQ里留言请他下午上班时到我办公室，我要找他谈谈。他没有回复我，不说来也不说不来。下午上班我一直在等，等到上课20分钟后他也没有来，办公室同事给他打电话没有人接。我觉得他不至于"牛"到这种程度，就查了一下课表，他有课。有课上课，这是对的。一节课后他来了，谈得很不投机，这是我没有想到的。我原以为他会自我批评的，然而不可思议的是，他居然觉得自己没说什么过分的话，而且还强词夺理地说，他这样公开骂总比背后骂要好。我只听说过当面骂比背后"搞小动作"要好，还真的不清楚当面骂人比背后骂人高尚在什么地方。我脑海里突然浮现一个不知道在什么地方看到的句子，似乎是"真诚的无耻"或"无耻的真诚"一类。有时，如果底线失守，连"真诚"也不是一概美好的。我失去了进一步交流的耐心，因为我也很"牛"，并不是什么人都可以同我"对话"的。鲁迅说："最高的轻蔑是无言，而且连眼珠也不转过去。"我不至于也不能轻蔑他，但实在没有必要再啰唆下去了。坦率地说，这件事多少改变了一些我对他的看法。当然，他可以不在乎。

网络教会了一些人在谩骂中聊天，并没有教会所有人善意地寒暄。有些人热衷于在网络上凑热闹的同时又无比冷漠，他们已经习惯了以谩骂为后缀的话语方式。譬如，"这个都不会，笨蛋！""怎么会这么想？脑子进水了！"在这样的话语情境里，哪里还能意识到"骂人"呢？我们有国宝之外还有"国骂"，但怎么骂是有讲究的，也是有底线的。在一个有166人的群里骂人，其实就是骂大街，骂大街再有理也是历来为人所不齿的。

最近，学校出现好几起学生之间因为在QQ群里聊天不慎而引发的小纠纷。"人以群分"的道理于此已是再明白不过。有一个群，人员从初中到高中，从校内到校外，近300人。在这种"群"里，我们通常所说的"好孩子"不会太多。老师们会有这样的体会，"学习好"的学生于本班以外认识不了几位同学，"学习不好"的往往一拍即合，别说隔班，就是隔几个年级，对一眼就成了"知音"。学校反对学生在校期间使用手机，并不是我们认为手机不是好东西，但假如一位同学有一台智能手机，又有几个"群"，有的"群"大到300人，加上煲电话粥，一天再发几十条短信，他还能集中精力学习吗？我觉得可能连他自己都骗不了自己。我和家长交流的时候说，如果对手机只允许有"好"和"不好"两种评价时，对中小学生而言，我认为它就是"不好"的东西。同时，制止学生滥用手机的第一责任人就是家长，因为学校不可能搜身，也不会有太多的有效办法。孩子用不用手机，怎么用手机，家长是一定能搞清楚的。你自己的责任你不负，推到学校，酿成苦果只能是你自己来尝。道理讲得再多都是空的，反正孩子是你的。

QQ是个好东西，但如果不严加规范，不能摆正人与QQ的关系，QQ

离"坏"也就不远了。人不可无友,但不能也无须太多的"朋友",朋友圈不能太大,别说一万人,就是一百人也打理不过来。"朋友"多了,烦恼也多,人也许因此离快乐幸福更远。净化朋友圈就是简化关系网,关系简单反而会增加幸福感。

(2012年6月3日)

"强"者何妨常示弱：我愿做"软柿子"

"柿子捡软的捏"是句俗语，意思是说"欺负"老实人。柿子捡软的捏，是挑拣柿子时的一种策略，是自觉自然也是合适的方式。硬的柿子不好吃，人拿在手里掂量一下就放在一边了，最后总是要在一堆软的柿子当中挑选几个，难免要捏来捏去。毫无疑问，柿子捡软的捏，是因为大家喜欢软的柿子。

在工作当中，我也偶尔听到同事议论学校治理中存在"柿子捡软的捏"的问题，依据无非是不公平。一者，对不良现象的处置，对老实人更严格一点，对胡搅蛮缠的让三分。二者，老实人，能干的，担子就重，这有点鞭打快牛的意思，刁蛮的就占便宜，滑头还卖乖。这种情况确实存在，即使在厦大附中，至少表面看上去也会有这种现象。

对于前者，我要说的是，我从来不会对老实人更严格，我尊重所有同事，无论老少，但对胡搅蛮缠的有时确有"让三分"的意思。我不想将人一棍子打死，特别是对刚刚从教的青年教师，校长要宽容。我们有过将人看走眼的教训。要耐心等，跟老师待学生一样。校长大度宽容，学校才能大度宽容，老师才能大度宽容，学生才能大度宽容。所以，我在图书馆边上的那块石头上刻下了"宽柔以教"。我也是个有脾气的人。作为创校校长，我至少可以不谦虚地说，所有的老师都是在我的主持下招进来的，要使用"雷霆手段"，我敢说没人能阻拦住我。我曾说过，我的妥协哲学比斗争哲学学得好。并非我高明，是生活教会了我。我常对学校干部说，不要轻易直接批评老师，即使对蛮不讲理的青年教师也要"忍"，我们要相信他一定是遇到了困难。我们牺牲一点尊严，让他渡过了这个困难，他今后的人生之路或许就会一帆风顺。如果我们凭意气给了他一个"公正"的处理，有可能让他一辈子生活在阴影里。要多帮助，少埋怨。此外，相对于普通教师，学校和校长处在强势地位，强者之"强"要恰到好处，过犹不及。在校长面前抹眼泪的往往是那些工作出色的"强者"。在他们满心委屈无法理解的时候，我劝慰他们，"美丽"正是你的过错，"强大"也是你的过错。如果一所学校，动辄处分老师，这所"公平"的学校是不会"太平"的。你处分得对，但结果却是错的。就这么奇怪！

关于鞭打快牛，我承认自己是这样的人。但我要替自己辩解一下，在本职工作和基本工作量方面，我是轻易不会让步的。也就是说，"慢牛"想在我这里占便宜没那么容易。问题是，一所好学校，所有人只做本职工作是不行的。每个人都尽职尽责，结果还有许多事没人做，所以必定要有许多人"多管闲事"。"闲事"不"闲"，一点都不能忽视。"好学校"与一般学校的差距往往就在这些"闲事"上。上课谁不会？"好学生"完全是你在课堂上"教"出来的吗？更多的时候，我们要靠积极的校园文化来引导学生。我们不过是引路人，路是学生自己走的。厦大附中要建设具有文化竞争力的学校，必定要在这些"闲事"上下足功夫。而要做好这些"闲事"，最佳人选是班主任和学科任课教师当中的志愿者。人多也不好使。譬如我们再增加50人专门帮助学生开展活动怎么样？结果有可能会"天下大乱"。

我曾经的教训是，将每一件"闲事"都标上价钱，干活给钱。结果活儿没人干、干不好，还斤斤计较，矛盾层出不穷。筹建厦大附中以来，我们一直坚持无偿志愿服务，最典型的就是周末讲座，现在已经到了第170期。我们没有付给老师一分钱报酬。曾经有干部提过，我坚决不同意。我一开始就说过，坚持无偿自愿，没人讲我来讲。现在，我根本排不上。单就这件事来说，如果每个人或绝大多数人参与，最终也无所谓报酬不报酬。事实上，看上去异常安静的厦大附中校园，每天都是热闹非凡的。单是12月的文化月活动，就有近40项五六十场活动。每一场活动都少不了老师参与，全是无偿的。作为校长，每天我的内心都是充满感激和感动的。厦大附中美在什么地方？美在"崇高"！美在教师崇高的责任感。人性美是创造幸福人生的动力。这是附中学子在学校里受到的最重要的教育，这就是附中的美育。熏陶学生的美不是风景，而是教师的德行。

我一辈子从来不与"闲人"攀比。我勤奋地工作，我很愉快，从来不会生不干活的人的气。故我鞭打快牛不是欺负老实人，是将老实人视为我的同类。而且我相信，绝大多数人和我一样，愿意做事，愿意帮助人。志愿服务不会穷途末路。如果将工作视作受罪，那自然不愿意多做事；如果将工作视作享受，大约就不会埋怨。学校安排工作，特别是那些在每个人看来都是分外的工作，自然要找"软的柿子"和"快牛"，志同道合，这是必然的逻辑。我不谦虚地说，在附中，最软的"柿子"和被鞭打得最多的"牛"难道不是我这个校长？但是我很快乐，我不生气、不埋怨。如果一个校长看到同事悠闲自在心里就不舒服，那他就是病态的。今天早晨我到学校，在公交车站碰到有老师准备去登山，我居然有一种抑制不住的幸福感。同事问，校长还到学校啊！我说，没什么事，逛逛。今天放月假，学校只有87位同学留校，有值班干部在，是最轻松的一天。大家休息，我到学校，没有压迫感，我觉得我是快乐和幸福的。站在公交车上，我在想，如果今天的公园或商店里，到处都有我的同事在悠闲地享受，那该是一件多美好的事！

我知道，用柿子捡软的捏和鞭打快牛来批评学校是老师们碰到问题后的一时愤激之语，其背后的逻辑老师们都很清楚。老师要学逻辑，讲逻辑，教学生有逻辑性地看问题和处理问题。老师们也要有大气度、大格局、大胸怀，不要被小事气糊涂了。梅贻琦说："所谓大学者，非谓有大楼之谓也，有大师之谓也。"多年前，我有感而发，写了《大学的胸怀》一文。我说："大学之大不在校园之大，不在大楼之大，甚至不在大师之大，而在胸怀之大。有大胸怀，大师辈出是迟早的事，无大胸怀，大师迟早要么跑掉要么'泯然众人矣'。假如大学的良心被官本位和拜金主义侵蚀，则大学的胸怀就大不了。"中小学也不会例外。我们要有点气度和胸怀，不与"闲人"攀比。

"强"者若要得人心,不妨学会示弱。宽柔以教,以柔克刚,方为真正的强者。老子说:"天下莫柔弱于水,而攻坚强者莫之能胜,以其无以易之。"校长以"强人"形象示人未必是明智的做法!

(2016年12月3日)

做一个明白人

以生为本不过是以人为本在学校里的具体体现。这个提法的主体是老师,即我们把学校里的人分为两类:学生和教师。用老师的口吻说,当然应该是以生为本,总不能自己以自己为本吧。有些老师听了"以生为本"的说法很不受用,甚至丝毫不掩饰地说"很厌恶",原因在于没弄明白自己是干什么的。他们潜意识里有这么一个概念,学校里除了老师和学生,还有一类叫"学校"的人,是"学校"(它可能还是政府的某类代表)请我来教育学生的,所以,"学校"先得把我伺候好了,应当以"我"为本才对,怎么能以生为本呢?然而,"学校"是谁的呢?校园里面第一个能代表学校的就是校长,可是校长也是老师,"我们"就是"学校"。我本人在筹建厦大附中之前做了 11 年副校长、校长,几乎不曾脱离讲台,其间完整地带了三届高中。如果我成天对学生说"学校以老师为本",说得通吗?当然,我们可以认为校长不是普通老师,校长"以人为本"的理念里应当包含以师为本,应当关注教师的专业成长和职业幸福,这是毋庸置疑的,但这与"以学生为本"有什么矛盾吗?难道师生之间的根本利益是对立的吗?我始终认为,一所好学校首要有好老师(自然包括校长),但怎么才叫"好"是大有讲究的。有一点可以肯定,自己说"好"是不算数的。

做一个明白人非常重要,所以,对教育、对学校的批判性思维非常可贵。思考总要好于不思考,很多问题就是需要讨论,需要交流和沟通。当然,像我这样比较好说好写的未必是个真明白人,而那些寡言者又未必是个糊涂人。"说"总是易于"做",但"敢说"不仅算"说",某种程度上已近于"做"。然而,"敢说"不等于胡说、乱说,如果对大家都很明白的事,你还喋喋不休地乱说,那就令人生厌了。

"以生为本"的提法为什么惹某些人烦呢?无非有两方面原因:一是教师的地位还没有提到足够高的位置,教师这里还不顺心,凭什么以"生"为本?二是现在有些学生被"惯"坏了,不尊重老师,自私、自由、自以为是。总而言之,再"以生为本"就助长了他们本已嚣张的气焰,则生不像生而师何能为师呢?局部地看,这两点都是事实,但仔细推敲,这两点都不足以成为否定"以生为本"的理由。"以生为本"是指以学生自主、全面、健康地发展为本。严格教育学生自然是"以生为本";提高教师待遇,让更多的优秀人才从事教育工作,自然也是"以生为本"。相反,做好好先生,没有是非标准,姑息迁就,人云亦云,学生照样不会领情,用不着在未来的某一天,就是在当下,学生也不会糊涂地说这样的老师好的。我们要清楚,"学生"是一群人,不是某一个人,我们总不能说所有学生都有问题。如果所有学生都有问题,则问题一定出在大人身上,包括我们老师在内。我们还有何脸面只责怪学生呢?如果我们认为必待学生以"严酷"方显师道尊严,我只能说,你当老师至少晚生了一百年。而即使在一百年前,严师也是有度的。这样的老师现在仍然很多。孩子是大人的一面镜子,孩子如果有问题,大人是需要自我检讨的,即便这"问题"真的与你无关。如果你自己就是个不守法度、不知感恩、不懂宽容、我行我素、目中无人、刻薄自私、贪小便宜的人,你能指望教出什么样的人来?会做几个题不是当老师的全部,何况这几个题你还不一定有把握能真正做好!

提倡"以生为本"并不需要忘我、无私和大度,只需要正确理解:以学生自主、全面、健康地发展为本。"以生为本"里包含有对我们老师的尊重。如果我们认为"以生为本"就是以师为末,师生如水火,这就是思维出了问题。用这个思维从事教育,注定了教师生涯不会太幸福。

写到这里,我觉得有必要回答最近厦大附中老师们在QQ群里讨论的几个问题:

第一,关于放学时段的问候语。问题出在第一句话,有"同学们辛苦了"而无"老师们辛苦了"。我想，既然老师们比较在乎，我们就加上去好了。这句话是我本人的创意，本非问候语，而是提示语，它是有来源的。我们一直强调学生放学后要关灯、关电扇、关门窗，但一直做得不是十分好。我一向认为，在这样的小事上最能体现校风，自然也最能体现班风。这句话，原是为了晚自习后提醒学生关门窗的，而且原来在这句话之后还有一段舒伯特的《小夜曲》，也是我指定的。我第一次在中午和下午放学时段听到这句话也怔了一下，觉得和晚上一模一样有些笼统，但没有深究。我"怔"了一下的原因是中午和傍晚很难实行"三关"制度（因为学生寄宿），倒没有上升到"以生为本"而非"以师为本"的高度。当然，改成"老师、同学们辛苦了"我也是赞成的。

第二，关于老师们反映的学生当中出现的问题。我很感谢老师们的敏感。这些问题大约有这么几个：不尊重老师，破坏公物，自私，见到老师不打招呼等。老师们讨论得比较深入，我仔细看了全部的留言，觉得道理已经很明了。我要说的是我们的完整责任应表述为"教书育人"，而"育人"的任务重于教书。诚如老师们说的，我们评价机制的导向有问题，我们太过看重分数了。但我认为，在"育人"上我们是有评价机制的，只不过没有"分数评价"那么直观、那么深入人心而已。真正优秀的教师是"教书""育人"并重的，多半是育人的成就更为显著。因为学生有问题，所以需要老师来帮助，如果学生都没有问题，还要我们老师干什么？教育学生是我们的职责所在，不要指望还有个什么叫"学校"的把学生教育好了再交给我们教他做几个题，老师们所批评的问题正是老师的教育任务。我们要做的就是用好的办法解决这些问题。

学生公共道德修养的形成，大家都有责任。假如学生在食堂买饭不排队，难道只是"学校"的责任、班主任的责任，食堂难道就没有责任吗？我以为第一责任者就是食堂。那个岗位现在由谁值守，责任就由谁来负。有些老师，自己的课堂是乱哄哄的，却不在自己身上找原因，而将全盘的原因推到班主任那里，岂非笑话？或许班主任也有责任，但你的课堂，你就是第一责任人，你第一要做的是检讨自己。

对一所学校的否定其实是对学校一切的否定，包括教师（自然包括校长）和学生，尤其是教师，反之，肯定一所学校也是如此。我认为，如果有一批"好"的老师，就一定能办一所"好"学校。只要耐得住寂寞，生源质量甚至都是次要的，问题是我们用什么机制来聚拢和培养一批好老师。从社会的层面来看，我们还没有使教师这个职业成为人们真正羡慕的职业，因此，我们只能获得眼下这种质量的教育，产出与投入有关，怪别人没有用。学校也是如此，虽然我们知道可以有更好的前景，但只能在能力所及的范围内尽心，接下来，看我们的运气。清末资产阶级革命家陈天华谈及自己能为国做的无非两件事："其一作书报以警世，其二则遇可死之机会而死之。"当他觉得自己并非振臂一呼应者云集的公认的领袖后，便投海自尽，以死警世。所以有人说，"天华之死乃同胞为之"。可见，同心同德实非易事，在诚信缺失的时代尤其如此。

平心而论，我们的学生是相当好的，不仅是文化课成绩。这为我们实现自己的教育理想奠定了一定基础。我相信一定还有更好的，但同样一定离不开教师的付出。不劳而获并非"天理"。个别学生的缺点不应当成为否定全盘的依据。金无足赤，我们老师能保证自己是那么完美无缺吗？如果你想找到一所全体学生优秀到一个缺点都没有的学校教书，我劝你趁早改行。

第三，关于对学生违纪的处理问题。在某些老师的想象里，学校为权势所把持，当校长的见到当官的、有钱的都点头哈腰，竭尽奴才之能事。其实，在当今社会不屈服于权势并不难，难的是不屈服于人情。如果你是个普通老师，你敢说你能完全做到吗？你相信绝对的公平公正吗？我当校长多年，尚未感觉到来自权势方面的压力，倒是时常感到来自人情方面的压力，其中某些人情方面的压力就是由少数貌似耿直的老师带来的。为人我崇尚"不卑不亢"，位高如厅官（再大的官我很少见到），位卑如乞丐，学高如院士，学低如文盲，我皆能自如相处。倨恭概不以职位高低、财富多寡、学识深浅论。我的原则是，能处则处，不能处拉倒。世界之大，他不少我一个朋友，我也不缺他一个朋友。如果将对违纪学生的从轻处理一概理解为学校受到了来自某官某富的压力，我只能理解这些老师可能是饱受压迫，实在是苦大仇深。我十分赞成对违纪学生实施必要的惩戒，但我们只能依法依规而行，而且要考虑大环境的因素。当然，我承认自己心里一直有一个强烈的想法：尽量给学生留有机会，不将其一棍子"打死"。我丝毫不隐瞒自己的想法，我认为我们现在的处理方式仍偏于严厉，因为除非你能开除，否则，对于"初犯"来说，是"警告"还是"留校察看"，警示的作用差不多，但对于学生的意义是很不一样的。然而，校有校规，我更愿意按规矩办事。我还有一个深刻的印象，学生违纪一旦面临严厉处罚，来说情的除了他的家长，往往还有他的老师。有时有些老师并不能及时阻止学生的违纪行为，甚或视而不见，其振振有词的背后是你难以想象的懦弱。

记得三年前的一幕，自主招生的高一学生提前到校，食堂初开，一天中午，学生在充卡处排队充值，因为窗户比较宽，某老师（或者几位老师）习惯性直接走到窗口，形成事实上的插队，学生可能说了诸如"不自觉"一类的话，师生间发生了小小的冲突，双方都很生气。我到食堂的时候，老师已经离开，几位男生找到我"告状"，因为学生出言不逊，我狠批了学生一顿。后来他们找我道歉，说当时太冲动。这时我冷静地说，老师不应该插队，但他们也不一定是蓄意，作为学生，你们就是谦让一下也没有什么，何必嘴上"动刀动枪"呢？就事论事，显然老师有错在先，完全没有理由插队，而学生呢，主张自己的权利并没有错，但为这点小事与老师大动干戈多少有些过分。如果老师就此感到有点"寒心"，也是可以理解的。此时，老师如果还不顺势下台阶，还认为"现在的学生还得了，不处分还翻了天"，那就有些不识相了。

如果师生都有一颗宽容心，我们就会彼此欣赏的。

（2012年5月2日）

下编

幸福是一种觉悟：

自觉拥抱幸福

人生无大事
——平凡人的平凡一天

2021年,大夏书系举办"中国一日"接力写作活动,我应邀担任8月后半个月的领写人。8月17日,大夏书系公众号发表了我8月16日的日记《姚跃林:比较幸福的是,我两秒钟就能进入梦乡》。这个标题是我文章的最后一句话,我的原题是"平凡人的平凡一天"。日记是无所谓文题的,我之所以拟了个题目,是因为我看到之前每天发表的日记都有题目。"平凡人的平凡一天"是实话实说,而"两秒钟就能进入梦乡"更能博眼球。其实,"两秒钟就能进入梦乡",在我也是实事求是。

日记全文如下:

我一直有记日记的习惯,但多数是"流水账",昨天"复印"前天,今天"复印"昨天。但日子长了,于己而言反成了珍贵的"史记"。筹建厦大附中14年来,仅手写的"日记"已有55本。此外,2019年前,我还在博客上发表了800余篇200余万字"文章"。当然,"流水账"不好拿出来示人,所以,在我接受领写今天日记任务的时候就希望今天发生点什么"大"但又不能太大的事。结果什么"大事"也没有。

早晨6:44,在学校车库停好车后便给太太报个平安"到了"。几乎同时,太太的回复就到了,"OK"外加拥抱的表情包。太太退休后,我们留言的风格发生了变化。我给她的留言最多的是"到了",其次是"回了"。我发"到了",她回"OK"加拥抱,我发"回了",她回"OK,慢点开车",几乎每天如此。假期我中午回家吃饭，下午她随我一起到学校，晚上一同回家。她退休之前我们每天同来同往，只是因为办公室不在一起，吃饭、跑步会邀一下，所以那个时候的高频词是"吃饭""跑步""走"。因为有点"如胶似漆"，所以被同事们背后戏称为"第一神雕侠侣"。

走出车库，先到办公室拿校园卡，随后到高三年级教学楼巡堂。师生陆续进堂，7:05我离开的时候，他们已全部到位，门神一样的年段长还站在教学楼的东入口处。在食堂用好早餐后一边巡视校园一边返回办公室。坐定后便为上午召开的校党委会作准备。

8:30到11:10主持召开党委会，研究开学事宜。大多是棘手的事，每个问题的讨论都可以写一篇文章。开学前后这段时间是我的"心理焦虑期"，有许多困难需要面对，但操的全不是自己的心。会议结束后，连续接打几个电话（有位家长今天给我打了六次电话），随后又与同事商量校友返校的事。我感觉回家吃饭有点匆忙，且满脑子事回家也午休不了，便惴惴地给太太打个电话说"在学校吃饭，中午不回家了"，太太习惯地说："行呀，中午休息会儿。"放下电话，同事拟的校友返校的温馨提示发过来了，我改了两处发到党委群里征求意见。

在到食堂的路上，我一直在思考下午怎么和约好的一位班主任同事谈话。这位同事放假前遭到班级部分学生的"弹劾"，而学生温和、坚定、有理有节、软硬兼施且不容置疑的方式是我当校长25年来第一次碰到。在我第一次仔细阅读学生的来信后，脑海里突然跳出一句话："我们间并无利益之争，实乃'主义'之争、'文化'之争。"我以为责任主要在班主任，但我同时认为我们要帮助他渡过这个难关。在第一次找他谈话的时候，我对他说，要理解附中的教育文化。我直言不讳地说："在这点上，不是你们师生间缺乏共识，而是你还没达到学生的水准。"他也自我反省了，给我写了好几个材料。假期我和学生通了近10个邮件，电话、短信数通，教务主任、年段长还驱车百余公里到几个学生家里家访，昨天上午我还找两位同学谈话。今天我跟这位班主任同事要谈的主题很明确：一是我们支持他做好工作；二是要将自己的认识落实到行动上，要和学生同频共振；三是要集中精力，全力以赴。

进到1号餐厅，这位同事刚用好餐，我说："我们就简单聊聊，省得下午耽误您时间。"我们就在拐角处聊了半小时，气氛很好。告别时我说：放下包袱，潜心工作。老师还有多个"高三"，但学生只有一个高三。附中是以学生成长为中心的，我们要办学生喜欢的学校。他说"我会努力的"。吃好饭回到办公室已是下午1:00。下午他给我发来短信，中心意思是"请相信我"，我造了个时髦句子"请相信我相信你"发给了他。

  回到办公室，接着看昨天没看完的电影《潜水钟与蝴蝶》。前几天我刚读了两遍法国作家让-多米尼克·鲍比的《潜水钟与蝴蝶》，在为开学典礼致辞作准备。说来别人不信，我一年365天都在为每年的四次致辞作准备：秋季开学、春季开学、高中毕业典礼、初中毕业典礼。对于被老同事谑称为"铁嘴"的我来说，信口开河也能"出口成章"，但每次面对全体师生的致辞我都要用很长时间精心准备。今年春季开学典礼我作了《人生的首要使命是活出生命的意义》的致辞，我准备了半年，先后新购并通读了《活出生命的意义》《生命是什么》《我喜欢生命本来的样子》《人生有何意义》《理想与历程》《幸福之路》《幸福是一种能力》《幸福的方法》《持续的幸福》《通往幸福的教育》《自由在高处》《自信的力量》《妞妞：一个父亲的札记》《人类简史》等书，直到春节期间我才动笔撰写。当然，写的时候一气呵成。

  去年秋季开学典礼我作了《附中因何而美丽》的致辞。我在致辞中说："一切可以被损坏的美都只是附中的表象美，而附中最本质而永恒的美——人性美——老师爱学生、学生敬老师这种人间大美，是任何力量也毁灭不了的。"我觉得意犹未尽，所以，今年春季开学又作了《人生的首要使命是活出生命的意义》的致辞。我觉得还不够，因此这次秋季开学典礼还要作类似主题的致辞。我想问大家，当一个人陷入绝境后他还能怎样演绎生命的价值和意义？

  一想到面临绝境的人我立即想到海伦·凯勒、奥斯特洛夫斯基、霍金、史铁生、张海迪，但我这次要讲的是鲍比的故事。严格地说，他算不上作家，因为他一生只有一部随笔集《潜水钟与蝴蝶》，全书译成中文只有大概42000字。但《纽约时报》是这样评论这部奇书的："一本给绝望者以光明的不可思议的图书，一本让人类变得更加坚强的图书，一本伟大的图书。"

  鲍比1952年出生，1991年成为著名时尚杂志——法国 *ELLE* 的总编辑。

1995年12月8日突发脑中风，陷入深度昏迷，20天后，他苏醒过来时，全身瘫痪，不能动，不能吃，不能说话，甚至不能呼吸，能动的只有左眼皮。这仅有的能够自主活动的左眼皮，成了他与世界交流的唯一通道。在语音矫正师的帮助下，鲍比通过一个按照法语字频排序的字母表与人沟通。助手把一个个字母念出来给他听，他眨眼一次代表"是"，眨眼两次代表"否"。用眨眼选择字母牌上的字母，形成单词、句子。每个单词平均耗时两分钟，而整本书依靠大约20万次眨眼、以听读的方式完成。1997年3月9日，《潜水钟与蝴蝶》法文版出版两天后，鲍比去世。

当我们假设自己陷入鲍比的困境时，脑海里的第一个想法也许就是"那还活着干吗"。然而，当这一刻真的来临时，我们还必须得接受。最主要的理由是"因为我们活着"。"活着"成了我们活下去的理由，"活着"成了艰难然而也要坚强活下去的理由。生命的自由成长应当得到我们的尊重。鲍比在天，我们岂敢妄言"绝望"？这是我这次致辞的主题。我为此作着准备，下午的时间也为此而阅读。巧合的是，傍晚收到了大夏书系寄来的《让教育更加尊重生命——姚跃林教育演讲录》第三印样书。这部书的出版、重印是对我的鼓励和褒奖。

傍晚，我在操场跑步，再遇高三1班谢惟楷同学。惟楷因参加夏令营迟两周返校。上周四上午见到他，我说："你不在学校我总觉得学校少了什么。"因为傍晚我在操场跑步总能见到跑步的他，彼此总要简短寒暄。他不在校我是能感觉到的。周四傍晚在操场碰到他，我说，我感觉世界就正常了。

晚7:00我再到高三巡堂，8:05我和太太一起离开学校。回到家洗漱后完成这篇日记发给编辑。就寝前想必还要看看海伦·凯勒的《假如给我三天光明》。

比较幸福的是，两秒钟我就能进入梦乡。

2021年8月16日

据说有不在少数的名人写日记是为日后出版而写的。为了发表和出版而写的日记，作者往往是有取舍的，写的时候通常是端着架子的，甚至不乏造假的成分。日记本是很私人的记录资料。我甚至认为只有自己写的"日记"才叫日记。从学术角度而言，如果要研究一个人，阅读和研究他的日记显然是捷径，也是必要的。若非如此，日记实在没什么好阅读的。我一直希望能看到特殊时期平凡人的日记原件，但至今未能如愿。

我在8月16日的日记中写道："在我接受领写今天日记任务的时候就希望今天发生点什么'大'但又不能太大的事。结果什么'大事'也没有。"可见，这天的日记还是"有意"为之的。我相信大多数接力写作者也如此。虽然我并未为那天的日记写作预设什么特别活动，但日记的内容显然超出了"日记"，譬如那些联想。

如果不发表，那天的日记我会怎么写？我想应该是这样的：上午6:44到校；8:30召开党委会；中午在食堂和某老师谈话。

是的，就这么多。早晚巡堂，在办公室看书、写稿，晚8:05离校，都不会写在日记里。党委会研究的内容另有记录。我所谓的"日记"大抵如此，"流水账"，但14年累积起来也有50多本。

8月16日那天还发生了一件趣事，特追记如下：

晚7:00，我先到高三教学区巡堂，然后回到办公室"写日记"。回家前将稿子拷进优盘，打算回家后再增添润色，连夜发给编辑，省得影响夜间睡眠。回家先洗澡，然后打开电脑，一看优盘里没稿子，估计是匆忙中存错了地方。犹豫了一会儿还是决定回学校重拷。之所以"犹豫"，是担心忙乱中在路途上发生撞车一类的"大事"。不是到晚上还没发生"大事"吗？一路告诫自己小心，最终总算安全往返家校。回家匆匆改了改就发给了编辑。而之所以这么有趣的事不写进当天的日记，是我不希望墨菲定律发生作用。直到第二天早晨睁开眼，看到太阳照常升起，确信自己还生活在这个世界上我才松了口气：总算真的没发生什么大事！

"死生亦大矣！"于人而言，最大的事是生死。生已然，往后最大的事就是等死。史铁生说："一个人，出生了，这就不再是一个可以辩论的问题，而只是上帝交给他的一个事实；上帝在交给我们这件事实的时候，已经顺便保证了它的结果，所以死是一件不必急于求成的事，死是一个必然会降临的节日。"冷静一想，这两件大事都不可自知，足见人生无大事。人生旅途中，平安最好，平淡最好，平常最好，平凡最好……我给学生留言最多的一句话是："做幸福的平凡人！"

这也许可以算是我对包括我在内参与"中国一日"接力写作活动的 16 位接力写作者的日记的总结。我们都是平凡人，写的都是平凡事，幸运的是都没碰到"大事"。我们都是老师，其中 14 位是女老师，而且多数是年轻的女老师。所以说，这"中国十六日"正是"中国一日"，记录的是中国中小学教师——中国中小学女教师——中国中小学青年女教师暑假某一天的平凡生活，我将其概括为"度日"。就某种程度而言，职业色彩也不鲜明，因为是假期。差不多算是"有闲阶级"居家一日记。

文笔都很好——这就是我的总结和评价。

"中国一日"接力写作创意极高明，但若非奉《教师月刊》主编林茶居先生之命，我是不会参与的。除了几位熟人的文章，其他文章也不会看的。接受领写任务后，我本打算动员一部分同事参与，使其成为一个相对独立、别具一格的单元，但没想到一瞬间认领结束，连我自己都还没有反应过来。此亦可见大夏书系的影响力。15 位朋友中只有王香玲老师与我有过联系，她是我的微信好友。何时加为好友的，我已记不清。所以，在写这篇文章之前，另 14 位朋友的文章我都没看过。世界太大，熟人一天做了什么都关心不过来，连身份信息都没有的陌生人做了什么事怎么可能关注！有朋友评价我，之所以看上去是"闲人"，实际上是严格奉行"断、舍、离"，始终只关心那几件事。是的，即使面对丰盛的大餐，我也只选择认定的那两样，绝不会徘徊犹豫。当然，写此文之前，15 位的大作我每篇至少拜读两遍，获益良多。还依序列表，作了摘录，留作纪念。

写作是延伸生命的一种方式。我们都有一段人生，如果写日记，人生就不止一段。人生无大事，倘能一辈子都像这天一样平安无事、波澜不惊，则是足够幸运而又幸福的了！

（2021 年 9 月 5 日）

为了属于孩子的色彩和旋律

2015年元旦放假的前一天,《人民教育》的编辑约我写一篇"我为什么要当校长"的文章。猛然间,我一下不知道从何说起。记得当年刚做副校长的时候,老校长对我说,在学校要想做一点事,当校长相对容易实现一点。但中国的校长特别是中小学校长,并无太多的自主权,所以此后多少年我基本没有觉得能做成什么自己想做的事。虽然我不算循规蹈矩之人,不时也有些"创新"之举,但总体来说也属"庸人"一个。也有同行恭维我"有思想",其实潜台词就是不过纸上谈兵而已。我自认为是一个生活在狭窄的胡同里也要仰望星空的人,算是不太浑浑噩噩。看书不多,但每有所览必有心得。这点滴心得是我前进的重要动力。

我差不多就是直接从普通老师一步当上了副校长。虽然当时也有一个教务副主任的名分,但实际上除听听课外并没怎么到教务处办公。那时我担任教务处副主任外,还担任班主任、两班语文课教师、语文教研组长、年级副组长,孩子又小,太太也当班主任,可谓忙得一塌糊涂。其实,这就是"天降大任"的先兆。领导要考验和观察一下。当时校级领导4人中年龄最小的也过了50岁,两位副校长都到了快退休的年龄。班子年轻化是我被破格提拔的重要背景。当然,青年教师很多,为什么单单选中了我?领导自有领导的考虑,后来我也没有求证。我觉得自己有个优点:凡是分内事千方百计地做好;凡是经过努力能够做好的分外事必全力以赴,有诺必践。我尊重所有同事,人缘不差,口碑较好。特别是老教师,不仅关心我,还关心我的孩子。如此看似脱颖而出,其实就是被领导看中了。对领导来说,这样的不拘一格还是颇具风险的。现在想来，最初的两年真的没做什么事，纯粹是个"学徒"，也完全不知道"我为什么要当校长"。

做了两年平凡的副校长后，不知道在一种什么"力"的作用下，上级领导要调我到另一所学校任校长。我是坚决不去，老校长也是坚决不放。顶了四个月，到了当年的12月31日，铁路分局领导和教委的领导将我"押"到了新单位，我只好"愉快"上任。这一年我35岁。"我为什么要当校长"只有天知道。

后因布局调整以及铁路学校移交地方政府，我力主两校合并，加上老校长希望我回去，于是两校合并。合并后的学校成为当时全市最大的一所中学。再做了4年的副校长后，我从老校长手里接过了接力棒。"我为什么要当校长"似乎在8年前就已经注定！显然，也不是我自己的决定。

我想，中国的校长，百分之九十九都是这样当上的。当上之前，几乎没有人想"我为什么要当校长"，当上后才会去想"我怎么当这个校长"。真正决定水平高下之分野恰是上任之时。"好校长"是在这之后的实践中练成的。没有人天生就会当校长。

做满一个聘期的校长后，我辞职来到漳州开发区筹建厦门大学附属实验中学。这一次转折完全是自己的选择，没有人"强迫"。为何而去以及因何而来，我在当时写给市委组织部的《关于辞去校长职务的情况汇报》中表述得非常清楚。原文如下：

厦大附中吸引我的地方（当时的感觉）：1.首任校长，完全意义上的校长负责制，有利于实现自己的教育理想。2.面向福建省全省招生，有利于学校快速上台阶。3.依托厦门大学的学术优势，有利于自己的专业成长。4.有开发区管委会雄厚的资金支持，校长可以集中精力抓教学。

我想离开的主要原因：1.我在蚌埠铁路中学担任副校长、校长已11年，与老师们关系融洽，感情很深。但继续做下去难免会引发矛盾，我不愿意看到这样的局面，同时我又不想委屈自己。2.不管我对铁中感情有多深，我终归要离开她。如果我一直在这所学校工作，我将要担任学校领导27年，这是不可思议的。3. 铁中移交四年，学校干部没有任何交流，换一个校长，换一种思维方式来管理可能会更好。4. 在现有的体制下，要将铁中带向新的高度我觉得个人的能力不易达到，感到压力非常大。5. 想回避可以预知的即将到来的很多困难和矛盾。

"当时的感觉"是指看到招聘启事时的感觉。实际上参加应聘活动后，我就知道未来并没有想象中美好，所以当时离开漳州开发区就没有打算再回来。后来居然就来了，根子在于心有不甘，总觉得"有一点可能"。我做事极为谨慎，但办事再谨慎，总有要决断的时候，关键时刻只能自己做主。只是那么一"念"，一切就发生了巨变。因此，我不能谦虚地说就任厦大附中校长没有一点自己的想法。

后来证明，我的谨慎并非多余。造地最终共产生280万方土石，而当时才搬走6万方；选址意见书还没办；环评报告也没有；连校名也是经我提议，到12月13日厦门大学才复函确定。筹建工作完全是个"零"。甘特图成了摆设……然而，这一切你不深入其中就无法了解。不生气、不恼火是假，但总觉得不到放弃的时候。我一直认为自己是个颇有个性的人，直到那时我才知道自己也会委曲求全。说到底，心中的火焰一直没有熄灭。其实，那时只要回头我还是校长。原单位的新校长一年半后才上任，而我在上海挂职的单位，在此后的三年里多次邀请我赴任。其中主要领导三次到附中邀请。并非没有动心，但我想再坚持一下。等第一批老师招来后，我就再也没有动摇过。我多次说过，如果理想中的厦大附中建不成，我就做一个乡村学校的校长。中国有那么多的乡村学校校长，别人能做，我为何不能做？将事情想清楚了，负担也就卸下来了。

一路走来并不顺利，开心的时候并不多。但我深知，走到今天，我只有感恩。

这样一想，我就明白了"为什么要当校长"，于是以"为了属于孩子的色彩和旋律"为题写了下面一篇短文。我能保证的是，文中的每一句话都发自内心，而每一句话后面都有一段真实的故事。编辑摘了其中一句"办一所学生喜欢的学校"作为标题，很合我意。这是我常说的一句话。文题前面的提要是："今天，若要问我为什么要当厦大附中的校长，我会平静地说：为了教育理想！难道还有什么其他理由可以解释？"这篇文章发表在《人民教育》2015年第7期上。发表时编辑老师略有删改。2015年4月6日《人民教育》微信公众号将这篇小文连同另外两位校长的大作一并推出。下面的标题——"姚跃林：为了教育理想，除此之外没有其他理由"，直奔主题，带有新媒体的特点。

此文的原稿如下：

如果七年前有人问我为什么要当校长，我必定会说"组织上让我当我就当呗"。我本非特别"要求进步"，更无当校长的理想。认真、谦和、随缘，我就那么不由自主地走上了校长岗位。19年来，我从未想过为什么要当校长。

七年前的初夏，我从媒体上得知厦门大学在漳州校区与漳州开发区联合筹办一所中学的消息。从未想过"跳槽"的我，第一次认真地看完了一所学校的招聘启事。

"创校"，瞬间点燃了我心中朦胧的教育理想。我一直希望在一所风光旖旎的寄宿制学校里教书育人，朝看学生读书，夕观学生运动，夜览星空下水晶般的教学楼，满眼尘世喧嚣被隔离后洋溢在师生脸上浓稠的甜蜜……一种属于孩子与学校的特有的色彩和旋律，我称之为"稍稍有一点诗意地栖息"。因这一点"诗意""诱惑"我开始了一段冒险之旅。

离开工作23年的知名重点中学，我有太多的不舍。我在那里成长，见证了她的辉煌，也为她的再出发奠定了平稳基础。但闹市中局促的校园无法放飞我的理想。早晨，学生拥在校门口等待开门；傍晚，单调无情的广播催促学生离开校园；夜晚来临，校园是那样静寂……一种因处处妥协、时时遗憾而潜滋暗长的教育理想，似乎一直在等待放飞的天空。2007年9月3日，我抛家别子，走进了只有我一个人的"学校"。等待我的是一座滨海荒山和一卷蓝图。

今天，若问我为什么要当厦大附中的校长，我会平静地说：为了教育理想！难道还有什么其他理由可以解释？

一切从零开始。在办学定位受到质疑、学校发展面临困境的2009年春天，我常常夜不能寐，心力交瘁。每一个早晨都在心脏的隐痛中醒来，每一个晚上都在醒不过来的担忧中入睡。我一方面下定决心，即使不能实现既定定位也决不离开"学校"；另一方面也做好了最坏打算，立下两份遗嘱以备不测。幸运的是我们用自己的努力赢得了信任和发展机遇。

学校因学生而存在，有学生，学校就有价值。没有优质生源，也许难有好的升学成绩，但完全可以建成好学校。关键在教师。我们确立了"培育和提升一流的教育服务品质，用合适的教育办学生喜欢的学校"的办学思路，将师资作为"服务品质"的核心，视"一流教育服务品质"为最高质量。真心服务学生成长，办学生喜欢的学校。这既是我们的理想，也是切合实际的发展路径。之于学校，还有比"学生喜欢"更高的评价吗？

激发教师的智慧比制度建设还重要，而制度正是用来保障教师的教学自主权的。用一个模式来定义一所学校的课堂是一件不可思议的事。我们倡导教学民主，不搞"明星制"，珍视批判精神，直面教育本质，绝不做明天后悔的事。从互信和唯美的视角来建构多维关系，在单纯和谐的人际交往中，享受专业化的生活乐趣。规划基于终身从教的专业发展，将最好的论文写在课堂上，在实践中获得专业成长。努力保持人格独立和精神超越，办有尊严的教育。

教师生活在学生中，使厦大附中教师成为当今社会最专注于自己专业的人。突出服务，使资源和课程更好地促进学生全面发展。尊重学生的自主创造，以"我即文化"的命题，引领文化自信和文化自觉。不追求"高效课堂"，强调师生相伴共处的意义。尊重学生的客观差异和选择权，从关注学生的现实快乐出发，提高教学有效性。反对"为了考试"的课堂，在尊重普遍价值观的前提下努力实现教育对人的起码尊重，实施"人道的应试教育"。承认生命的固有价值，提倡适度教育，勉励学生做幸福的平凡人。

回望来路，我很庆幸自己在职业生涯的后半程，能有一件自己喜欢的事可做。虽然我深知办一所不一样的学校无比艰难，但与学校相守，与师生相伴，我的内心充满阳光。七年来，校园赐予我不竭的思想快乐，我以笔谈的方式予以记录，在个人博客"理想国"里写了近500篇120多万字的文章。我为我的同事和学生而写，向其倾诉，与其对话。校长要做"真实"的人，要用教育信仰和人格魅力在思想的平等碰撞中领导学校。

当孩子们享受着免费教育、同事们沉浸于职业幸福时，当他们感念快乐的校园生活而由衷地喜欢附中时，当学校办学质量快速提升从而具有较大区域影响力时，今天，我才真正体会到"校长"的职业价值，感悟到坚持的意义，才发现我的梦正是大家的梦。

（2015年4月7日）

能进入你们的梦乡是我的幸福

今天上午 9:19，我收到 2013 届黄艺婷校友发给我的一条信息："姚校长，我昨天梦到您给我打电话说要和余老师来闽南水乡玩，我非常开心，准备带你们去好好逛一逛。如果您过来漳州的话联系我，我再带你们去玩哈。"我立即回复："谢谢艺婷！我周三开车离开漳州开发区（漳州港），周四回到安徽老家了，岳父岳母高龄，身体状况不稳定，回老家伺候。年后回漳州港。后会有期！欢迎常回母校！祝一切安好！"艺婷回复："好的，后会有期！希望老人家身体健康，也希望您和余老师开心地享受现在的生活，健康快乐每一天！在这里提前给您拜个早年，祝您阖家幸福，诸事顺遂！"艺婷于 2020 年福建师范大学研究生毕业，考入漳州五中担任生物教师，是业已崭露头角的教坛新秀。她在福建师大就读本科、研究生期间成绩优异，我很希望她能回母校任教，不巧的是那年附中不招生物教师。

能进入学生的梦乡，我非常开心。周一（1 月 15 日）晚，我整理学生写给我的信件，看到 2018 届廖晓琳同学在校期间写给我的一封信，觉得也许对她有点纪念意义，便拍照发给了她，很快收到她发的微信："谢谢校长！此刻我们都已经离开具象的附中，但那仍是我们共同的精神家园。从某种程度上说，您就是我记忆中的附中底色。您带给附中的，带给我们的，长久地陪伴着我们。给您写信，就是给附中写信。我还想给您寄信，不知道您能不能给我一个地址，还是仍旧寄往南滨大道 318 号？"我回复："晓琳好！时常想到你。欢迎常回附中！寄到南滨大道 318 号始终是可以的！我现在退休了，学校不常去，有邮件老师们会帮我收着后转交。快递或挂号信会有电话通知的。祝万事如意！"她回复："好的，谢谢校长。我也时常想到您，有次做噩梦，梦里的智慧长者是您，还救了我。也不是救，是您的温暖大手把我拉出了梦境。"晓琳附中毕业后考入合肥工业大学，大学期间给我写过两封信，我都保存着，倒是在附中就读期间写的这封信我印象不深。没想到，和艺婷一样，毕业多年了，我还能到她的梦中做客。

一周内两个关于"入梦"的故事让我想起两年前一个早晨的故事，也是关于"梦"的。那天晚上，我还发了朋友圈记录这件事。虽然今天一下子想不起来是哪位同学，但在朋友圈里很快找到了。那条发于 2022 年 3 月 30 日的朋友圈内容如下：

"谢谢你，让我走进你的梦！"

今天早晨，我从办公室经过教学楼到食堂，6:43，在体育馆拐弯处遇见高三的张同学，她兴高采烈地走过来对我说："校长，前天晚上我梦到您了。您陪我在校园里散步，和我聊了很多。"我说："是吗！难怪前天晚上我觉得一夜没睡似的，原来溜到你梦里去了。我得谢谢你，让我走进你的梦！看来我应该陪你散步了！这样吧，哪天我请你到我办公室做客，好吗？"她高兴地答应了。

没想到这事儿让她开心。学生面对面地对我说梦到我了似乎是第一次。这是一个意外的收获，截图纪念。

看到"张同学"，我立即想起来是 2022 届的张伊琳同学，脑海里浮现伊琳的样子和当时的场景，而且确信当时截取的校园监控视频一定还存于电脑里，于是接上移动硬盘，在 2022 年 3 月的文件夹中找到了这段视频，然后就发给伊琳并留言："伊琳好！因为最近有几位校友说梦到我了，刚才我突然想起来那次在体育馆拐弯处说梦的事，当天我还发了朋友圈，而且特别截了一段监控视频，发给你做纪念。想到就找到了。"伊琳随后回复："校长您真的有将学生一直放在心中，当时梦到您的场景依旧历历在目。感觉中学那六年能在附中读书，您能是我的校长真的是一件非常幸福的事情！我有时也会和大学的同学说起附中和您。谢谢您还特意找出这段监控视频,我也会珍藏这段回忆的!"

古话说"日有所思,夜有所梦",我明知道这个理论不可靠,但被学生梦到而且梦中的形象不是"容嬷嬷",心里还是很开心,总归是被人惦记着。同样是在周一晚,9:30,我收到 2023 届毕业生、现就读于天津大学的林率校友的信息:"姚校长,我在飞机上经过怀宁县,对着地图往下拍了几张照,与您分享。不知道拍的'怀宁'正确与否?"随后发来一张电子地图和两张空中拍摄的地面夜景。地图上显示的"怀宁"就是安徽省安庆市怀宁县,至于地面夜景是不是怀宁我也看不出来。我的故乡是安庆市辖桐城市,怀宁县是我太太家乡,最近几年我回乡探亲主要是探望岳父岳母,回来就住在怀宁县城高河镇。不少同学从不同的途径了解到我与桐城、怀宁的关系。林率校友坐在飞机上路过我的家乡还不忘拍照告知,我真的很感动,立即留言致谢。

在这件事的两天前(1 月 13 日,周六),2022 届毕业生、现就读于南京大学的林岩给我发微信,他说和 2022 届毕业生、现就读于南京邮电大学的林艺森校友,陪同另一位 2022 届毕业生、现就读于同济大学的林铂皓校友一起参观中国科举博物馆,在那里看到了展览的先十六世族祖姚鼐的一封信,然后拍照发给我,还留言说:"看到了校长的先祖。今天也是凑巧。舍友铂皓来南京,我和艺森校友一起带他参观中国科举博物馆。应该是在 -4 层刚开展不远的地方看到的。原来也不大确定。但是旁边还有姚先生的介绍,看到是桐城人氏就基本确定了。"我回复:"谢谢林岩!我有两大本先祖的信札,查了一下,还真的没看到这封信。"第二天(1 月 14 日,周日),看到 2017 届毕业生、现在上海交通大学攻读博士的黄一杰校友发的朋友圈:"大夏书店有点东西。真的找到了高中校长出的书,是华师大出版社大夏书系出版的。这两本书毕业后校长送我之后还被我珍藏。随心找一找没想到真的找到了。"他在那里看到拙著《让教育带着温度落地》《安静做真实的教育》。一杰那届毕业时,我向获得优秀毕业生的同学赠送了这两本书,一杰名列其中。他在华师大校园内的大夏书店看到了这两本书,所以就发了朋友圈。

2023年12月21日上午11:10，我收到2014届毕业生、现在美国威斯康星大学麦迪逊分校攻读博士的吴紫彦校友的微信："姚校长，我看朋友圈的推送，说您退休啦？我今天刚落地广州，会在家待一个多月，本来还想着这次回国之后去附中拜访一下您，也看看母校呢！您退休之后还在附中那边吗？"我回复："紫彦好！应该好久没有回国了吧？我10月12日正式卸任。最近住在漳州港，你什么时候过来说一下，我陪你到学校走走。你好久没到附中了吧？谢谢惦记！代向你家人问好！"她回："因为疫情，已经五年半没回国了。终于回来了，感觉国内发生了很大的变化！多谢姚校长，希望您和夫人身体都健健康康、平平安安的。等我在广州办完签证，回家安顿好之后，就和您商量去附中的时间。""太舍不得您退休了！前两天和惠珠同学聊起来，我们都很舍不得。之前从未想过您退休这件事，觉得您会像超人一样，一直带领着附中往前走，带着小朋友们快快乐乐地成长。前几天突然看到朋友圈的推送，以前的回忆都涌上心头，真的觉得很舍不得。要是没有您，附中也不会这么好，我们对附中也许不会有这么深的感情。"我回复："谢谢你们！感谢遇见！感恩遇见！等你回来我要送几本书给你，里面有写到你的。留作纪念。母校以你为荣！来日方长，从容应对！你的奋斗历程是附中文化和精神的一部分！"紫彦本科就读于福建工程学院（现福建理工大学），起点不算高，但在本科期间抓住了出国交流的机会，毕业后申请到斯坦福大学攻读硕士研究生。她的故事我给同学们讲过，很多附中学生都知道这位学姐奋斗的故事。

因为有这样的师生关系，我偶尔进入他们的梦乡做客也是自然而然的事。为师者富有师生关系，平凡也不平凡，只要我们彼此珍视，它就是幸福的源泉。

（2024年1月20日）

长大后我就成了你

我的学生中有不少是教师，从幼儿园到大学都有。刘丽是其中一员，现任安徽省蚌埠市龙子湖实验学校教务主任、英语教师，正高级教师，特级教师。刘丽1989—1992年就读于蚌埠铁路中学初中部，1992年毕业后考入蚌埠师范，毕业后分配至蚌埠师范附小担任数学、英语教师。刘丽在校期间成绩优异，但那个时候中师还比较热门，有不少优秀初中生特别是女生宁愿上中师不愿上高中考大学，刘丽也因此走上从教之路。

我们师生一直有联系，但在通信不方便的年代联系不是很频繁，有时几年也不联系，虽然同处一个城市。到了微信时代，联系多起来。我们是同行，有很多共同的话题。2016年5月，她到厦门培训，专门抽时间来看我。2016年5月17日那天我发了条朋友圈："刘丽女士，过去是我的学生，现在是我的同行。今天下午，她借到厦门参加活动的机会来看望我。27年前，12岁读初一的她自制贺年片劝我戒烟，我居然就将烟戒了。"图片是刘丽和我的合影以及当年那张贺年片。这之后，刘丽在我的朋友圈里还出现了五次，每次我都会提到那张贺年片。最近的一次是2023年12月31日发的。

2023年12月29日至2024年1月2日，她和校长带领50余位老师到厦门培训，其中1月2日上午要到厦大附中参观交流。30日晚，她提前专程过来看望我和太太余老师，我们聊了很久。第二天，我发了一条朋友圈：

刘丽是我从教后带的第三届学生，现在是我的同行，是正高级教师、特级教师。昨晚借带老师到厦门培训的机会来看我和太太。34年前的冬季，12岁、刚上初一的刘丽送我一张自制贺年片，劝我戒烟，我因此戒烟。之后，我发表了一篇文章《戒烟·教师的人格威慑力量及其他》。今天看来，"威慑"这个词以及背后的理念有几分不妥。那个时候我才二十几岁，年轻气盛。多少年后我发表了《在追求良好师生关系中锻造师德》，引用了这个故事，小标题是"在师德'痛点'处看平等"。教育无非服务，教育即影响，何须"威慑"！

昨天，我给刘丽分享了一条我中午给一位刚入职的年轻教师的留言，其中有这句话："敢于为维护自己的利益发声是我最欣赏的！厦大附中追求的教育恰恰就是这个！"我对刘丽说，在厦大附中，学生可以对我说"不"。

我们常说，教师要做学生成长的重要他人，换个角度说，学生何尝不是教师成长的重要他人？

之后，我收到刘丽的留言：

敬爱的姚老师：

1990年元旦前夕，一张自制的新年贺卡送到您手中，那时只是美好的祝愿，没想到这张小小的卡片释放出如此大的能量。已经快34年了，您依旧珍藏。

师母说，您常说我是您的骄傲。姚老师您才是我们每一个学生的骄傲呢！您更是每一位厦大附中师生的骄傲！您的有温度的、安静的、真实的、服务的教育理念已经深深植入我的心中，让我在不止一次的迷茫时总能找到方向！做您的学生是有福气的，是幸福的，厦大附中的老师孩子更是无比幸福。您让教育更加尊重生命，让师生们敢于说"不"，附中孩子的一首《旅人》，让更多的人知道：当今内卷的教育可以是带着诗意的，让我们体会到做老师是以德传福，平凡的人亦能体会最真的快乐！

新年钟声即将敲响，祝您和师母健康快乐！

老师，这段话我要发朋友圈，让更多人能开始践行您的主张！

刘丽

2023 年 12 月 31 日

　　在得到我的许可后，刘丽将上面这段话发到了她的朋友圈。

　　在我的朋友圈里，可以看到刘丽成长的轨迹和事业的进步。

　　2021 年 8 月 20 日晚，我从媒体上得知她评上特级教师后，立即留言祝贺，她回复："谢谢姚老师！我还要继续努力。您是我的偶像！"我回："青必出于蓝但一定胜于蓝！得知消息我非常开心！"她回："正是有您的引导，我才会有这样的追求！现在觉得自己有种被掏空的感觉，需要好好学习了！"我回："从零开始，精彩还在后面，我坚信！"她回："好的，从零开始！"随后，我发了一条朋友圈："得知学生刘丽老师获评安徽省特级教师，我非常开心。祝贺刘老师！32 年前，12 岁的她用一张明信片让我戒了香烟，5 年前她来附中看我。作为同行，我们频繁切磋，我也获益甚多。这张明信片我珍藏至今。感谢刘丽！"

　　2023 年 1 月 21 日（除夕）上午 10:08，刘丽给我留言："亲爱的姚老师，学生遥祝老师新年快乐，阖家幸福，事事顺意！给姚老师报个喜！"然后，发来一个公示文档《公示！安徽这些中小学教师通过正高评审》，刘丽名列其中。我立即回复："热烈祝贺！太好了！新春快乐，万事如意，吉祥安康！"她回："学生一直以您为榜样，您的教育情怀和理念一直影响着我，指引我在教育的路上前行。"我回："青出于蓝！一定会有更精彩的教育人生！"她回："得知通过评审的消息，开心的同时感到'压力山大'，所以一直在思考如何能担起这个重任。在蚌埠市小学教师中除了教研员马之先老师，我是第一个正高，所以很困惑，希望姚老师能给点建议！"我回："你还年轻，应该好好规划一下。未来可期！"随后发了一条朋友圈："除夕得到又一个开心的消息，我从教后的第三届学生刘丽女士继 2021 年被评为特级教师后又获评正高级教师。1989 年 12 月初，她自制贺年片'敦促'我戒烟，1989 年 12

月9日我果断戒烟，从此脱离烟民队伍。祝贺刘丽老师！"

几条朋友圈都提到戒烟、贺年片。这里面是有故事的。这个故事对于我的教育人生具有特别的意义。

1989年12月初的某一天，刚上初一的刘丽送我一张自制的构思新颖、质地考究的贺年片。封面右上是一位长睫毛、活泼可爱的儿童，左下画了一个粗黑的烟斗，从左上至右下写着"请您作出正确的选择"。打开贺年片，正文除一般中英文祝词外，最醒目的是："希望老师在新的一年里改掉吸烟的坏习惯！"考虑到教书育人的工作性质，一番斗争后，我还是下决心戒烟。那个时候，我虽然烟龄不长，但烟瘾不小。小圈子里的男同事基本都抽烟，和办公桌相邻同事共用的烟灰缸是装麦乳精的大罐铁皮盒，隔不了几天烟蒂就装满了一整盒。这样的"烟鬼"戒烟是要有相当大的动力和毅力的，而在这之前，我从来没有想过戒烟的事。

刘丽初中毕业前夕，1992年第四期《铁路基础教育》发表了我的《戒烟·教师的人格威慑力量及其他》。文章记录了我由这件事获得的教育感悟。文章有三个小标题：教师的人格威慑是一种无形而又有效的教育手段；师生应互相塑造，教师教育学生，也必然从中受到教育；教师应具有牺牲精神。从这几个小标题即可窥见文章的内容。除故事外，文章的主要观点摘录如下：

戒烟的成功使我在毅力培养方面成为学生的一面旗帜，形成了一种无时不在的无形的教育手段，使得师生间的关系更为融洽，各项工作开展得更为顺利。

我认为，与家庭生活更加和谐、同事间关系更加融洽、个人生活轻松愉快这些益处相比，戒烟带来的最大好处还是心灵的净化和对教育真谛的顿悟。

教育最有效的途径，莫过于教育者对被教育者施加人格的影响，此所谓言传不如身教，以身作则是也。身教显然不仅是靠已然的现状，更重要的是展示教师的自我发展和人格完善的过程。教师是否一定就伟大，这得靠纷纭复杂的生活检验。良好的品德是在发展中形成的。因此，教师要特别注重自身的人格完善。

换言之，人格影响要具有立体化。我们用一打名人的成就和地位来教育和吸引学生，还不如向学生展示一位名人的成长过程。名人地位的显赫，使学生只看到自己的渺小，他会感到自己和他们的关系是人和神的关系。用人教育人远胜于用神教育人，我想这是无可置疑的。所以，一个教师不必殚精竭虑地在学生面前掩饰自己的缺点，而应该在承认错误时体现真诚，在改正错误时体现爱心。这真诚与爱心，对学生高尚人格的形成所起到的潜移默化的影响远比交给学生一两点无关宏旨的书本知识实在得多。

提高教育质量，培养"四有"新人，一方面，要大力宣传社会重视教育，增加教育经费；另一方面，要努力提高教师的自身素质。后者在目前显得尤为重要。我们要求孩子做到的自己能否真正做到；我们在宣传雷锋等英雄人物时，是否应该反省一下自己的人格层次。或者反过来说，学生贪玩、懒惰、知错不改、不思进取是否一定就是洪水猛兽、不可教也等。此均可推己及人。

师生应相互塑造。只要不是自欺欺人，我想我们在铸造学生美的灵魂的同时，也在不断塑造自我。但是，生活中也不乏妄自尊大、刚愎自用的人。他们以教育者的面目出现，而教育人又多从抽象的理念出发，缺乏生动感人的内容，因而教育的效果就大打折扣。这表明教师应当是社会进步力量的代表，对教育事业要虔诚，教育别人首先要教育自己。一个人的魅力不是天生的，它所赖以形成的环境在发展中起着不可估量的作用，因而绝不可以无视学生对自己的塑造。学生在要求老师、塑造老师的同时，实际也在潜移默化地塑造自己。

自我牺牲精神是一个真正的（不仅是优秀的）教师所必须具备的。社会对教师的要求是严格的、很高的。为人处世、举止言谈、穿着打扮等均不可随便马虎。教师不仅要在课堂上，而且要在各个方面为人师表，这也就是教师历来受到社会重视的原因。这就要求教师不断完善自己、提高自己；要扬弃自己的缺点，否定自己的过错。有时因教师职业的需要，还要放弃自己的爱好和自己感兴趣的一些活动。教师的工作是辛苦的,而报酬并不比别的行业高。这就需要教师有高尚的思想情操,有自我牺牲的奉献精神。我认为蜡烛精神不足以概括一个真正的教师的奉献精神,因为蜡烛的燃烧是被动的、消极的。而一个真正的教师,他的献身是自觉自愿的,是一种追求。他能够从巨大的教育效果中得到肯定,获得满足,从而不断加深对自我牺牲的认识,达到更高的境界。

这是30多年前,作为青年教师的我的真实感悟,其中多半是教育常识,我自认为到今天也不算过时。我想,听从学生而戒烟这件事可以算是我教育人生中的"关键事件"之一,而劝师戒烟这件事对同为教师的刘丽而言何尝不是"关键事件"之一!正因为有这件共同的"关键事件",我和刘丽多年来就有了更多的交往。我们很少讨论教学上的微观问题,谈论较多的还是宏观的教育问题。2023年3月9日晚上10:08,她给我发了一条长达1500多字的微信:"姚老师,晚上好!没打扰您休息吧?每天通过您的朋友圈,了解到您很忙,不过感觉您的精神很好。上次跟您说了目前的迷茫,也期待能得到老师的解惑。但是开学这么久了,一直忙得喘不过气,今天被安排外出学习,我把您的《怎样的教育能给人带来幸福》带来学习。通过一天的阅读,我感觉很多困惑都在书中找到了答案!您一直坚守着教育初心,这是最让我钦佩的。您一直是我追寻的榜样!虽然很多人都有教育情怀,但是现实已经让这份情怀很难维持。"后面谈到她碰到的种种问题,希望听到我的建议。随后,又特别注明"两个多小时写了这么点心里话,您的这个学生的文笔实在有待提高"。

像这样的聊天经常有,我除了鼓励,也很难给她提供帮助,何况很多问题就没有标准答案。3月9日那个时候我正好有事,没办法长篇大论地回复她,就简单地回复了一句话:"谢谢信任!容我想想。明天厦门海沧区校长成长学校的120位校长到我校现场培训一天,我也还在准备。不着急!"她回复:"不急不急!姚老师您先忙!您一定要注意身体!"她可能理解错了,我所谓的"不着急"是指如何突破她所说的"瓶颈"。其实,教师的专业发展是无所谓"天花板"的，只要不停步就是进步！

　　几年前，她和我讨论过如何做校长，我说："遵时守位，各司其职，尊重师生，守正创新。尊重规律，尊重常识。激发教师的智慧比制度建设更重要！书很多，但不是最重要的，以后可以慢慢看。我做校长的时候一本关于如何做校长和管理的书都没看过，我一是向老同志学习，二是按自己理想中的校长去做。我有八个字：力行、垂范、共苦、共情。还干不好也就没必要委屈自己，辞掉拉倒。相信你能行！"她回复："您这八个字我一直都记在心里！谢谢姚老师！您是我一直的榜样！我努力！"我又说："激励先进，那是一所学校的标高；容忍落后，让老师有尊严和安全感。"她回："好的。主要是我的个性和脾气太直，经常管不住自己的嘴。"我回："做校长适当管住嘴还是必要的。校长的做法不止一百种，有效、合适即可。一般情况下，不要试图强行去改变某个人，那几乎是徒劳的。慢慢地影响也许有点用。"她回："一定牢记姚老师的教导！"平时的交流大抵如此。

　　"长大后我就成了你"，作为教师，在职业生涯中，我能有学生不断与自己探讨为师之道，确实是一件幸福的事。

（2024 年 1 月 15 日）

"你永远都幸福是我最大的心愿"

几天前的一个晚上，我带的蚌埠铁路中学高中 1995 届的几位学生聚会，他们在微信群里发了几张照片，照片上每人穿一件文化衫，上面写着"匆匆那年"，还有"1995—2015 那些年我们一起走过的青春""20 年再聚首"等。群里的同学交流了很大一会儿。那一届，我从初一一直带到高三，六年里一直是班主任。那时候高中规模小，一个年级只有两个班。文理分科前，两个班的语文课我都带。高中毕业照也是两个班合在一起照的。我与同学们感情很深。那一届高考成绩很好，几乎所有学生都考上了高一级学校，其中有相当比例的名牌重点大学。1995 年秋季开学前的某一天，在他们陆续与我告别到外地上学的时候，我突然觉得心中有什么要对他们说，想写几句话。那一年大街小巷飘出来的最劲爆的歌声是《祝你平安》，我于是以"祝你平安"为题写了一篇小文发表在 1995 年 8 月 29 日的《蚌埠日报》上。当然，因为他们大都到外地上学去了，所以基本上都没有读到过这篇文章。

20 年过去了，我始终牵挂着他们，文章的大概内容我还能复述。翻箱倒柜居然还找到了这张已经发黄的报纸。报纸是发黄了，但记忆还是鲜亮的。我几乎可以一无遗漏地默写出两个班所有学生的名字，虽然有一半左右的人毕业后未曾见面，多半也很少联系。或许因为我，这个微信群里的人才有了交集，只因为他们都是我的学生。有的初中是我的学生，毕业后上了中专、技校或者到别的学校上高中，有的到高中才进入我班，但他们跑到同一个群里来了。我用微信才一年，这个群才建不久。大家都忙，平时大多处于"潜水"状态，也只偶尔打打招呼。

我将这篇小文拍照传到群里，同时写了一段话："20年前，各位从铁中毕业。那年的8月29日，我在《蚌埠日报》上发表一小文《祝你平安——写给我离校的学生》，现在看来颇有些稚嫩、笨拙。那一年我32岁，只能写出这样的东西。20年过去了，各位安好吗？看到'太保们'20年聚会，我还是想说：祝你们平安！你们永远都幸福是我最大的心愿！"太保是高一时的班长，和我一直保持联系，华中科大毕业，是一位优秀的骨科大夫。五年前他曾带领一批同学来厦大附中看我。我是被他喊老的，因为他总是一口一个"您老人家"或者"他老人家"。

看到这篇文章和我的留言，大家立即讨论开了。

在上海的闫明："姚老师，您太让我们激动了。"

在上海的潘文闻："谢谢姚老师记得每一位同学！现在同学们比您20年前时年纪还要大，都是即将步入中年的人。"

在蚌埠的姚慧："谢谢亲爱的姚老师！光阴荏苒，愿各位安好！"

在合肥的王津津："珍贵的报纸勾起六年的回忆啊！谢谢姚老师，也愿您一切安好！"

远在美国的卢敏："姚老师发表的这篇文章以前竟然没有拜读过。想起姚老师以前上课总给我们带来一丝新鲜活泼，激发年轻人思想，尤其在那个还比较沉闷单一的时代。""姚老师的儿子是叫力力吧？现在也有20岁了吧？还记得以前他小不点的时候说要做警察呢！还记得姚老师以前说过每个月同一天都做同样的事，就是到银行给儿子存××钱。"是的，我发表过一篇散文《储蓄爱心》，说的就是这件真实的事，不想卢敏还记得。卢敏又说："有幸做您的学生！"我回复："同样有幸做你们的老师！现在想来越发地惶恐。"卢敏："太谦虚了！如果中国的老师都有您这种对学生的正影响力，学生上不上什么大学、找不找到好工作都是次要的，中国未来年轻人的素质、修养、见解一定都大幅提高。"我从电脑里找到一张他们在初一时拍的照片，问："卢敏，能找到自己吗？"卢敏："姚老师，您还找得到这老照片呢！当然啦，那个男孩头的我！""现在想想学生时代真是人生宝贵的时光。"

我又发了一张当年刚读初一的刘丽劝我戒烟的贺年片扫描图片，并写了一句话:"那一年,你们让我戒烟。1989年12月9日,我将烟戒了。"这是另外一个很长的故事。

卢敏:"您都留着呢!刘丽好可爱,劝您戒烟呢!"

王津津:"那次您留的日记题目是'老师,我想对您说',是吧?"对初一的学生,我经常布置命题日记,否则他们写来写去就那么几件事,即使写几年,各方面都不会有什么提高。这件事距今已26年,我们师生都还记得。我甚至还可以大致回忆出他们当年的座次来。

在北京的王雅洁:"您登在报纸上的文章看得我热泪盈眶。快40岁的人了,领悟得更为真切。14岁时拍的照片又让我想起了那年的往事,一切都那么美好。在这一生中经历了许多老师,但是在我第一次登上讲台的时候,眼前晃动的是您讲课的音容笑貌,感觉上不是我在讲,而是您在讲。老师的影响真是贯穿终生!感谢老师!"雅洁在中央音乐学院任教,她的这番话我只能看作她对我的鼓励。我一口气能数上来的学生就有王雅洁、李佳敏、叶帆、陈静、姚兰英、刘丽、杨毅、李薇、钱太保、朱元杰、王震等。这一届学生中,在大、中、小学当老师的超过10人。其中王震大学毕业后回到母校教数学,与我同事8年。"长大后我就成了你",但愿我当年的工作能对他们的今天产生好的影响。闫明、卢敏、雅洁都是我老同事的孩子,我算是看着他们长大的。

在北京的马冰清:"写得真好!我们有过您在文章中提及的那些经历,但我们还是乐观积极地生活着。谢谢您教过我们。"就是冰清,在看到《人民教育》微信公众号上我的照片后给我提意见:"姚老师别总把钥匙挂在腰间,像个狱卒似的。"现在,为了方便,我的钥匙还是挂在腰间,但在正式场合讲话或拍照时我会拿下来,不能再做"狱卒"了。教师节那天,她在群里发言:"向广大奋战在教师行业既劳心又劳力的同学们致敬,尤其是桃李满天下的姚老师,感谢您对我们当初的包容、爱护。有您那么卓越的老师,真心觉得是我们的幸运和骄傲!"这个"卓越"一词让我心中有点不舒服,但还是领情的。

这只是因一次学生小范围聚会引发的微信聊天,我摘录的是其中与我有关的部分内容。30年来，我与许多学生保持着联系，特别是我从教初期做班主任那12年带的学生。我时常从他们那里得到鼓励，这里少量摘录如下。

在北京的赵忠勇："教师节即将来临，弟子忠勇预祝敬爱的姚老师节日快乐！老师，您辛苦了！""您任何时候总是喜欢生活在学生中，即便已经是校长。"他是与我联系最多的学生之一。他五年前和太保一起来过厦大附中。前年我经衡水到北京学习，他和太太开车到西站接我，和在中央电视台少儿部任主持人的一天哥哥（赵一天）陪我到湖广会馆用餐。之后，送我一件高档工艺品，但我到现在还没有打开看是个什么物件。

在深圳的赵振君看到我太太写的诗词，便在微信上给我发来一首诗："理想国度得佳眷，琴瑟和鸣世人羡。相如文君今何寻，桃李成林伴春燕。——感姚师文笔，叹师母才情！""理想国"是我的博客名，现在是我的微信名。他今年暑假携妻儿来看我。在同济大学读书的时候，他在外做家教，搞不清什么是互文，给我写了封信，说"您讲过，但我忘了"，我只好写封信详释。毕业后到《石狮日报》当记者、编辑，编辑的作品经常寄给我看。后辞职到深圳创业。我还应邀参加了他的婚礼。

在上海长征医院当医生的朱元杰是第一位来厦大附中看我的学生，他是医学博士、教授，曾在美国哥伦比亚大学医学院做过访问学者。他说他很好奇，为什么生活安逸、事业有成的姚老师还要到一个陌生的地方创建一所学校。2008年春天他来的时候，厦大附中还是工地。我从他的神情里看得出他多少有点为我担忧。这些年，我不时帮朋友找他看病。前不久，在微信聊天的时候，我对他表示感谢。他回复："哎呀，这个您别客气。我们有句话叫作：偶尔是治愈，常常是安慰，总是在帮助。我只是做了说安慰话的帮助而已，应该感谢您的信任！"我说："治疗是医术，安慰是医德！"他说："这是所有医生的体会。其实基本没有疾病是被治愈的。"我说："学生也不是老师教出来的，老师别耽误学生就行。老师跟医生一样，要学会安慰，别吓唬人。""'教学艺术的实质不在传授，而在激励、唤醒和鼓舞。'德国教育家第斯多惠说的。"他说："您对我在语文或者文学上的影响也是非常深远的！"我们经常这样朋友般地聊天。

再晚一些的学生吴俞萱,现在美国工作、生活。她在北京工作时,曾打算借到厦门出差的机会来看我,可惜我回安徽探亲了,没能见着。虽然时常联系,但毕业后我们就没有再见过面。她曾给我留言:"老师,毕业这么多年,您依然是我最钦佩的老师,没有之一。"我带她课的时候已经是校长,和学生在一起的时间已远没有之前当班主任多。

更晚一些的学生王寅:"姚老师辛苦了,有您这样的好老师、好校长是学生们的福气。祝您和师母节日快乐,身体健康,工作顺利!"他于清华大学毕业,在《求是》杂志社工作。

而我带的第一届学生朱梅,看过我的博文《宁静的妻》后是这样给我留言的:"我看了也很感动!我和同学们都为有您这样优秀的老师感到自豪!以前您教给我知识,以后更加盼望您能指导我走出生活中的迷惘!""有您这番用心、这份情谊,嫂子一定会很庆幸今生是您的妻!祝福您和嫂子以后更加幸福!"她称我太太是嫂子。我不免忆起31年前的一幕,大约也是这个时候,我带他们开运动会,当天比赛结束后,我带着他们从东院的田径场到西院的教室,在路上突然遇到来探望我的"太太"。也许是表情非比寻常,他们一下明白了这是老师的女朋友,于是都捂着嘴笑。我站在那里看他们回西院,直到巷道的尽头,还能看到他们在笑。朱梅和穆薇、陈艳、许琳四人跟我很紧,我不仅带她们玩儿,还得做饭给她们吃。她们不止一次吃过我做的饭。朱梅、陈艳的孩子今年都上大学了。岁月是把杀猪刀,虽然她们都挺会保养,但看上去已不算年轻。

同是我最早的学生董文斌,毕业后从军,前几年才转业到天津工作。我们一直没有联系过。今年上半年,我在出差深圳的途中收到他的微信朋友邀请,我立即加他为微信朋友并问好。随后,他发来一段话:"尊敬的姚老师,您好!特别高兴从同学们那里得到了您的信息。时光飞逝,不经意30年过去了,非常想念!您的身体还好吗?工作顺利吗?分别虽然久长,但您那帅气、儒雅的形象一直在我的心中闪烁。您那熟悉的板书、熟悉的声音,又将我的思绪牵向往昔的学生时代。如果时光能够倒流,我是多么想再聆听您那语重心长的教诲。因为您的谆谆教诲已化作我脑中的智慧、胸中的热血、行为的规范，使我能够茁壮成长。天涯海角有尽处，只有师恩无穷尽。真的感谢姚老师！我在天津市规划局从事党群工作。工作顺利，生活安逸。诚挚地邀请您和师母在方便的时候莅临津城，我们一叙师生之情！最后，祝您及家人生活愉快，幸福安康！"他是我们班的副班长。班长杨韬也是我的微信朋友，联系也比较频繁。

我那时20岁刚出头，比他们大几岁，确实不知道怎么当老师。大学四年都是为做学者准备的，至于如何育人，几乎是一筹莫展。现在想来，当年只能勉强算个"教书"的，至于育人完全不能胜任。我的运气在于没犯过什么过错，而我唯一值得自豪的是一直尊重学生的人格，不记得有厉声批评过学生的事。唯一值得庆幸的是，我不曾伤害过一个学生。所以，我今天可以有胆量去见每一位学生，但仍时常在心底自问："20年、30年后你能原谅老师吗？你今天还好吗？"回望当年，深感自己的工作还可以做得更好，但当时也确实尽力了。

我可以不谦虚地说，我已经到了可以不被任何名利诱惑的境界。而我之所以要将学生送给我的"恭维话"摘录在这里，只是想告诉青年同事，我们应当怎么做才能和学生在长久的岁月里彼此在心中留有一个充满温情的位置。大路朝天，各走一边，师生间井水不犯河水（去年我大学毕业30周年师生聚会时，我的大学老师杨光教授用这句话形容今天的师生关系），我觉得也是可以成立的一种处世哲学，但确实不是一种理想的师生关系。我还是那句话，为师不可急于图报。于学生而言，我们一定要相信，老师如同父母，师爱如同母爱，其中极少有私心杂念。师爱当如陈年老酒，经久而弥香，需要我们等待。于老师而言，一日为师，终身为师，焉能不谨言慎行！就某种程度而言，师生的世界是连通的，乐其乐，忧其忧，幸福可以共享，苦难可以同担，可以说，师生共处的那些日子就是播种幸福种子的时候。

在象征团圆的中秋佳节到来之际，我还要对众多的学生说：祝你平安！你永远都幸福是我最大的心愿！

（2015年9月25日）

▬ 补记

5月18日上午，我从教的第一站，也是我来厦大附中之前唯一工作过的单位——工作23年并担任校长的安徽省蚌埠铁路中学，一批寓居外地的退休老教师回校聚会，我应邀参加。因为无法保密，得知了我将回蚌埠，5月17日下午，我带的第一届学生——班长杨韬和华君、马艳燕、夏海鹰带着鲜花到蚌埠南站接我。当晚，他们临时邀约的12位同班同学为我举办荣休宴会，之后他们制作的短视频《40年前的班主任退休了》传播甚广，引来朋友们羡慕。前文所述的四人中的穆薇、陈艳、许琳均参加了，在南京的朱梅有事，临时脱不开身，未能参加。其他在群里的很多学生则留言问候。5月19日晚，"匆匆那年"那次聚会的学生，在班长钱太保的组织下又聚了一次。师生相聚，畅谈往事，其乐融融，永生难忘。

"太保们"是1989年就读初一，2020年春节他们计划举办相识30周年聚会，因我无法参加，他们让我录个致辞视频，我遵命录了一段3分26秒的讲话视频。我在视频中说："我在课堂上是大家的老师，从某种程度上说，教学相长，大家也是我的老师。在和大家相处的过程当中，我从一个年轻教师成长为一位成熟的教师。所以在很大程度上是大家帮助我成长，感谢大家！"我说的是真心话。我的成长中蕴含学生的成长，我的进步包含了学生的进步。正因如此，我和学生的关系亦师亦友，从相识到如今，师生间的交流从来都是轻松愉快的。我同意处理好师生关系要把握好"边界"，但同时认为这个"边界"需要每位老师自己去拿捏，很难用一把尺子衡量。我认为，我在"我的师生关系"中获得了快乐幸福。如果可以，我愿意重新来过。

此次回安徽还有一件事。2024年高考临近，这一届学生，高三一年我陪伴了他们两个月后退休，彼此都很不舍。学生、家长、老师都希望我回校给他们鼓鼓劲，但我一时找不到为他们鼓劲的合适方式。为难之际有了灵感。我们家乡有个风俗，逢年过节走亲访友、邻里喜事上门恭贺都要送糕，寓意"步步高"，升学则高中，做官则高升，祝寿则高寿，经商则发财……总之大吉大利。我和太太余老师在众多糕品中选中了她家乡安徽怀宁县的顶雪贡糕。顶雪贡糕是传统糕类食品，因其色如高山之巅的白雪而得名。这种糕点以其独特的制作工艺、优质的原料和丰富的营养价值而闻名，乃安徽名产。据怀宁史料记载，在宋神宗时期，有怀宁石牌艺人送精美糕点给时任舒州通判王安石，诗人赞曰：真乃顶雪也。王安石回京将此糕进献宋神宗品尝，神宗大悦封为"贡糕"，至今已有千年历史。2022年，"顶雪贡糕"制作工艺被列入安徽省非物质文化遗产代表性项目名录。

我在给孩子们的赠言中写道："向同学们赠送贡糕寓意'高中'，并且以此为起点'步步高'！'顶雪'代指纯白少年（在厦大附中，'纯白少年'代指学生，因校服上装为纯白色）；'顶雪'之'顶'则预示高考登顶，登上各自心目中的阶段性顶峰，预祝未来攀登上一个又一个人生巅峰；包装盒上的'糕中精品'寓意高中'一流名校'。简言之，祝同学们高考顺利，高中一流名校，考上各自心仪的大学！礼轻情意重！本可通过网络或友人代为订购，为稳妥起见，也为了表达我们的真诚，我和余老师日前专程回乡，亲临怀宁县顶雪食品有限公司现场订购，厂家根据订单现做现寄确保新鲜。我们将这份小小的心意奉献给大家，祝同学们高考大捷、诸事顺意、快乐幸福！"

今天上午，我应邀参加了2024届高中毕业典礼并在最后即席致辞，这是我退休后第一次在正式场合面对学生讲话，在厦大附中可能也是最后一次类似讲话。想起不久前与40年前所教学生的聚会，想起40年的从教生涯，在致辞的最后，我说："愿各位做一个幸福的平凡人！祝你平安！你永远都幸福是我最大的心愿！"

40年桃李芬芳，我想对我所有的学生说："你永远都幸福是我最大的心愿！"

（2024年6月10日）

附：祝你平安——写给我离校的学生

令人不安的"黑色七月"已经过去，叫人焦灼的火红的八月也将逝去，让人充满喜悦的金色九月即将到来。在这收获的季节，虽然果实有大有小，但终有所获。跨进新校门的喜悦会使你们忘却过去的心酸。时间是最好的洗涤剂，它能洗去一切眼下所不需要的东西。你能够保留住那最宝贵的精神与真情吗？

若干年后，有人问你，你还记得老师吗？你会说"记得"。再问你记得什么，你若说"老师的课讲得好"，那或许是老师的悲哀；那些比老师讲的课还要精彩的关于做人的谈话，你都忘了吗？

虽然人生漫长，做人艰辛，但老师不由自主地替你们担心：老师信守的道理能使你们逢山开路、遇水搭桥、逢凶化吉吗？但老师坚信，你想这社会多几分真诚、多几分爱心就得从自己做起。

老师推崇以身作则，"己所不欲，勿施于人""己欲立而立之，己欲达而达之"的原则，但在人生旅途上，你一定会遇到那些口是心非、阳奉阴违的人。

老师推崇"先天下之忧而忧，后天下之乐而乐""天下兴亡，匹夫有责"的思想，但人世间必定有损公肥私、损人利己、贪生怕死之徒。

老师推崇言而有信、行而有果、己诺必诚、一诺千金的做人准则，但生活中必定有见风使舵、毫无责任心的人。

老师推崇学富五车、谈吐不凡、温文尔雅的儒雅之士，但社会上必然有不学无术、口吐狂言、口出秽语、动辄挥动拳头的粗鄙之人。

——尽管如此，老师仍然希望你不负他之所望。虽然人生之旅因此而倍添艰辛，但坎坷之旅才是最有价值的。做好人自有做好人的艰辛，但做好人也有做好人的欢乐。好人之所为，才是人类生命长河中永恒的东西。只有把握住永恒，生命方才无悔，无悔便是欢乐。

你希望与什么样的人相处便做什么样的人吧！虽然你们已离开母校，但每当我看到你们离校时打扫过的整洁的教室，我对你们的毅力和责任心就有了信心。

前路漫漫，此时只有此句方能表达老师的心声——祝你平安，祝你平安！你永远都幸福就是我最大的心愿！

（发表于《蚌埠日报》1995年8月29日）

幸福的回忆在流淌
——学生送我一支歌

2023年11月30日,自2016年以来一年一度的厦大附中篝火晚会在国际部草坪举办,同事们邀请我参加,我没有应邀去现场,晚上在电脑前观看。晚会快结束时我接了个电话,再回到电脑前一看,满屏的"姚校辛苦了",有点不知所以,想留言致谢还得注册,忙乱得还未找到注册门道晚会就结束了。随后有几位同事将截图发给我,说是学生写给我的歌,我仍不知道是怎么回事。后来才知道是艺术类几个社团的同学创作了歌曲《旅人》献给我,引来了满屏的弹幕。稍后,艺术组组长贾嵘彬老师发来《旅人》简谱,留言说:"姚校长好,别来无恙,学生都很想你,这两天还在改。"从歌谱中也看不出这首歌一定就是写给我的。第二天看到他们发来的视频,我才知道演唱前乐手、高二6班的陈泽鹏同学说"我们这首歌要写给为附中工作16年的姚校长"引来了现场的喊叫和屏幕上如潮的弹幕。仔细推敲歌词,如果一定认为这首歌是献给某个人的,那可能只有我最合适。12月18日晚9:20,学校视频号推出MV《旅人》,点赞很快超过4000。12月31日,《旅人》被发布在网易云音乐平台上。

在11月30日篝火晚会结束后的晚8:43,我发了一条朋友圈:"'老父亲'一直在电脑前,眼含热泪!谢谢纯白少年!是你们让我看到了世界的美好!祝大家快乐幸福!一定的!我是你们的首席服务员、专属客服,永远!"这几句话是看到满屏弹幕时原本想在直播视频后面留言而未来得及发的。这条朋友圈点赞和留言者甚众,大家都被感动到了。后面九张图中的八张都是同事、校友发来的截图,最后一张是我 2021 年 11 月 24 日晚 9:13 发的朋友圈。2021 年 11 月 24 日晚,很多附中毕业生在朋友圈里转发一张"假条"——"尊敬的辅导员:我们附中人 11 月底是要请假回家看篝火晚会的,已经有三年的历史了,那里还有一个希望孩子都能成为'幸福的平凡人'的老父亲在等我,没有我,今年的火就旺不起来。望批准!""三年"有误,到 2021 年已经有六年了。我在那条朋友圈里说:"不知因何而起,但令老父亲由衷感动。感动的同时就是幸福,幸福的同时就是感谢!老父亲也想孩子们了!我也觉得,你们缺席,篝火一定不是最旺的!相信你们的辅导员善解人意,一定会批准的。如果你们因故不能到达现场,老父亲一定让你们驾一朵祥云参与,那必定也是一次最美的遇见!"从那届篝火晚会开始,我们现场直播。到 2023 年,篝火晚会已经是第八届了。

《旅人》的歌词(含说唱)很长,全文如下:

目光所及的前方 / 不怕夜太漫长 / 是你在劝我快背上行囊 / 放慢脚步去欣赏 / 海岸线或向往 / 平凡的我们怀揣着希望 / 时光会跌撞进有你的地方 / 归路仍漫长 / 幸福的回忆在流淌 / 美好不应该只出现在梦里 / 磨炼着坚强,朝着你所向的目光 / 繁星又被装进夜幕 / 照亮前方的路,指引我 / 夜以继日的旅人啊 / 记得留一座灯塔 / 晚风又被定义追逐 / 吹散前方的雾,指引我 / 风尘仆仆的旅人啊 / 不顾一切地启程吧 / 距离会阻挡前进的方向 / 逆着流漂荡,生锈的双桨被遗忘 / 乌云不属于晴天的回忆里 / 请给我力量,牵着愿望扬帆起航 / 繁星又被装进夜幕 / 照亮前方的路,指引我 / 夜以继日的旅人啊 / 记得留一座灯塔 / 晚风又被定义追逐 / 吹散前方的雾,指引我 / 风尘仆仆的旅人啊 / 不顾一切地启程吧 / 下一次见,怀念不再给予悲伤 / 逐渐化作了几缕微光 / 用我坚强的笔触,欲穷千里目 / 穿越过急雨飞霜 / 一路走来,镜湖中行船 / 凤凰花开倾注着云团 / 我的青春肆意地怒放 / 有你的陪伴幸福而平凡 / 大胆把志向树立 / 风雨兼程,要让翅膀覆羽 / 站在亦乐山的顶端回望这十六年 / 与过往的事,相呼应 / 遥望奔波的旅人,在地平线 / 把附中的字样竖起 / 热忱的心始终铭记 / 天行健,君子以自强不息 / 繁星又被装进夜幕 / 照亮前方的路,指引我/夜以继日的旅人啊/记得留一座灯塔/晚风又被定义追逐/吹散前方的雾,指引我/风尘仆仆的旅人啊/不顾一切地启程吧/你将跋涉千山万水/摘下悬崖倔强的野花/行至此地的旅人啊/初心仍纯白无暇/有天我们鲜衣怒马/回望来时匆匆的盛夏/我亲爱的旅人啊/把来路都绘成画/我亲爱的旅人啊/这次还记得我吗

参与音乐《旅人》创作的老师、同学有:

总策划:洪诚泽、杨承润;作词:洪诚泽、陈泽鹏;作曲:洪诚泽、陈泽鹏;Rap 词:洪诚泽;演唱:洪丽楠、杨俣睿、周梓煜、洪诚泽、蔡震岳、张锦源、许杰凯;和声编写:洪诚泽、周梓煜、贾嵘彬(老师);和声:周梓煜、杨俣睿、洪丽楠;键盘编写:洪诚泽、李依默;键盘:李依默;吉他编写:洪诚泽、蔡震岳;木吉他:蔡震岳;电吉他:赵一铭;管弦乐编写:洪诚泽;第一小提琴:蔡灏宸;贝斯编写:洪诚泽;贝斯:庄圣泽;鼓组编写:洪诚泽、陈泽鹏;架子鼓:陈泽鹏;录音:贾嵘彬;录音室:厦大附中音乐工作室;录音监制:洪诚泽;人声混音:贾嵘彬;配器混音:洪诚泽、曾泽邦;母带:贾嵘彬、曾泽邦;制作人:贾嵘彬;封面设计:陈雅欣、张润哲。

另在 MV 制作中还有如下人员:

摄影:杨承润、石昊轩、林炫廷、陈梓桐;视觉设计:陈雅欣、杨承润;视觉后期:杨承润、洪诚泽。

12 月 14 日上午,德旺基础教育研究院(福建省基础教育研究院)的戴汀雯老师给我留言:"姚校长您好,李厅长让我找您要一些材料:您和师生的一些照片,您刚当老师时的照片,您刚到漳州时的照片和现在的照片,当年刚建校时的一些老师合照之类,师生比较温情的照片,学校刚建设时、建设中的一些照片,学生新书发布会的照片,还有附中篝火晚会《旅人》的视频。这些需要辛苦您找一下发给我。"我也没细问他们要这个视频干吗。12 月 14 日下午,学校电教员叶欣欣老师将《旅人》篝火晚会现场版视频发给我,但看不到那些弹幕。之前 2023 届姚姝钰同学发给我一段视频,是篝火

晚会同学们演唱《旅人》的后半部分录屏，我发给欣欣，欣欣很快将两段剪辑成一段完整的视频，14日晚10:00我发给了戴汀雯老师。

12月18日下午5:41，"德旺论坛"公众号发布《福建教育的"拓荒牛"》。这是一篇长文，开篇即嵌入了这段视频。这篇文章点击量很快超过了2万。12月18日晚9:20，学校视频号推出MV《旅人》。12月21日，《闽南日报》发表记者文章《学生原创MV表白退休校长》。12月23日，"漳州教育微言"公众号再次推出《福建教育的"拓荒牛"》；12月27日，《闽南日报》公众号发表《姚跃林：依然会用自己的方式陪伴厦大附中》，漳州开发区公众号随后转发。公众号推文里都嵌入了这段视频。后面的文章都源自"德旺论坛"上那篇《福建教育的"拓荒牛"》。这篇文章是德旺基础教育研究院（福建基础教育研究院）院长、福建省教育厅原一级巡视员和副厅长李迅同志策划的，由研究院戴汀雯、陈衡两位老师执笔完成。10月份，李厅长要求研究院的同事都要加我的微信，要看我的朋友圈。这篇长文一定耗费了戴、陈两位老师很长时间，他们没有采访我，文章的素材应该源自拙著以及文章、朋友圈和学校网站、公众号上的文章，可以说工程浩大。

在12月18日学校视频号推出的《旅人》MV和12月31日诚泽、承润发布在网易云音乐平台上的《旅人》音乐后面都有大量留言，此处选录如下：

- 毕业典礼视频素材看着听着就憋不住泪，一下子很想很想附中，可能是想念附中里的同学、朋友、老师，想念附中的日日夜夜。毕业一年多，返校时总是不太有已经离开了的实感，尽管学校里的学生面孔已经变得陌生。看到网上有人说最美好的高中在大学生的眼中，但我能很有底气地说附中在我心中一直是美好的。
- 姚校辛苦！作为附中人感谢有你的付出！
- 岁月流转，时光荏苒，您承载着岁月的沉淀，留下了无尽的怀念。愿您在退休的日子里，享受生活的宁静与美好，快乐无忧！
- 怀念姚校长，您是附中的骄傲，附中感谢有您……
- 姚校长的笑容是附中一道亮丽的风景——永不褪色。

- 我的青春肆意地怒放，有你的陪伴幸福而平凡。姚校长您辛苦了！"这一生，你我皆是旅人。"
- 致敬姚校长！
- 前奏出来就开始鼻酸。记得在食堂与您同桌吃饭，记得高考时您的红色身影。毕业七年，依旧记得最好的姚校长。
- 我们永远的姚跃林校长。
- 感谢厦大附中，感谢姚校长，感谢厦大附中的每一位尊敬又可爱的老师。正因有了你们的辛勤付出，每一位学子才会背上自己的行装走向自己心里向往的远方，感谢你们的付出。
- 啊啊啊我哭了，姚爸！
- 姚校长是我见过的最好的校长！
- 祝福我高中时代的班主任姚老师身体健康，万事如意！（作者注：这条应该是我30年前的学生写的。）
- 作为附中第一届毕业生，永远为附中感到骄傲！
- 学生们最喜爱的校长！
- 全世界最好的校长！
- 四分四十九秒，只觉得听不够，下一次走进附中不知道还能不能再见到姚校的背影，可是所有附中人会永远记得他，会永远记得要努力做"幸福的平凡人"。
- 所有附中学生家长和附中人会永远记得他，会永远记得要努力做"幸福的平凡人"。姚校长永远都是那个和蔼可亲的大家长。
- 视频里面看到姚校的白头发，原来我们已经毕业八年了，校长居然也到退休年纪。记忆里他还是那个走路带风遇到每个学生都满面春风的可爱亲切的大家长。"遥望奔波的旅人，在地平线把附中字样竖起"，谢谢您教会我们做个"幸福的平凡人"！
- 感恩曾遇见姚校！
- 兜兜转转也像旅人一样来到附中四年了，虽然跟姚校并没有什么很深刻的接触，但他在我心目中依然有一种"老父亲"的亲切感，或许也正是这种亲切让我听《旅人》总有种鼻子一酸的感觉。当听到或许自己能为《旅人》、为姚校真正做些事情的时候，那份激动也确实是无法替代的。祝各位旅人永远带着对生活的勇气，把来路都绘成画！

- 我依然愿意相信这人间值得！
- 相同的、不同的年龄相遇，都是生命的相遇，这本身已经值得庆幸，如果能互相参与彼此的生命，那就更值得为之击掌。生命里经历的人和物，是中间物，是过客，却因为带着生命体验，而把生活过成了旅途。我们都是别人旅途中擦身而过的旅人，也因此成了漫看世界的旅人，琐碎细节让旅途真实，也让它得以长久。
- 令人动容的师生感情，在今天，尤为难得。亦可知，只要投入全副生命，一定能听到生命之回响。
- 来到附中真正让我体会到了什么是"有温度的教育"，姚校给我们的感觉更像是一位"老父亲"，永远是那样地亲切与温暖！人生路上，我们皆是旅人，怀揣着理想不断前行。愿大家都能在平凡中感受到幸福！
- 一辈子的灯塔，塑造我，指引我，找到了我！
- 校长好！感谢有您的四年，让我在这片诗一样的土地上萌芽与蓬勃，初心似当初那样纯白无瑕。太多太多感怀的话说不出口，就祝愿您永远幸福快乐，当您回头望向我们时，会有万盏灯火迎接您的归来！
- 以后还能看见那个每天（下午）5点在操场慢跑的姚校吗？
- 姚校是我男神！
- 时间过得好快，遥想那个懵懂的盛夏夜晚，我第一次被包裹进这个浪漫的地方，如今是否还能一身纯白地笑谈少年之志？未来呢？感谢我浪漫的校长与老师，给予我这环绕世界的温柔，让我得以窥见美好的一隅。我亲爱的旅人啊，这次请记得我吧，望将来某日怀念时，仍有一树凤凰花开在心头。

显而易见，这其中不乏感性的溢美之词，更多的是"感谢""做幸福的平凡人"等短小留言。

有一条很有意思:"退休了,还是离世了,搞得这么悲催。"后面有人解释:"校长和我们都健康幸福地生活着,校长今年退休了,这是学生们自发地送给校长的祝福和对校长建校以来精细呵护大家的感谢。我们伤感的是接下来在学校见到姚校长的次数变少了。校长退休前基本上每天都在食堂吃饭,在操场跑步,在教室巡逻(我已毕业但也可以从朋友圈每天看到姚校长发布的关于学生、老师、学校的事),但校长对我们的爱和我们对校长的爱不会少的。"从这个角度亦可看出,对附中不了解的人是很难理解这种眼下稀有的真挚的师生情的。

2023年12月19日,出于对孩子们的感谢和尊重,我在自己的朋友圈里转发了《旅人》MV,朋友圈的文字是:

"这一生,你我皆旅人",学生将《旅人》送给我,其实也是送给所有附中人。"我的青春肆意地怒放,有你的陪伴幸福而平凡",于我而言,于所有附中老师而言,又何尝不是!这首原创歌曲在篝火晚会首演后他们又反复打磨,直到昨天在视频号发出。大家不必过度解读,"我"不过是素材而已。厦大附中音乐社每年都要推出原创歌曲,《旅人》是其中之一。用他们的指导老师、附中艺术组组长贾嵘彬老师的话说,就是"课外活动、校本课程、兴趣爱好"而已。"我"触发了他们的灵感,是托物言志之"物",亦如他们制作的定格动画片《附中十二时辰》和纪实片《附中十二时辰》中的"我"一样。在百度中检索"厦大附中原创音乐",会出现3150个相关结果。

事实上,这首《旅人》送给每位附中人甚至每个人都可以,我是其中的代表。正赶上我退休,孩子们就将这首歌送给了我,我岂敢专享?

发在B站(哔哩哔哩)上的这首《旅人》MV的评论区置顶的留言是"创作手记":"每个人的生命都是在自己的旅途中不断前行,我们都是自己的旅人。一路走来,有许多人的轨迹与你重合,互相陪伴过几个分岔,又将向着各自的终点起程。歌词描绘了旅人们到了临别之际,回忆起曾经的点滴时依然热泪盈眶,依然能送上最真挚的祝福的场景。在我心中,姚校长便是我平凡的生命中难以忘却的旅人，写下这首歌以表对姚校长的感谢，以及感谢这一路走来陪伴我的每一个人。"这段"创作手记"应当是诚泽写的。

篝火晚会的第二天（12月1日），月假在家的诚泽加了我的微信，他给我留言："感谢您过去为学校的付出，以及坚持举办篝火晚会，给了我们做自己热爱的事情的机会！"我回复："诚泽多才多艺！感谢你们！祝万事如意！代问同学们好！谢谢大家！"

元旦月假的第二天（12月31日），诚泽给我发来微信："姚校长！最近安好？今天凌晨《旅人》在网易云音乐平台发布了，这段美好的经历也算告一段落。此次打扰主要是提前祝福您元旦快乐！顺便讲讲近况。收下厚礼（作者注：我送给他们每人两本书。）后的几天我一有空就拜读您写的文章，看着当时收到书的同学们亦是如此。《让教育稍稍有点诗意》中有一篇讲述文学馆的开馆并提及昱圻学长的诗集发布，得知李学长的父母担心其因创作耽误学业，瞬间让我颇有感触，因为我与父母也曾在音乐问题上产生过纠纷。我热爱音乐，但若谈及艺考我定是比不过其他从小怀抱梦想、磨炼至今的音乐生，所以我最终还得走高考这一条路。墨家不崇尚音乐，而某些长辈亲戚似乎也觉得在这个年纪做音乐属误入歧途，我亦深知若我为了音乐放弃学业是非常可笑的举措，于是这几个月来我不断地在两者之间平衡与取舍。为了篝火晚会，我完成与老师的约定，在期中考取一定的成绩，老师便允许我抽时间专心带领乐队排练。很幸运我在期中考试中发挥还算可观，年段进步百余名，语数英物（3+1）进了年段前50名，在实验班这个集体也跻身前20名，这是我过去四年不曾达到的位置。后来因为视频歌曲制作，第二次月考略有退步，但我不为自己开脱，因为我清楚我耗费了一点青春去做自己喜欢的事情，这段回忆足够令我铭记许久！看到您写'但我又赞成昱圻牺牲一点学业成绩而去从事自己喜欢的事'，我便感觉过去的几个月里我所付出的一切都是那样值得。兴许也沾了厦大附中的光，亲戚们听到厦大附中的孩子写出这样的歌都由衷地感叹这些孩子'会读书又会玩音乐'，或许换作别的学校不会让他们有这种感想吧，哈哈。当然，我明白我的青春没有留给我太多时间，现在距离高考仅剩一年半，我已决心要全身心地投入学业。《旅人》很可能是我为附中留下的最后一首歌,我也很乐意并有幸以这首歌作我的'收官之作',哈哈!对您、对附中感谢之情我已传达了多次,相信已经'自在不言中'了!最后,祝新的一年里身体健康,万事顺意!退休愉快!"

随后又发来一条:"又及,发给您的是歌曲的专辑封面,其由3班的陈雅欣同学绘制,'旅人'二字标题由我们班的张润哲同学书写。白鸽飞过少女身旁,海浪激起阵阵涟漪,画中的女孩指代了众多来到这个滨海港湾求学的纯白少年。学生们代代更迭,前浪将起,后浪涌至,扣紧主题:这一生,你我都是旅人。另外,我取英文名为 *The Memories We Have*,如其字面意思,希望这首歌承载着您与附中共同的回忆,也能让附中人听起便想起自己的附中故事。"我回复:"谢谢诚泽!刚才梓煜将链接发给我,我听了两遍,非常好!我也留言了。为了留言,刚注册的。永远不要为爱好付出的青春而后悔!"

为了在网易云音乐平台上留言,我专门登录注册,留下了如下这段话:"祝贺《旅人》上线!感谢创作团队!感谢纯白少年!难忘16年,祝福到永远!感谢遇见!感恩遇见!厦大附中不会因我而有无,但我的生命却因厦大附中而遇见别样的'人生风景'。相逢的意义在于彼此照亮,我不知道自己是否有光,是否照进过别人的黑暗。然而,因为厦大附中,我得以遇见生命中的诸多贵人,得以侥幸不败,得以享受到生命的诗意,我感受到了遇见的温暖。感谢遇见!这'别样的风景'中最重要的部分就是纯白少年,就是附中人!不是所有校长都如我这般幸运,更不是所有人都如我这般幸运!"

承润也是在篝火晚会后那个月假的第二天(12月2日)加了我微信,他留言:"姚校长,先祝您退休快乐!之前听说您要退休的时候一直不敢相信,国庆时得知您已经回安徽的时候,翻出了您之前在我初中毕业纪念册上的签名和去年运动会有幸得到的与您的合照,发了朋友圈。这次得知您回了附中,很希望能够再见到您。但不巧的是上周我刚好感冒回家了,没有遇到您。祝您身体健康,常回附中看看!"我回复:"谢谢!我会常去看你们的。祝一切安好!"他接着又发来一张照片并留言:"这张照片是去年广场钢琴演奏会留下的,不知您有没有看过。这次刚好得到机会,以摄影社团的代表作品刊登在了《亦乐园》的封底。"我回复:"是吗?我第一次看到。谢谢!"他说:"谢谢姚校长,我想要在今年诚泽创作的原创歌曲《旅人》MV 当中以照片墙的形式展示一些您在附中的点滴。斗胆问一下,可否使用您朋友圈中的照片?"我回复:"可以的。不要耽误你太多时间哟。"之后的 12 月 16 日晚他给我留言:"姚校长好,您想在论坛上放《旅人》的 MV,所以我们紧急赶制了一版发给您,但还是没来得及赶上,先道个歉,我们想再修改一下视频和音频,之后再通过贾老师从学校官方视频号发出,今天的那个版本能否先请您不要转发?我们已经联系那位发视频的老师让他删除视频了。"我回复:"没关系。你们不要太费神,不要太耗费时间!我这几天忙,没有太关注这个事。没有在这次论坛上播放视频的计划。是领导知道篝火晚会上的演出后很感动,索要这个作品看看。再次感谢你们!"看得出来,可能是老师们有催过他们。

2024 年 1 月 1 日早晨,我从承润的朋友圈中看到了他博客上的《Ycr 的 2023 总结》(Ycr 即杨承润),很长,其中大部分篇幅主要介绍《旅人》的创作过程,此处摘录如下:

时隔将近一年,在 2023 年最后一天又打开了这个熟悉而又陌生的编辑器,写下了这一年的总结。写这篇总结不仅是回望 2023 年,更是对《旅人》这首歌的 MV 策划、拍摄、剪辑留下一点文字的记忆。

《旅人》创作心得:

对于在 2023 年 12 月 31 日发行的厦大附中 2023 原创歌曲,我在这先放一下它的专辑简介(作者:琴残霞 Qincx):

"生命的旅途,我们遇见不同的人。互相交换故事,互相鼓励前行,最终分道扬镳,奔向属于自己的终点。

"寂静的夜里,辽阔的沙漠,温暖我的是你点起的篝火,是你给予的甘泉。我可能没有参与你的过往,亦无法陪伴你走到生命的终章。但至少现在,我们相伴而行,就已经弥足珍贵。

"多少人与我们生命短暂重合,多少人匆匆路过我们的全世界。这首歌写给我生命中陪伴过我的所有人。这一生，你我皆是旅人。"

此外，这首歌赠予一位白发苍苍的老人。16年前，旅者踏上征途，于不毛之地拓荒。16年后，轻舟过山重，把树亭如立。感谢您出现在我平凡的生命中。祝退休愉快，万事如意。

《旅人》(The Memories We Have) 是由厦大附中创作部部长洪诚泽与音乐社社长陈泽鹏共同作词作曲、洪诚泽编曲并带领厦大附中电声乐队联排完成的厦大附中2023原创歌曲。悠扬的弦乐与鼓点交织，流行的和声与嘻哈融合，在厦大附中2023篝火晚会、2024广场钢琴演奏会中演出。在不断地打磨与修改后，《旅人》正式版本于2023年12月31日发行。

还没听过歌的赶紧去听歌！歌曲指路网易云音乐。

说起这首歌的MV创作，还得从初中说起。在初三时与洪诚泽同学一同制作了《引领时空》(厦大附中2022原创歌曲)的MV之后，受到姚校长不止一次的鼓舞。还记得在MV刚刚发出的后一天（2022年2月23日），姚校长在早读巡堂的时候走进了我们班级，逐一认清我们的面孔，并鼓励我们继续创作。这算是我第一次真正"认识"这位"老父亲"。再之后，初中生涯即将结束之时，我去找姚校长在毕业纪念册上签名，他签完名之后不忘鼓励我："承润同学，最近还有没有研究拍摄与剪辑啊？期待你们之后的作品！"在此之后，再为附中的原创歌曲制作MV的想法在我心中萌芽。

在今年的暑假，得知诚泽同学又在为庆祝附中16岁生日写原创歌曲的时候，我就下定了再为这首歌制作一支MV的决心。在9月份摄影协会的面试时，我开始尝试为MV的创作寻找合作伙伴。恰好陈雅欣同学在面试的时候提到她对微电影的拍摄很感兴趣，我就在国庆的时候邀请她作为导演一起参与到MV的拍摄之中。原本以为这只是一次平平淡淡的挑战自我的创作历程，但没有想到国庆时传来姚校长退休的消息。消息来得十分突然。在商讨之后我们一致决定将这首歌赠予姚校长，记录这位"福建教育的'拓荒牛'"在这片不毛之地的拓荒故事。之后与贾老师交谈，他十分支持我们的想法，并为我们后期的拍摄、剪辑工作提供了很多指导。

2023年11月27日，《旅人》MV的第一版完整分镜策划得以完工。原计划是在运动会期间完成 MV 大部分镜头的拍摄工作，所以在这之后，我和导演以及摄影协会的其他同学交流着灵感，不断切换着拍摄思路。没想到天公不作美，在运动会时并没有想象中的金色余晖以及满地落叶，等来的只是无尽的寒风。在我们共同努力之下，还是按照分镜拍出了几个满意的镜头。

2023 年 12 月 14 日，厦大附中迎来了它的 16 岁生日。在这一天下午，我突然收到了同学带来的消息：学校希望我们能够尽快发布《旅人》。于是，随之而来的是紧急剪辑、紧急录歌、紧急补拍素材、四处寻找素材等繁琐而又紧张的工作。此时，距离第二次月考只有短短五天。12 月 18 日，在我们的共同努力之下，一个中午创作封面，游泳课请假到音乐工作室对音视频进行最后的调整与审核，《旅人》MV 得以和大家见面。这时距离月考只有不到 15 个小时。在数学考试之前，接到贾老师电话得知《闽南日报》有记者要来采访。之后，学校视频号、公众号都发布了这支 MV，朋友圈逐渐被《旅人》霸屏。看着家长、师生们各自抒发着对附中、对姚校的感谢之情，随之传来的又是姚校回校送书给我们……现在回想起这段创作时光，虽然有疲惫，但更多的是这几日带给我的历练与自我能力的提升。这是 2023 年我度过的最有意义的一段时光。

这一次创作，我们不仅为姚校长送去了退休礼物，也回忆了在附中生活的这四年多时光。这是我第一次正式作为一个导演去执行项目，也是我们第一次尝试学习工业化的流程进行创作。在这次旅途中，我们不断学习更专业的知识，共同完成了对自我的挑战，给姚校长献上了一份独一无二的礼物。

虽然创作《旅人》MV 的一路上充满了汗水和遗憾，但我仍然在不断前行。也许之后留给我在摄影剪辑旅途中的时间不会太多，但我想，高中时光的最好回忆，就留给旅人吧。

感谢陪伴我一路走来的每个人。

附：《旅人》视频封面和《旅人》主创合影。

"我的青春肆意地怒放，有你的陪伴幸福而平凡。

"人生如逆旅，我亦是行人。

"这一生，你我皆是旅人。"

看到我在网易云音乐平台上留言并转发的朋友圈后，承润给我留言说："姚校长您好！看完了您的朋友圈，只想跟您说一声谢谢，感谢您一直以来对我的鼓励与支持。2023 年已经过去，2024 年转眼已是我在附中的第六个年头了。初次喜欢上附中还是在 2019 年时的某次校园开放日，我随父母第一次踏进了这座'面朝大海的森林校园'。我对附中可以算是'一见钟情'。附中吸引我的不仅仅是优美的校园环境，还有您的'做幸福的平凡人'的教育理念。于是，考上附中成了幼小的我心中最大的目标。我很幸运最终得以如愿进入附中，能够在附中学习，在附中成长，在青春年华遇上您。感谢您能够在我们最好的青春年华时期给我们一个舞台，'容忍'我们在个人兴趣爱好方面尝试。您潜移默化地影响着附中每一个人，也不断地鼓励着我，让我在中学得以迈出兴趣方面的一大步，完成人生中许多个第一次，感恩幸运的我能够遇见您。昨天看到您朋友圈中的文字，其实我也深有感触。不知道如果当初没有选择附中，没有遇见附中，我的人生又会是怎样的。能够参与到《旅人》的制作中，是我的荣幸；能够遇见您，是我的幸运。《旅人》歌曲和 MV 的创作之旅，是我高中时光最美好的一段旅程，也注定是我人生当中最值得铭记的时光之一。接下来等待我的必然是为文化课学业奋斗的高三生涯，不知道未来的路能有多远，还能够再遇到什么，获得什么。但我想，'做幸福的平凡人''亲爱的旅人，不负韶华行且知'，一定会支撑我走过这段人生中最重要的高三旅途，成为我青春年华最珍贵的回忆。我不善言辞，只是看完您的朋友圈心中有些话想说。最后再次感恩遇见，谢谢您一直的陪伴与支持。借用诚泽的歌词来说，其实还是一句话，'我的青春肆意地怒放，有你的陪伴幸福而平凡'。祝您新年快乐，身体健康，万事如意！"我回复："昨天我对诚泽说，'永远不要为爱好付出的青春而后悔！'要开心快乐地拼搏高考，做最好的自己！人的成长最终靠自己。你们在追逐兴趣的过程中培养出来的自信和解决问题的能力将受用一辈子！"

承润、诚泽他们一直在兴趣爱好和文化课学业之间陷入抉择的纠结，我很理解他们。他们和我一样，也是满怀理想的现实主义者，正如诚泽给我的留言，"我明白我的青春没有留给我太多时间，现在距离高考仅剩一年半，我已决心要全身心地投入学业。《旅人》很可能是我为附中留下的最后一首歌，我也很乐意并有幸以这首歌作我的'收官之作'"。承润的总结大约也是这个意思。

高中刚过半，他们便理性地对兴趣爱好开始了"刹车"。他们感谢附中，仅仅因为我们"容忍"他们在个人的兴趣爱好方面作了一点尝试并因此获得了美好和自信。

为了感谢参与创作的全体师生，我准备送他们每人两本我自己的书，由他们在我的六本书里挑选，然后我自费新购，签名赠送。12月25日圣诞节傍晚6:40，我和太太余老师将书一一送到老师、学生手里。3位老师、17名学生，每人两本。赠送给学生的两本书分别统一题写两句话，"做幸福的平凡人""亲爱的旅人，不负韶华行且知"，皆关联歌词。

毫无疑问，《旅人》的故事让附中文化更添一分魅力。

（2024年1月3日）

最后的贡献
——荣休记事

按时退休是我对附中作的最后一个贡献。

——题记

在厦大附中官网上，2023年11月28日（周二）上午8:56发布了这样一条校园新闻《开发区管委会召开姚跃林校长荣休座谈会》。新闻简报了参加荣休会的开发区管委会领导、开发区教育局领导和学校相关人员，简介了荣休会的过程，配发了29张图片。这条消息并没有多少人关注，直到一个月后的12月28日点击量也只有159次。荣休会是11月23日举办的，即新闻发布的五天前，西方的感恩节，据说是领导确定的日子。这场荣休座谈会筹划已久，但我一直不赞成举办，聘任名誉校长更是不赞成。直到省厅、市局多位领导过问，再加上管委会领导、开发区教育局领导以及学校现任领导三番五次沟通，盛情难却，只好答应。觉得早做早了，免生困扰。这一天离宣布新班子就任和我卸任、退休的10月12日已过去40多天，距我离开学校已过了50天。

新班子人选9月26日傍晚公示，公示期是5个工作日，因为国庆假期有8天，所以要到10月9日公示才结束。然后准备材料上会研究。故新班子上任最快也要到10月11日。但考虑到接任人选是两位原副校长，对学校的情况很熟悉，我短暂离开不会影响学校工作。而随着公示信息扩散，我退休的事渐为大家知道，继续留在学校，每天要面对同事和学生，要做很多解释工作，我自己觉得很啰唆，也怕因此给别人带来麻烦。总之，因为忍受不了长长的告别，我10月2日近午时分全面巡查一遍校园后离校，那之后就没有再去。因为当天下午高三学生返校，不忍面对学生，还因为总是有人到家看望或约请，于是等10月3日儿子儿媳离家，10月4日上午离区自驾回安徽老家。上午9:00从高速漳州港尾口进入，晚10:00抵达高速安徽怀宁口，为时13小时，行程1000公里。这一次在老家一待就待到11月10日才离开。返程还是自驾，沿途游览了黄鹤楼和长汀古城，11月12日才回到开发区。50天没进学校大概是1980年上大学以来的第一次。

国庆假期后，我一直在催促相关领导推动新班子上任进程，最终两天走完流程。10月9日公示期满，11日上午开发区党委书记、管委会主任黄强中集中召集廖建勤、周永春、江振武三位同志进行任前谈话，并决定于12日上午到校宣布任免文件。12日上午10:31，我收到炀宾主任发来厦大附中干部大会的侧面照片，10:51，艺伟主任在党委群里发了一张正面照。至此，算是正式交接，我才如释重负。

10月14日上午10:10，炀宾发来从开发区网站上下载的任免文件，并留言说："校长，上午好！今天看到开发区网站发布的正式任免文件，心里还是不舍与伤感。这几天经过408办公室门口都要驻足，希望那熟悉的身影永远定格在里面。昨晚值班走到操场，望着跑道，全校师生熟悉的背影已经十几天没有出现。早上打开以前的相片，往事历历在目。惟愿永久驻存在心里的'校长'和余老师幸福安康！"

我真的是退休了！半年多以来的心里纠结特别是国庆假期以来的惴惴不安总算可以放下了。

关于我退休的事是最近两年不时被提起的话题，仅我知道的故事就很长，没有必要公开相关细节。

在和附中有关的大多数人包括师生、家长甚至熟悉我的朋友眼里，我是不可能在60周岁按时退休的。他们的立论基础很朴素，就是"附中离不开你，你也离不开附中"。而在我看来，我可以离开附中，附中更可以离开我。因此，我早就做好了退休准备。但各级各方面的领导都在为我留任作准备。2021年2月10日（腊月廿九）傍晚，主持开发区党委和管委会工作的黄强中同志第一次专程到我办公室，借春节慰问表达开发区党委和管委会的意见，希望我作长期打算，至少延长三年，身体许可的话可以做到70岁。我一方面表达感谢，另一方面明确表示要按时退休。因为离退休还有两年多，没有必要太认真、太顶真地谈这个事，但我知道黄书记是认真的。这以后，管委会领导、厦门大学领导，甚至招商局集团领导、漳州市教育局领导见到我，几乎都要嘱咐到龄后继续留任，但我均以"干不动"为由搪塞过去。

以下是2022年春季开学后到2023年9月前后不到两年时间内我工作日记里记录的相关内容：

2022年4月19日（周二）上午南滨校区揭牌后，厦门大学邱伟杰副校长等在黄强中书记等陪同下到附中1号会议室座谈，邱副校长强调要发挥校长的作用，希望我到龄后继续留任。

2022年5月5日（周四）上午10:10—12:00，分管人事工作的牛春忠书记到访，希望我留任校长并返聘已退休一年多的我太太余老师，被我婉拒。

2022年5月19日（周四）下午3:00—4:10，管委会林朝晖副主任到访，专门讨论留任一事，仍被我婉拒。

2022年6月1日（周三）上午，在开发区教育局参加福建省高考考前检查及组考工作调度视频会议后当面向黄清亮局长递交了辞职申请。下午3:35—4:30，陪同开发区党委黄强中书记到校检查高考准备工作的林朝晖副主任再次到办公室谈话，希望收回辞呈，未答应。

辞职申请全文如下：

开发区教育卫生局并转管委会：

本人生于1963年6月，将于2023年6月退休。现提请开发区党委、管委会免去本人厦门大学附属实验中学党委书记、校长职务，退居二线。理由：1. 长期失眠导致经常性眩晕，抵抗力下降引起身体多发不适，影响正常工作。2. 本人于 2007 年 9 月 3 日入职参与筹建附中，在领导和各界的关心和支持下，省一级达标高中和示范高中建设目标如期达成。于我而言，侥幸没有失败，已属超常发挥，难以再有作为。附中发展已进入新阶段，需要一位年富力强、能力和德行双馨的同志带领接续奋进。本人让贤有利于附中发展。我意尽快启动遴选工作，并于今秋开学前完成交接。退居二线后，我将集中精力整理相关档案资料以便退休前尽数移交。如考虑平稳过渡需要我留任一年党委书记，本人遵照执行。但今年是附中党委换届年，本人明年退休，已不宜作为候选人。唯领导示定。

特此申请！

申请人：姚跃林
2022 年 6 月 1 日

2022 年 7 月 19 日上午，黄强中书记、牛春忠书记来访，继续讨论留任一事。本人表态：（1）谢谢信任；（2）希望按时退休；（3）一定坚守到接任人选到任后离任；（4）遴选校长应提到议事日程。

2022 年 8 月 11 日下午，牛春忠书记、开发区人事劳动局唐世森局长到访，讨论留任及干部交流的问题。

2022 年 10 月 26 日上午，牛春忠书记来访，征求关于党组织领导下的校长负责制问题，希望留任书记，另配一位校长。再次婉拒，并建议：如果实施，可同步推选书记、校长。此后，开发区教育卫生工委建议并批准厦大附中党委换届延期一年举行。

2022 年 11 月 21 日下午，漳州市教育局新任局长卢炳全同志莅临学校调研，有关方面负责同志陈坪松、曾晓东、张磊、黄清亮、谷家伦、张志宏陪同。卢局长表达希望我继续为漳州教育作贡献。

之后，不管是专程还是顺带，相关领导只要见面，大多要讨论到这个问题。

2023 年 2 月，管委会领导分工调整，蔡志勇副主任分管教育卫生，林朝晖副主任不再分管。在以分管领导身份参加的第一次见面会上，蔡副主任当众说"姚校长到龄不能退休"，在场其他同志也附和"不能退休"，我只好微笑作揖。这之后两个多月里，蔡副主任多次和我讨论这个问题，我均未松口。2023年5月10日下午，我再次为退休一事给蔡副主任写了一封信，表达按时退休的愿望，并就接任人选等问题提出建议。晚10:00发给蔡副主任，他回复希望我留任一段时间。

这封信全文如下：

蔡副主任好！

关于我退休以及接任人选问题，我有几点想法，不妥处请蔡副主任指正！

我去年6月1日即向清亮局长提交书面辞呈，理由主要有两点：一是身体不允许可，二是学校发展需要。本人让贤有利于附中发展。一年过去了，现在我希望按时退休，理由无非还是这两条，不再赘述。管委会领导希望我留任一段时间是对我的认可和信任，我非常感谢。黄书记、牛书记、林副主任和您都专程莅临与我聊过这个事。特别是黄书记，先后多次到我办公室谈到这个事，我感谢之余陷入为难。这里我再次表态：一是希望按时退休，二是在继任者到岗前一如既往，绝不松懈。

关于继任人选，我觉得还是内部产生比较好。附中地处开发区，各方面优势不明显，现在面向全国公开招聘很难招到合适的。当年吸引我来应聘附中校长的是创校和学校定位。如果今天附中招聘校长，我是不会来的，尽管附中现在是一所不错的学校。从某种程度上说，今天的工作难度并不小于当年，校长的压力也许更大。附中的班子调整要纳入开发区教育总盘子中通盘考虑。海滨学校、厦大附小、南太武实小也面临相同的问题，可以一并考虑。比较而言，附中班子调整是重点。附中"乱"则开发区教育很难稳。

目前附中校级干部还有另外4人：张自科、江振武、廖建勤、周永春。周永春于2020年任副校长兼任南滨学校校长。目前附中有77个班，是一所大学校。班子成员实际是一正三副，中层以上共18人，与同类型同规模学校相比，干部是偏少的。按照书记、校长分设且以书记为主的新要求，我卸任后可以空出两个位子。（作者注：具体建议内容此处从略。）附中主校区的规模很快突破80个班级，建议校级班子成员至少5人，加上南滨校区至少6人。附中党组织在2017年升格为党委，按规定应设专职纪委书记。所以，附中未来校级班子的合理结构应当是：书记1人，校长1人，副校长3人（其中1人专职分管南滨校区），纪委书记1人。

目前附中中层正职中年龄、任职时间符合条件，工作能力和工作业绩较好的大有人在（作者注：具体建议内容此处从略。），可以就地提为副校长，也可异校提为校级干部。为了助推附中新一轮发展，附中干部队伍建设需要大力度加强，包括校级、中层、年段、教研组在内的骨干教师队伍总体面貌迫切需要更新，这项工作由我来负责未必合适。这也是我想按时退休的具体原因之一。按时退休是我对附中作的最后一个贡献。

综上所述，附中主要领导遴选应结合开发区教育干部队伍建设、附中教师队伍建设的大局来实施。前期应由人劳局、教育局在广泛听取意见的基础上制订一揽子解决方案，要力求使这个方案至少在未来五年内是基本稳定的，避免朝令夕改。学校干部队伍相对稳定对学校发展和学生成长是有利的。

目前，厦大附中高品质示范高中建设进入关键期，面临很多困难，未来还将面临诸多不确定因素，需要从多方面突围，而班子建设、队伍建设至关重要！

姚跃林

2023年5月10日

2023年5月25日上午，人事劳动局唐世森局长来访，提出退休手续暂时不办，9月启动班子遴选调整工作。我考虑退休一事是比较严肃的人事工作，尽管领导有言，我还是担心留有后患。在我的坚持下，7月初还是办理了退休手续，7月份拿退休工资，人劳局就我"返聘"的待遇安排另下了一份文件。但是，什么时候真正退休反而没了时间表。我做事历来谨慎，唯恐关键时候出纰漏，确实是按"一如既往，绝不松懈"去做的。整个暑假没有离开过学校半天，连体检的半天时间都不肯抽出来，直到12月才体检。从2月10日病愈到校上班直到7月10日暑假开始，五个月没有在家吃一餐饭。9月9日（周六）下午，我再次撰写辞职报告，晚8:00，将电子稿发给开发区教育局谷家伦书记。9月10日上午，纸质稿交谷书记。因为7月已办理退休手续，之后是由教育卫生局为主体返聘的，所以这份辞职报告是写给教育卫生局的。

辞职报告全文如下：

开发区教育卫生局：

本人已于2023年7月初办理退休手续。由于工作需要，根据上级指示，继续留任至今。8月30日傍晚，年逾九旬的岳母不慎摔伤，医院诊断为骨折。由于年事已高，医院不建议手术，只能卧床静养，能否康复难以预料。我爱人8月31日回乡照料，何时能回开发区无法确定。我爱人为岳父岳母独女，有一同母异父哥哥2017年因公殉职，多年来二老一直由我们夫妇赡养。2017年以来，二老一直住在养老院，岳父93岁、岳母91岁，来日无多，需要我们贴身照顾。现在岳母卧床，不能自理，我爱人一人无力伺候，急需我回家帮忙。加之我们夫妇也是花甲之年，需要相互照顾。因此恳请领导批准我9月底前卸任。

特此申请。

申请人：姚跃林

2023年9月9日

（岳母卧床两个多月，至11月初勉强可以下床。我们11月12日回到开发区，11月27日岳父支气管炎犯病住院，我太太28日回乡陪护，直到12月13日出院后15日返闽。照顾老人确实是我坚持退休的原因之一。在太太的精心护理下，岳母最终能下地行走，基本恢复如初。难以设想的是二老均卧床，太太一人如何能应对。）

关于我的退休问题，管委会领导高度重视。黄强中书记主持工作后先后7次专程到我办公室表达希望留任。2020年后，两任分管领导林朝晖副主任、蔡志勇副主任以及分管组织人事工作的牛春忠书记多次到访真诚挽留，人劳局、教育局主要领导更是精心策划，薪酬待遇单独设计发文，表现出极大诚意。厦门大学邱伟杰副校长2021年10月20日私访，希望我到龄后留任。他说，厦门大学建校100年，其中三位校长做了50年，林文庆校长16年，王亚南校长20年，朱崇实校长14年。他开玩笑说返聘5年，正好21年，超过他们三位。他多次在公开场合说，十几年前，再大胆的人也想不到附中那么快发展起来；附中是厦门大学教育事业的一部分。中国科学院院士、厦门大学党委书记张荣教授说："附中办得很好！其影响和意义已远超仅仅是厦大的附属中学。感谢姚校长多少年如一日地全力付出和全身心融入，同时附中也极大地提升了厦大的美誉度，向厦大输送了大批优质生源，解决了大量厦大教职工子女的优质教育问题，并与厦大漳州校区的师生共享了许多重要设施。谢谢附中！谢谢您！"

在得知我要退休以及正式卸任后，我的同事、学生、校友、学生家长中的很多人感到很突然，我收到很多邮件和留言，最长的一封信超过4000字。感动之余，我通常这样回复他们："不想再干的理由有四点：一是做了27年校长，确实有点累了。现在校长是体力活，没有精力不行。好不容易脱离苦海，岂有再投网的道理？二是做真教育需要'真坚守'。可以自我告慰的是，到目前为止，我没有向任何反教育的行为'投降'，但属于我的时代已经过去，我不想做我不愿意做的事。不能兼济天下，只好独善其身。三是厦大附中创校至今十六载，校内干部队伍也要调整。这个工作由新校长来做更好。而且越快越好，我越迟退休越影响学校发展。从某种程度上说，按时退休是我对厦大附中作的最后一个贡献。作为创校校长，我希望厦大附中越来越好。四是给副校长、给年轻同志腾位子、留机会。"

坦率地说，在这种背景下坚持退休是要有点定力的。我任附中校长时，附中还是山，还没有平地，更别说校舍，甚至还没有正式的校名。我于2007年9月3日正式到任入职，校名是经我提议于当年12月13日获准，造地场坪于当年12月28日正式完成。我是附中筹备办主任，一个人工作了三个月，然后带着两个年轻人筹备，直到2008年秋季开学。学校2018年6月获批省一级达标高中，2022年3月获批福建省首批示范高中，实现了优质、快速发展。16年里，我的心中只有厦大附中。我想，我对附中的感情，朋友们都可以想见。在这个背景下，兼及几乎所有相关领导和众多同事、学生、校友、家长，以及关心附中和我本人的社会各界人士的挽留，还有在其他公办学校很难得到的不菲的待遇，身体似乎也还能胜任，我似乎没有理由不继续做下去。但我还是坚持退休，最深层的原因是我觉得属于我的时代已经过去，各方面很难再自我超越。

厦大附中是在特殊的区域环境里和特殊的办学机制中成长起来的，她的成长背景几乎不可复制。当然，这种环境和机制既不是既有的，也不是自然而来的，与我们自身的努力有关。但随着大环境的变化，小环境和机制的优势渐渐失去，劣势反而膨胀。如果没有能力将厦大附中带向更辉煌的高度，至少不能让附中在我手里变成自己不希望的样子。退休了自然想做的事是做不成了，但至少不想做的事可以不必做了。如前所言，到目前为止，我没有向任何反教育的行为"投降"，而"投降"也不失为一种策略和艺术。我不懂不等于别人不懂，换一个校长，用另外一个思路带领附中前行也许更好。没到退休年龄没有退路，咬牙也得坚持，既然可以退休了，何必再找不自在？这也许是我坚持要退休的根本原因。既非不想工作，也非不能工作，亦非不爱教育，更非不爱附中。离开附中，正因为我深爱"附中"！

12月5日，教育卫生局甘朝伟局长到校宣布，原办公室主任陈艺伟、原总务主任刘炀宾、原教研室主任邱云三位提任副校长，艺伟兼任南滨学校校长。6日上午，我给刚刚被福建省委任命为开发区党委副书记、被福建省政府任命为开发区管委会常务副主任的蔡副主任发微信："蔡主任好！再次恭贺荣任开发区党委副书记、管委会常务副主任！唯愿蔡常务继续分管教育。开发区教育事业发展处在关键时刻，常务分管有利于发展。看得出来，虽然分管时间不长，但蔡主任对教育已有很深感情，成效也有目共睹。听闻您昨天上午已找几位副职集体谈话，随后甘局长就到学校宣布了，艺伟也到南滨就任了。这样，校级干部都配到位了。谢谢您及各位领导对附中干部的信任！我相信他们一定不负重托再创新辉煌！昨晚永春校长来电，我建议尽快召开党员大会，选举产生新的党委班子；尽快召开教代会，对中层干部人选进行民主推选摸底，在此基础上配齐中层干部。宁缺毋滥，渐次推进。成熟一处到位一处。认准就做，拿不定主意就缓一缓。坚持集体决策协商议政，最大程度汇聚合力，同向发力。张副书记虽不到两年要退休，但还要发挥好他的作用，必要时请领导听听他本人的意见。我觉得还是要安排好。他是第一批教师，为附中发展作出了杰出贡献，党委换届后接任副书记至自然退休也未尝不可。这是我的一点不成熟的建议，请蔡主任指正！您多保重！"蔡副主任回复："谢谢校长，自科老师继续任副书记到退休也是我的想法，我跟他们交代。"

12月24日上午，第三届教代会第四次会议召开。12月27日下午，第二次党员大会召开，选举产生新一届党委会，廖建勤、周永春、张自科、刘炀宾、邱云、陈艺伟、钟宜福当选党委委员，廖建勤任书记，周永春、张自科任副书记。我参加了党员大会，对大会顺利举行以及这样的选举结果非常满意。至此，从组织层面而言，我算是"扶上马，送一程"了。

得知我退休后，不少单位抛来橄榄枝，公民办学校都有，有三个单位负责人到家敦请，还有通过其他途径邀请的，我都一概婉拒。上面四条理由之外还有两条：一是这么多领导真诚挽留，既然退了，怎么好再另谋他就；二是到龄退休，学生和校友也能理解，但退了却另择他枝就伤害了学生和校友的感情，这个我做不到。最终只应福建省教育厅原副厅长李迅同志力邀担任德旺基础教育研究院（福建基础教育研究院）特聘研究员。12月16日上午，在第二届基础教育论坛暨2023年德旺基础教育论坛上，我从省教育厅李绚副厅长手里接过聘书，下午受命主持平行论坛之"大先生的为学为事为人"，算是上岗的第一件事。我曾经和领导们开玩笑地说，退就退了，读书写作，颐养天年，扶老助少，力尽天责。只有一种情况下我可能会复出，即若领导们不重视附中，学校发展面临重大困难，我会出来再办一所学校，将这些老师都请过去。因为他们都是我招来的，我有责任让他们免致流离失所。这当然是玩笑话，因为他们总认为我会"高就"。

国庆节后，同事、学生、家长和朋友们陆续知道我退休了，不少人通过各种渠道向我致以问候。我收到了很多电子信件、微信、短信，虽没有办法在本文中一一呈现，但愿意在本文的最后分享其中的一小部分，也将自己从中获得的快乐幸福分享给大家。

高二2班邱思杰撰文《再见，姚校》：

今天是国庆节，假期的第三天。早上6点多起床，用手机看了一会儿升旗仪式，突然看见QQ里有人在讨论姚校退休的事情，说他已经办好了退休手续。不舍与伤感不免涌上心头。下楼后，老妈说姐姐从朋友圈里看到姚校昨天去海澄祭祖，便意识到这次大概率是真的退了。

吃过早饭，又看到姚校回安徽的消息，一时间难以调整自己的情绪，就想写点什么。

关于校长退休的传闻早在高一那年就有听说，但因功课繁忙，也没多大在意，只是每天看他一遍遍地走完教学楼，望着他离去的背影，然后继续读书。上学期拜读姚校几部作品时，看到一篇关于理性看待学校"换帅"的文章，就已经明白校长对于退休的态度。他认为返聘不一定能发挥出更好的作用，不要因个人的长期"掌舵"而固化学校的模式、思维。

虽然早有心理准备，但突然听到消息，还是无法接受，甚至有些懊恼。

上周六下午，我像往常一样环校慢跑。太阳金灿灿的，很美，狗尾巴草随风摇摆，像浪花一阵阵。远处的教学区，爬山虎爬满了知行楼、景行楼，墙壁绿油油的。在南门接近上坡路段时，看见了姚校。他就在我面前跑着。我加速上前去，跟他打了声招呼。姚校慢下步伐扭过头打招呼，对我说："思杰现在状态越来越好了，坚持下去一定会很优秀。"并露出他招牌式的笑容。那天不知是不是跑得太久，脑子一片空白，只是简单地回应了他几句，就告别了。

后来晚自习回宿舍，从姐姐那里得知校长已经在收拾办公室，像是不久后就要搬走，她还叮嘱我找机会和姚校交流。我回想起跑步时的偶遇，心想要是再次跑步遇见他，一定要和他聊聊，聊理想、聊困难，只要肯开口，校长肯定会耐心倾听，并作出解答。却不知国庆过后，便很难再和他一起奔跑在阳光下。

我是一个比较内向的人，很少主动和老师交流，特别是对我非常尊敬的人，说话时总害怕自己说错什么，讲话有些语无伦次，大脑空白，结结巴巴。姚校为人很随和，见到同学也是笑脸相迎，与同学"约饭"、座谈、喝茶聊天，丝毫没有校长的"架子"。但出于对他的敬畏，每次见到姚校，我总是简单应答几句就"仓皇而逃"，然后就是笑，傻笑，不知所措地笑。也是因为姐姐，才能这么早就认识到校长，听到他在路上相遇时喊我的名字，总有一种莫名的小开心。

我在初中时写了一篇《我们的姚校》，又在高一时写下《凤凰花开的时候》，都是有感而发。那天是寒潮，风很大，很刺骨，但校长还是像平常一样巡堂。他从班级走过时向我和润哲（润哲也写了一篇关于姚校的文章）招了招手，示意我们出来。然后在走廊上向我们表示感谢，感谢我们对他的肯定，并说了些鼓励的话。不知是不是因为灯光，或是近距离与他接触，我猛然间觉得姚校并没有我印象里那般高大。他紧紧地裹着黑色大衣，戴着黑色棉帽，在风中显得那样瘦小，但脸上依然不失笑容。我突然意识到，姚校已然是一个耳顺之年的老人，他已经陪伴这所学校走过15年时光，陪伴我们走过4年的岁月。以前看姚校觉得他高大是因为我们还小，时光流逝，我们在快速长大，姚校也在慢慢变老……

校长带给我们很多东西，我们能在任何时候说一声"别怕，校长在"，能在跑步时看见穿着红色运动服的老人和我们一起奔跑，能从他的校长手记中感受到关怀，能在附中感受到幸福。它们是安全感、成就感、归属感、幸福感……就像姐姐说的"姚校是给予附中灵魂的人"。校长，您放心，"做一个幸福的平凡人"，我们会一直记在心里。

或许正如母亲所说，天下没有不散的筵席，校长已经60岁了，是时候回家享受天伦之乐了。他 16 年前从安徽离开，只为创建自己的理想国，办学生喜欢的学校。现在，是时候休息了。但，常回来看看！

附中的爬山虎依然绿着，不知不觉间爬满了整片白墙，还伸出了许多嫩绿的小手，继续向上摸索着；狗尾巴草来年依然红彤彤一片，像麦浪；校门口依然笑声常伴耳畔，几个人在拿快递，几个人在慢跑。来年，或许爬山虎已经不是原来那一株，狗尾巴草也不是原来那一片，但总会冒出新的力量，向上生长。明年，篝火还会生起。

不知两年后凤凰花开的时候，还会不会有一位"老父亲"在大礼堂门口，送别他的孩子们离家远行？

再见，姚校！谢谢您，姚校！期待着我们下一次重逢。

2023 年 10 月 1 日记

2020 届邱华彦（邱华彦、邱思杰为姐弟。思杰的文章是华彦转发给我的）的信：

姚校好！

国庆和思杰打视频电话的时候听说了您已正式退休，虽然返校日那会儿已经从汪老师那里得知了这个消息，看您这学期的朋友圈也隐隐有预感，但这一天真的到来的时候，即使已经毕业很久了也依然觉得有点无所适从。我和思杰说，虽然毕业三年多了但一直对已经离开附中没有实感，知道您真的退休了之后才忽然感觉到十几岁的那个我真的和我彻底告别了。您之前说，如果思念成为前进的障碍，宁可我们暂时忘掉附中，那时的我在想是不是我过于念旧才会在很长时间里对大学生活无所适从，现在才发现是因为附中已经很自然地作为我的一部分而存在着，所以比起障碍我更愿意称它为动力，推着时常陷入负面情绪而停滞不前的我一点一点向前走。

虽然您认为不要因个人的长期"掌舵"而固化学校的模式和思维，但对我们这些称得上是完完全全在附中成长起来的人来说，您和附中已然成为一体，当我们谈到附中时永远会提起您的名字。上个学期某次围绕中学生活的宿舍夜聊中，我分享了很多关于附中的故事。我舍友听完说了一句，"感觉你们校长是个很浪漫的人"。那一瞬间，我无比自豪。

听说您即将离开附中，思杰写了一篇随笔，可能是独自一人在异乡过中秋的乡愁作祟，我带着回忆看完之后哭了好久，我想他大概是不舍又不好意思直接向您表达，就自作主张将这篇文章发给您，也作为我对我的十几岁的正式告别吧！

一直很想说谢谢您，因为您和附中，让我和思杰即使有巨大的性格差异也能在某些方面一直保持同频。您和附中给予了我们很多能永远陪伴我们的远比成绩更珍贵的东西，让我们这样的即使不是足够优秀的人，也能站在阳光下大声地称赞自己。想说感谢的话很多，但我不是一个很善于表达的人，就祝您在未来的日子里肆意享受人生，也希望能再次与您在附中重逢！

2021届冯颖婷的信：

姚校您好，很冒昧地突然打扰您，给您发信息。首先，先向您自我介绍一下，我是2021届高三11班的冯颖婷，曾经担任过余老师的课代表，也是余老师在附中的最后一届学生。其次，想祝您荣休快乐！昨晚听闻您退休的消息，我仿佛回到了余老师退休那天，百感交集，于是想加您的微信，向您送来祝福。

山水一程，感恩相遇。谈及附中，我每每会想到陶行知先生说过的："校长是一个学校的灵魂，要想评论一个学校，先要评论他的校长。"一朝沐杏雨，一生念师恩。真的很感谢姚校创办附中，能让我走进附中，让我在附中感受浓厚学习氛围的同时不断充实自我。每当与同学谈及高三，我都能感慨附中的老师以及您的辛勤付出，拯救我于高三的水深火热中，让我谈及高三时不会是晦暗与窒息，而是大家并肩作战的勇气与鼓励。即使最后我取得的结果不尽如人意，但附中带给我的精神层面上的东西是任何一所学校无法替代的。您之于我们就如同鲸落海底，哺暗界众生数十年。而附中是一所家长愿意放心让孩子们接受教育的学校，是我们享受学习的一方天地。

毕业快三年，我一直关注着附中的公众号。每每看到一篇篇推文，我都有无限的怀念。我始终记得三年前毕业典礼那天晓华姐姐说的："附中是我们曾经的港湾，会静静地等待，等待我们回家；会热切地期盼，期盼我们用少年的热情照亮未来。"可是把附中当作家的我，很抱歉从大学到现在只回去过一次，而那次也未能去拜访您和余老师。

有太多话想说了，由于表达的匮乏，我不知如何将我内心满满的对附中的爱和对您的敬爱彻底抒发出来，只能用朴素的语言告诉您：感谢遇见附中，感谢姚校，附中永远是我的家，姚校永远是我心里最好的校长。此外，望姚校能帮我向余老师问个好，告诉她我也很想她，不知道余老师还记得我吗？

最后我想说的是，自从余老师退休以后，我就特别害怕和老师们的离别，直到拍毕业照那天余老师回来和我们拍了张毕业照，我才明白或许为霞尚满天，退休于你们来说正是开启新征程。抑或许离别并不可怕，重逢也会是第一浪漫的事。希望以后有机会能去拜访您和余老师，常回附中看看，祝你们身体健康，平安快乐！

2021届高静宜的信：

姚校长晚上好！听到您荣休的消息，心中特别不舍。姚校长陪伴了我六年初高中学习生活。谈到附中，我会想起开学典礼上您的讲话。现在，我大三了，每每看到姚校长的朋友圈，当然也会想起附中的倩影。附中于我的意义，并非只是我生活六年的校园。对我而言，她犹如伊甸园，她容我用笔尖捕捉平凡日子的闪光，她容我鲜活也容我迷茫。记得当我获得全国新概念作文一等奖时，姚校长赠我两本书，扉页上是您的签名以及"做幸福的平凡人"和"享受诗意人生"两句话。我想我或许没做到"诗意"，也称不上"幸福"，但我终于学会了接受平凡，尔后我也终将学会自洽的。未来，或许我会失望，我会迷茫，会以为遭逢了人生里最大的恶意，但我想，我要学会享受,那样何尝不是一种诗意呢?在附中生活的日子是我最纯粹的日子,是我最幸福的日子,是我常常在深夜里怀念的日子。很感谢您曾对我的关照,很感谢您来到附中、陪伴附中。希望有机会可以拜访您和余春玲老师。

2021届王萱瑜的信:

姚校长好!和您分享一个小小的发现,今天在B站的评论区看到这么一句话:"我们高中时期的校长经常说要做幸福的平凡人。"

这句话不仅成为我们的人生信条,也成为附中人之间的暗号,对上就是附中人。毕竟能在茫茫互联网上对上暗号,实在是一种神奇的感觉。

同时,我们也将"做幸福的平凡人"这种美好的人生态度传递给更多人。这是所有附中人宝贵的财富,在传递中价值更得到提升。

还有一则小故事,我的大学学姐,之前看到我转载的您发在厦大附中公众号上的文章,特别喜欢您的理念,关注了咱们附中的公众号等着更新。她从小就生活在西安。对于我来说,我的高中能被远在千里外的同学认可,是何其骄傲的事!

最近看到您退休了,先跟您道一句"退休生活愉快",几十年忙碌的工作,现在也能休息休息了。当时高三,余老师在我们班上完最后一节课后退休,后来我们在操场遇到她,她说等您退休就可以一起出门旅游了!

之前说要给您寄信,写好了但不敢寄,怕自己认知实在太浅薄了,遂一直收着。就在微信上和您分享一些小感想就好啦。

最后,祝您和余老师身体健康!

高三6班蒲茜钒父母的信:

我们此生最敬爱的姚校长:

您好!前些天茜钒说好几天没看见校长您了,是不是离开附中了?看她失落的样子,我还跟她说不会的,校长应该是在校长室忙碌着,没出现在校园。但昨天却听到一个孩子读高一的同乡说附中公众号照片没见到姚校长身影。同乡提起时语气里是满满的遗憾，说好多高一的学生也是冲着姚校长来报附中的。然后大家一起感慨如此年轻的附中有今天的辉煌和名气，离不开姚校长您几近呕心沥血的无私付出与奉献……再听到同乡说您这几天回安徽老家探亲，不知道还会不会回附中，我们的心顿时如坠冰窟，感觉心里好似有什么坍塌了似的，什么语言也形容不了内心那种极度强烈的失落感。想着赶紧来问问校长您真的忍心抛弃这么多真心敬重、爱戴您的家长和学生，不再来附中了吗？茜钒跟您单独的毕业合影、找您要的签名、送上满怀真挚感恩与祝福的鲜花等心愿都还没实现呢！

  我们都不愿相信或者说没办法接受没有姚校长身影的厦大附中。我跟同乡说校长应该会回来的！我们还会再见到姚校长的！如果校园无缘再见，只要是在国内，总有一天，我们无论千山万水也要找到我们最敬爱的姚校长以了心愿。古有王维九月九日忆山东兄弟，今有附中学子九月九日盼校园再见姚校长！最后敬祝姚校长及家人佳节快乐！永远幸福安康，万事如意！再次感恩您！

  此致

敬礼

蒲茜钒爸爸妈妈

同事陈佳蓓老师的信：

  校长，请原谅佳蓓的反应迟钝和嘴笨，无法用语言表达对您的不舍。虽然隐约地感觉到您要退休了，但直到看见艺伟发的朋友圈，才意识到这一切都是真的。我的眼泪就一直止不住地流。跟随您15年，在学校里，每天都能看见您。看见您朝我微笑，我这一天就会很踏实。可现在突然意识到，接下来有可能在学校里看不到您了，我就控制不住了。跟随您的15年里，您见证了我的成长，从结婚成家到生育两个孩子，这15年是我最辛苦的15年，也是最有价值的15年。因为跟随您，我渐渐找到了工作的真正意义和价值，逐渐形成了我现在的人生观和价值观。校长，感谢您！我的成长真的离不开您的帮助。请原谅我的嘴笨，说不出那些华丽的话语。但您是了解我，了解我的这份真心。这些年，您太辛苦了。我是衷心地希望您能歇一歇，过您自己喜欢的生活，可我又真的舍不得。请原谅我又忍不住哭。我祝您和余老师都身体健康，长命百岁。如果可以，多回学校看看。我有一个不情之请，能不能加您的微信？让我能时常知道您的情况，远远地为您祈祷！

同事庄少伟老师的信：

姚校，我是庄少伟，这段时间一直在等着您回学校。我这学期开学初就给您准备了一个足底按摩的筋膜球，知道您每天都有跑步的习惯，还是想着您能够多跑几年。于附中而言，我是怀着感恩的心来到这所学校的，它在我父亲人生的最后几天里，给他带来了安心。后面他走得很安详，觉得他的儿子来了附中任教，他已经能够安心走完人生最后几天。他跟我说了一句，这所学校很好，你要用心去对待它。尽管我一直以来教学一般，我还是不断想通过自己的努力去提升自己，去做好工作的每一件事，尽量向别人嘴里的优秀靠近一些。姚校，您要是有来学校，记得跟我说一下，我想把筋膜球亲手拿给您。

同事王淑群老师的信：

姚校，您怎么不跟我们说一声就走？我伤心了好久，最后见您应该是国庆放假前一天，下班后在南门碰到，现在我才知道您那天正式退休。我一点也没感觉到您那天有什么不一样，也不知道当时您是环校跑第几圈才碰到的我，幸好有碰到，不然我就更遗憾、更难过了。都没有好好告别，想起您的鼓励和微笑，我就偷偷掉眼泪。几天了，感觉还不能适应，也看不到您巡学校的背影。感觉您就是我们心中的一棵大树，附中怎么能说没有您就没有您？现在还没缓过来，您是个顶好顶好的校长，对学生或同事都像长辈一样。学生都不知道您退休了，有个别同学来问我，这几天没有见到校长爷爷，难过极了。一定要多回来。大家都很伤心，十分想念姚校长。

同事陈世江老师的信：

尊敬的姚校，这几天有好几个学生问我校长去哪里了，说好久没看到他了。其实附中老师近两年都在传您退休的事情，但我还是不愿意相信您真的这么快就离开附中。一直到10月2日国庆高三返校，我看到同事在小群转发您朋友圈的截图，我才确定您真要离开附中了。说来惭愧，来附中之前，我除化学专业书之外几乎很少深度阅读。来附中这些年在您的影响下，才读了一些非专业书。特别是您的书，使我明白了许多教育乃至人生的道理，也会常常写下自己的感悟以记录飞逝的时光。是您以这么多年的身体力行改变了我对工作和生活的态度。您的书中提到几次您的住房改善经历，我明白有些事情确实要一辈子做，不要急于求成。消费主义常常使人陷入债务泥潭。我是一个不善于抓住机会的人，更应当静心做好当下该做的事情。

我特别赞同您在书中提到的尊重生命的固有价值。作为生命体的人，我们应当有尊严地生长至自然死亡。我们固然要追求有价值的自觉人生，也应当容忍躺平般的"行尸走肉"。提倡做别人因我的存在而感到幸福的人，也要容忍那些仰仗别人苟活的人。生命的核心价值是等值的，其他附加值不应占到太大权重。反观当前教育现状，一些教育工作者失去自我般的功利。我深感如果没有正确教育价值观，学校和个人都难走远。

曾经我以为，学校的领导最重要的任务是向上级争取更多的政策和资金，但是您以多年辛勤付出告诉我，脚踏实地做事才是学校发展的关键。正如您在书中提到校长的重要职责就是多阅读，通过自己的观察、思考提出能引领学校发展的教育理念以凝聚共识。您通过文化建设，让同事和学生以及社会能认同发展理念，从心底认同您要做的事情，使学校要达成的目标与每个个体的人生价值高度契合，让个体做事有成就感和幸福感，才使学校取得今天的成就。您带领附中人做真实的教育，成为这个区域强大的存在，社会和上级部门才会给学校更好的政策和更多的资金。

现在我每天上班仍然会习惯性地看一眼艺术馆地下停车场您常停车的车位，仿佛还能见到您到学校了。看来我和学生一样还是不习惯没有姚校的附中，因为学校还没正式公示，我只好跟学生说姚校出差了。我知道您以这样的方式告别一定有特别的考虑，只是不知该怎么跟学生说。

同事陈明慧老师的信：

姚校您好！9月28日那天晚上才知道您要退休了，虽然是件很值得开心的事情，但是却莫名地伤感了很久很久。国庆后返校上班，每天早上都没有看到您巡堂，心里总觉得少了点什么，仿佛少了家长天天的关心似的。有时候您一个眼神、一个举动、一句关怀，都可以让我开心很久很久。今年特意申请了初中毕业班班主任，就希望拍毕业照的时候能与您再同框。不过您退休了，我也很开心，可以多点时间陪伴家人，做自己喜欢的事情。余老师终于不用再等您下班吃饭了。顺便帮我问候一下余老师，我也很想念她，常常都能忆起她亲切的笑容与话语。姚校，想念您的第15天，要常回来看看我们，祝一切都安好！

同事王成英老师的信：

姚校长，之前就听说您要在国庆离开附中，心中万分不舍，犹豫了很久要不要跟您道别，终于在今晚跟儿子说"以后你来附中就看不到校长爷爷了"时忍不住了。对于我而言，毕业即来附中与您共事，从您身上学到很多。您不像我的领导，更像是我的一位长者，给了我很多信心。如果有可能，我真希望您能一直在附中，每天在教室门口、在操场、在食堂都还能看到您的身影，因为那个身影总能给人安定的感觉。但是天下无不散的筵席，您总归会离开附中。也许我要用很久很久的时间才能适应您的离开，也希望您能休息休息，好好享受生活。最后，真心祝福您健康顺遂！

同事许云宏老师的信：

尊敬的姚校：

　　昨天早上晨会的时候没有看到您在主席台，和同事确证了您国庆就已返回安徽的消息，心里头顿时感觉酸酸的，也堵得慌，一直延续到现在。也许是您的不辞而别让人更加怅然若失，也许是已经习惯了每个在附中的日子里都能看到您，也许是内心已经把您当成了父亲般的存在，所以才会这般舍不得。

　　一直觉得您就是附中最大的靠山，是附中的掌舵者，会一直都在，却忘记了您的年龄一直在增长，也要面临退休，还有自己的长辈要照顾。只是我们真心不希望您离开附中，因为您在我们心目中就是附中的灵魂人物，有您在，我们就心安了。虽然知道我们不能这么自私，但内心真是很不舍。现在打下这些文字的时候，您在附中的场景一幕幕轮番上演，我的眼里还是不争气地湿润起来。

　　我不善言辞，平常也很少跟您正面打交道，您可能无法理解我此时的感受，但这些是我的真实所想。难以忘记您的温度教育，难以忘记您"不太精致"的学校管理，更难以忘记您对后辈老师们的提携、关怀。毕业之后即来漳州港，说实话，也有过离开的念头，但您让我，还有很多像我这样的年轻教师在附中有家的感觉，有拼搏的动力。因为有您持续输出的力量源泉，所以我们都在这里安家落户，所以才有数量越来越多的"附二代"。您为我们争取了很多利益，自己却放弃了很多。真心想对您说声谢谢！

　　您离开附中已经是无法改变的事实，我们也要慢慢习惯没有您身影的附中，一切都将继续，伴随着不舍和挂念。惟愿您和余老师在老家身体康健，一切顺遂，有空常回附中走走，我们一直都在。

　　高二11班王雅澜同学在作文中写道："附中上空飘过的云，吹过的风，以及同学们殷切的目光，无一不诉说着对姚校的敬重与思念。""即使对未来职业规划暂不清晰，在听到'老师'这个职业时也会毫不犹豫地摇头的我，（在听到姚校讲话的）那一刻，突然间，我很想成为一个像姚校一样的人。"她还写道："姚校如今已然退休，但他没有在一个正式的场合告别我们。正如张嘉佳所言，'在青春的这趟列车上，如果你要提前下车，请别推醒装睡的我，这样我就可以一直沉睡到终点，假装不知道你已经离开'。没有正式的告别，只是悄无声息地离开，这样我就可以假装您不曾离开，只是实在不巧，我已经很多天没有偶遇您了而已。"

站在职业生涯的终点回望，我惊奇地发现，我的从教之路是闪耀着光芒的坦途。40年日复一日播下幸福的种子，果实足够我余生享用！

（2024年1月3日）

附录　学生给我写了几百封信

厦大附中创校以来十余年里，我先后收到几百封学生写给我的信。这些信都是手书的纸质信件，长的几千字，短的几十个字。有的是规范的信件，有的就是留言条。在校生的信有当面递给我的，有放在校长信箱里的。毕业生的信大多是邮寄过来的。近年来，多数校友和我联系主要通过微信，少数会给我发邮件。我粗略估算，我的微信朋友圈里有超过1500名厦大附中校友，其中不少人逢年过节或者有什么事时会和我交流。也有刚毕业的校友会通过微信发给我电子文档的规范信件，更多的是聊天式的交流，其中不乏洋洋洒洒文字，整理出来就是一篇文章。本文所称的"信"是指纸质信以及少数电子邮件、书信体的电子文档。一年收到几十、上百封学生写来的信的老师是不多的，这样的校长也许更少。时过境迁，翻检、重读这些信件，我的心中总会涌上一种幸福感。我觉得我是个幸福的老师，绝大多数校长不会有我这样的礼遇。

这几百封信的内容无非是托付、倾诉、感慨、感谢、闲谈等，其中大多数不是赞美诗，特别是在校生写的那些便条，大多是给我派活的。这些"派工单"有些是举手之劳，有些则要费心尽力，但我一概乐意"效劳"。这固然与我的从教办学理念有关，因为我认为教育无非服务，但更重要的是，作为校长，我有责任营造这种理想的人际关系。我始终认为，和美的人际关系是厦大附中最重要的教育力量。我认为，和谐的师生关系是学校最好的"风水"。这个"风水"需要我们师生共同营造和维护，它不是天生的，也不是永恒的，需要我们长久呵护。

我常问自己，学生愿意和你说话吗？同事愿意和你说话吗？他们有事愿意托付你吗？拙著《教育无非服务》中诸多故事的背后大多有关于"信"的故事，因此可以说，学生、同事愿意和我说话，有事愿意找我。拙作《早晨的一个电话让我幸福一天》记录了同事突发疾病清晨向我求助的事，我在文中说："他能在危急的关头想到我，说明他信任我，我其实应该感谢他。"拙作《有一种幸福叫"帮助"》也是记录帮助同事入院看病的事，我在文中说："学校没有能力解决所有教师的每个困难，校长个人更没有这个能力，但我不希望教师个人的困难被学校和校长漠视。什么叫温暖？锦上添花也许是，但更多的应该是雪中送炭。面临困难时一个关心的眼神就能传递温暖。我觉得，被别人帮助是一种幸福，帮助别人也许是更大的幸福。"拙作《三个小时34个电话》记录了为安排同事住院我在三个小时内打了34个电话的故事，我在文中说："都说校长要做大事，不要陷在事务堆里，我搞不清什么是大事，也不知道怎么会有那么多的大事。"我觉得，同事和学生托付的每一件"小事"在我眼里都是"大事"，我必尽力而为。每完成一件这样的"大事"或"小事"，我都会有成就感、满足感、幸福感，今天回想起来倍感幸运，甚至觉得自己精神上是个富翁，因为绝大多数人没有我这种经历。

被信任的幸福

2023届毕业生林一彤校友在给我的信中说："上学时我们时常有一段调侃，'如果你想要开空调或有什么困难不能及时解决，找一个楼道坐下，抱膝低头，姚校长就过来了，第二天事情一定解决'。但这还真不完全是一句玩笑话，姚校长关心学生的程度甚至让我们不少的任课老师都对这句话表示认同。"看到这几句话，我有一种被高度信任的万分感动。话语的背后是"一彤们"对我治校理念的理解与认同，我因此由衷地感到幸福。其实，不是什么事我都能解决，但我可以保证，如果有位学生抱膝低头坐在楼道里，"任何情况下"，我都绝不会视而不见的，是一定要上前过问的。他有困难我一定是要帮的，帮不了的我一定要解释以期取得他的谅解。总之，我必以同理心、同情心真诚以待。

2015届毕业生、现就读于美国约翰斯·霍普金斯大学的洪欢婕校友在赴美前给我的信中说："忘记是在和哪位朋友闲谈中聊到，'哪个校长可以做到全年无休每天巡视教学楼？'我脱口而出，'我的校长可以！'在附中校园里，看到校长，就会有安全感，只要校长在，学生的事情就永远都能得到重视与回应。记得我高一有一次宿舍停水了两三日，询问宿管老师，答复似乎是遥遥无期，那天上晚自习前我终于忍不住给校长发了短信，晚自习下课后回到宿舍发现竟然就有热水了，也收到了校长的信息回复。直到现在我还会和同事、朋友开玩笑说：'以前我上学时，我们可是宿舍停水了都会找校长的！'真心感谢校长在这十几年里为附中学生做到的'事事有回应，件件有着落'，您辛苦了！"

是的，小到空调故障、热水供应、晚餐想吃稀饭、球场安装照明设备、餐厅设置"一米线"、礼堂消防井安全、餐饮质量、超市物价、功能室开放等问题，大到心理疏导以及同学矛盾、师生矛盾甚至亲子矛盾的解决，包括毕业生托付的事，只要有求我必有应，从不应付推诿、敷衍了事。这类信件占比最高，文字少的就两指宽的纸条，文字多的洋洋数千言，而更多的是发信息、打电话、当面找。我到底因此做了多少这类"小事"？只能说不计其数。因为我始终直面学生，就生活在他们当中，所以我为此确实耗费了很多时间。没人找我最好，但找了，我就得尽心帮助解决，这是我的职责所在，所以我并未因此感到烦恼，反而有一种被信任的幸福，很开心。

有些同学给我写信纯粹就是为了"写信"，算一种倾诉吧，甚至是匿名的。在2021年元旦期间心理社举办的"蜗牛慢递"活动中，某不署名的同学给我写了一封四页纸约2000字的信。根据规则，高考结束他们离校后心理社的同学才转交给我这封信。她在信中说："不知为何写下这些文字。向您写下这些文字，可能这是一个不舍别离的青春期的高三女生，在毕业前的真情实感，终于被记录下来，被一直尊敬、喜爱的人看到。代表一个人告别她人生中重要的、不可遗忘而又值得骄傲的三年，告别唯一的高中时光，告别她热爱的附中土地。三年，不是这四页纸能记录下来的，谨以此为我高中生活的结语。"2022届陈飞毓校友高考结束后给我写了封长信,开篇即言:"写封信的目的不知道,原因不知道,或许是在听说了您把所有的信都留下来之后,也想写一封,留下点什么吧。那能不能也陪我唠唠嗑,不,听我讲讲话。"我当然乐意!这难道不是莫大的信任!我分明感受到一种不可承受的信任之重!

为什么能源源不断地收到学生的来信?一个重要原因是他们的来信在我这里受到了"善待"。我从不会对他们说"不",学生在我这里绝不会碰壁遭遇难堪,所以他们不惮开口。口口相传,大家就知道校长原来是位不必见外的朋友。

幸福不会从天而降,是需要播种的。然而,幸福的种子遍地都是,需要我们用心播种;幸福的花儿要用心泉浇灌,也需要我们真心以待。今天再次翻阅这些信件,我深感学校的发展离不开他们,学校的文化建设离不开他们,他们是学校建设的参与者,是学校发展的动力。

被肯定的幸福

教育无非服务,来自服务对象的肯定自然会给服务者带来幸福。这种肯定,有直接对我本人的,更多的是对学校的。厦大附中的办学目标是办学生喜欢的学校,愿景是办所有学生永远喜欢的学校。学生的肯定是对我们的鼓励和鞭策。何谓喜欢,"肯定"是基本前提。这种肯定不仅写在给我的信里,更多的是在各种媒体上,以及附中人的朋友圈中、口头上、口口相传中。口碑是最好的评价。

2018届毕业生游震邦校友毕业于北京大学,现就读于美国斯坦福大学。他在给我的近6000字的长信中说:"附中的体验,是独一份的,即便在我接触了来自全国各地各种各样的中学的同学之后,仍然这样认为。我非常认同一点,就是附中给我最大的影响,一定不是学到了什么知识,而是一种生活方式。深挖下去,我觉得附中最独特的,可能不是给我带来了什么,而恰恰是没有给我带来什么。因为这里的干净,人性中和生活中的美好,会在日后不断以一种润物细无声的方式展现出来。"

震邦说:"我自认为是一个离经叛道的学生,过去也不时被老师否定,但是在附中这样的环境下,老师虽有权否定,却不会阻止我按照我的理想去发展。某种程度上,我的这些说法有点'道法自然'的感觉。不做什么,很多时候比做了什么更加重要。而这些在附中没有得到的东西,恰恰在日后,以一种难以察觉的方式影响我的一言一行。"他还写道:"我和不少大学同学讲过姚校长和附中的故事,他们常常难以想象在中学这种'一切为了高考'的地方,竟然能有这样的校长。我的父母经常说,没有姚校长,就没有附中。显然,这也意味着,就不会有我和附中的这一段情缘。""我非常希望表达出一点——附中给我日后的影响,远超我的想象,大概也远超各位老师的想象吧。"征得震邦同意,我将这封长信中类似"没有姚校长就没有附中"的"敏感"表达删除后以图片格式发在学校办公群里并留言:"此文值得我们细阅深思。"学生的肯定是我们有信心办好学校的重要动力。

2023年国庆假期,在得知我即将退休的消息后,高二黄艺君同学加我微信后发来一封近5000字的长信。她在信中叙述了和我交往的几件事:帮她修改习作,支持她对知名高校教授的质疑,帮她留存感兴趣的剪报,在多个场合鼓励她,在晨会上给她颁奖等。她在信中说:"每天晨读的时候,瞧着您路过的侧影和背影,心里总是暖暖的,然后就想到曾经有一天,我们几位初中时的同学回初中部看望老师,在四楼看到您守着一只松鼠,我们陪着您静静地看着它来回窜,虽都没有办法让它回归树上,但还是在那一刻陪着它,给它鼓励。您之后说就让它自己玩吧,我们看着您笑了笑,校长身上好有童趣童真,带着温暖与幸福。"其事实有,但我并不知道艺君也在其中。她还写道:"您既谦虚又温婉,像是一棵伟岸的大树,依旧是那么照顾我们这些小草,让我们有向您学习的机会、与您同频的瞬间,可以在与您相处中感受平等与自由。我也发觉时刻做一个善于发现他人优点并学习的人,是很可贵的。"在信的最后,她说:"写这一封信,不是为了多一丝使您留恋这里的牵挂,只是为了记录下您这一路为我点燃的星光,为了给这场相遇一个盛大的落幕,为了表达我对您的不舍和感激。然后我会继续带着'做一个幸福的平凡人'的信仰大胆地走我接下来的路。"

2016届毕业生、现在复旦大学攻读博士的郑凌峰校友，在2019年8月写给我一封近万字的长信，并在8月17日、厦大附中首个"校友日"的前一天发布在网上，题目是：唯教育与爱不可辜负。其时尚为清华大学本科生的凌峰，非常系统地梳理、评析了我的教育理念和治校方略。如果不是在厦大附中用心生活过、被爱过并深爱着附中，是写不出这篇文章的。他在文中写道："校长是爱学生的，几乎到了偏爱的程度。"我在朋友圈里转发这篇文章时写了一句话："一旦发现灵魂相通，便突然感觉自己被世界接纳。谢谢郑凌峰同学！"在转发到学校办公群里时，我留言："我看了几遍，很是感动，心中有个清晰的想法要迫不及待地告诉全体同事——面对我们的学生，唯有教育和爱不可辜负！"一位老师，能被学生深入关注、深刻了解、深层理解并诉诸笔端是无比欣慰而幸福的事。学校文化其实是我们师生共同创造的。

被惦记的幸福

2024年大年初一下午，我突然看到手机屏幕上有一条消息："您今天已收到982条信息。"类似的信息我是第一次接收到，不知道有这个功能，也不知道怎么使用这个功能，忙乱中就忽略过去再也查不到了。春节那两天，我收到的问候信息有2000条以上，我也花了很长时间回复这些信息。这些信息中的大多数是学生发给我的。在微信还不是很普及、贺年片风靡的前些年，元旦、春节我会收到不少的贺年片和信件。2019年5月12日母亲节那天早晨，我收到附中2012届（首届）毕业生胡曾琦校友发来的信息："校长，附中在我心中一直是个大家庭，而您就是这个大家庭里的母亲，关心照顾着家里的每一分子，无论是老师还是学生。从您的博客到现在的朋友圈，我看到了从老师生病到考虑'单身'问题，从发现游泳池建设问题到据理力争，从学生用餐问题到校园暴力问题……点点滴滴，看到了既刚毅又柔情的您，为附中倾尽全部的您，是我们所有附中学子最亲爱的母亲。来到附中，遇到您，真的很幸运！祝您和夫人母亲节快乐！祝附中越来越好！"我被学生称为母亲、老父亲、姚爸爸并因此被他们惦记着，由衷地感到幸福。

2013届毕业生黄艺婷校友在给我的信中说："附中真的是一所很棒的学校！从附中走出来的每一个人，都有着一种特殊的情怀——附中情怀。那里美丽的环境，那些可爱的老师，无比关心我们的老师，都让我至今无法忘怀。还有姚校长您，您是我最喜欢的校长，没有之一。这句话是我经常自豪地对别人说起的。您是我十多年求学生涯中，唯一一位会每天早上带着微笑走过每个班级的校长，唯一一位学生可以随时随地走近您身边向您提出自己想法的校长，唯一一位让我在毕业多年后还能经常想念的校长。如果有时光机，我真希望再回附中念一次书。"

2020届邱华彦校友在信中说："我很庆幸自己是在附中度过了这六年，也很庆幸弟弟思杰的六年将和附中同行。毫不夸张地说，我们通话九成以上都围绕着附中。他说，'姚校让我转告你，随时欢迎回来'。那时我忽然意识到我一直描述不清的对附中的眷恋其实是——归属感。我原以为是我太恋旧太矫情了，但是看到校庆、篝火晚会之类大型活动时被刷屏的朋友圈，我就知道大家都想家了。或许有一天，附中对我们而言终会变得熟悉又陌生，那些无法融入的话题，那些翻天覆地的变化都无时无刻不在提醒着我们，我们真的离中学时代很远很远了，但总有些记忆是深深刻在我们脑海里的，即使时间流逝也不会磨灭。大概每个附中人都不会忘记你说的'做幸福的平凡人'吧。学长学姐们经常说自己被附中'惯坏了'，到大学才知道其中深意。"

2014届朱艺芬校友在大一给我的信中说："很感谢您六年来的教导之恩！在附中的六年，所学所知的财富胜过万千。去年6月我顺利完成高考，也真的就离开了附中，离别当晚真是百感交集。不过天下哪有不散的筵席！保留一份对母校的永久眷恋也是好的。人不能只停留在同一个地方，也需要多看看外面的世界，时刻充实自己。有时候，我总觉得附中留给我印象最深的不是它的外在到底有多美，而在于它的教学理念的特殊，给人轻松愉悦，有种归属感。学校似乎成了第二个家，让人感觉踏实自在。"

2012届林卉婷校友在信中写道:"感谢校长您创办了一所这么美丽又温馨的学校,让我们遇到一群可亲可敬又可爱的老师,让我们开心地度过了人生中如此重要的三年。希望附中越来越好,在未来的道路上越走越远!"

在得知我退休后,2022届林缨校友来信说:"惊闻您退休的消息,我难以描述我的心情。作为一名附中学子,我想向您致以最诚挚的感谢和最美好的祝福。十分感谢您为附中学子搭建的教学平台,也十分感谢您为附中教育注入的珍贵理念。因此二者存在,我对附中的未来充满希望。同样,作为一名毕业生,我感谢附中老师的栽培教育,除了学科知识,还有处事能力培养,给了我站出来、走出去的机会,培养了我的自信心,开拓了我的视野,发掘了我的兴趣,让我更有机会面对现在大学生活的挑战。"

2018届廖晓琳校友在信中说:"未来还很长,可能我还有很多话没说,但信一寄出去,我就觉得我都说了。这是一份思念与记挂,请您签收。"其实,每一封信、每一条信息,无不包含着一种惦记。这世界有我惦记的人,有惦记我的人,我是幸福的。师生牵挂,彼此惦记,对双方也许都是一件幸福的事。

分享幸福的幸福

一所学校好不好,不能只看今天的办学质量,尤其不能只看今天的升学率,最终要看人才培养的质量,要看学生走出校门后的发展情况。我在2015届高中毕业典礼致辞中说:"今天你们要离开母校,真正的人生也许从此刻才算开始。但愿你们能够用一生的时间来'复习'在附中所学的那些被应试暂时'尘封'的更有价值的知识,从中找寻人生真谛。从这个角度说,真正通往幸福的大门此刻才算打开。"办所有学生永远喜欢的学校,就意味着教师的视野应当从今天的言传身教延展至明天的关心关注。正因如此,我对校友工作非常重视。学校成立专门机构负责校友工作,设立"校友日",成立校友会。我们夫妇捐资设立"之兰校友基金",为校友随时返校提供免费餐,资助校友开展活动。同事们不无夸张地说我是全世界能喊出学生名字最多的校长，毫无疑问，我是和毕业生联系最多的校长之一，我也因此成为学校里掌握校友动态最多、最及时的老师，自然成了发布校友喜讯的非官方"第一发言人"。在分享校友的喜悦和幸福时，我时常感慨："为什么附中学子走出附中会越来越精彩？"我戏称为"姚之问"。诚如震邦校友说的："附中并没有定义什么。附中在我看来，不会定义'我们培养出的学生一定要怎么怎么样'，而是敞开双臂，拥抱每一个学生，迎接每一种可能性。"让学生免于恐惧，勇于表达，敢于说"不"，学会选择，努力做最好的自己，他怎么会不越来越优秀呢！我们将世界和未来交给他们自己，仅此而已！可见，"姚之问"，我是有答案的。

前不久，我看到已保研的2020届任睿睿校友发的朋友圈。她利用本科学业完成、研究生尚未开学的当口找一份实习工作，结果被很多大厂看中。看了她晒出的本科四年的学业成绩单，我想再大的厂也会动心。睿睿专业排名第一，曾获得国家奖学金等40多项，其中国家级奖项7项、省级15项。看到她的幸福成长，我真的是开心极了，随后就自豪地编辑、转发到自己的朋友圈里，幸福之情溢于言表。睿睿在附中就读六年，初中时我就认识。2020年初疫情防控期间，她加了我的微信。2020年8月28日上大学前，她给我发来一封信。她在信中说："如果不是您，我对'校长'的概念可能还停留在高高在上、充满官僚主义的刻板印象里。所以我从来没想到一个校长会以学校为家，一年的多半时间都在学校，每天会把学校的每个角落都走过几遍，会花两个小时把学生的毕业照从头到尾看一遍，会第一时间帮忙解决女生宿舍停水的问题，会特意为毕业生留下一条拍照留念的艺术绿荫道，会自己去处理台风过后学校的绿化，会精心收集在附中的每一个小故事……您真的是一个尽职尽责又浪漫的校长！"

2014届毕业生、现在美国威斯康星大学麦迪逊分校攻读博士的吴紫彦校友，高考发挥失常，被录取到一所普通本一高校。经过不懈努力，2018年4月，她收到了美国斯坦福大学硕士研究生录取通知书。她在第一时间给我的信中说："这份沉甸甸的录取通知书，证明不了我拥有什么样的能力，它只是给了我一个新的开始，让我知道过去四年我心中燃烧的最初的理想仍未被生活扑灭。我很感谢我的父母,他们在我的成长中给了我很多坚定的支持。除了父母,我最感谢的并且最怀念的就是附中。附中在我的人生观和价值观的形成过程中起到了很多积极作用。附中的老师们,是我在国内遇到过的最好的、最称职的、最在乎学生的老师。附中的朋友和同学,是我这么多年学校生活中遇到过的最单纯、最真心的朋友。附中的这段经历,在我的人生中起到了至关重要的作用,一直在鼓励着我往前走。谢谢附中!谢谢您!"我曾在高中2018届毕业典礼致辞中分享了她的奋斗故事和成功的喜悦。2023年12月21日上午,她发来信息:"校长好!我今天刚落地广州,会在家待一个多月,想去附中拜访一下您,也看看母校……"一个毕业近十年、五年没有回国的留学生,飞机一落地就想到母校、想到老师,我怎么会不感动,怎么会不感到幸福!

2021届毕业生林子开校友在获得复旦大学图书馆的"信璞耕读奖学金"一等奖后给我写信分享喜悦。子开学的是大数据,理工科,而这个奖学金奖励的是热爱阅读、写作、思考的同学。他说:"我把我大一读的书单,还有大一写的很多质量不错的书评都作为初审材料提交了上去,之后的面试也顺利通过,然后就拿到了一等奖。一等奖今年两人。"他在信中还分享了一个"花絮":"非常有趣的是,面试的最后,一位女评委特意示意我要问一个'题外'问题,我说'您问呗'。她于是非常好奇又郑重地问我:'同学,你能告诉我你上的是哪所中学吗?'我告诉她是厦大附中,然后我又和她重复了两遍,生怕她记不住。这是我第一次在附中以外的地方为附中'代言',也是第一次切身感受到大学的评委老师对一个中学的教育理念好奇与赞叹。那一刻我非常幸福。"

我的微信通讯录里的厦大附中学生基本是毕业生,在校生加我微信的是个位数。很多校友,在大学获奖、保研,甚至在北方见到人生的第一场雪时,会和我分享;出国、工作、恋爱、失恋、结婚、生子、生育二孩,也会和我分享……我会将其中的一部分包括高校发来的喜报及时分享到学校办公群里。2012届(首届)毕业生吴必萍校友在大二暑假给我寄来一封长信,分八条详细介绍了自己大二一年的学习和学生工作情况,还打印了自己收集的有关母校的新闻网页和微博截图，令我非常感动。类似这样的分享是常态。不少同事说，这些身边的励志故事也是育儿的好材料，希望我经常发，他们可以分享给自己的孩子。

幸福是可以分享的，也只有彼此关心、彼此在乎的人才会分享，才会感受到彼此的幸福。